湖北省高校人文社会科学重点研究基地鄂西生态文化旅游研究中心研究成果（项目编号：PT072101）
湖北民族大学省属高校优势特色学科群应用经济学学科建设经费资助
2021年湖北省教育厅科学技术研究计划重点项目（项目编号：D20211902）
2021年湖北省教育厅科学技术研究计划中青年人才项目（项目编号：Q20211901）

顾客参与定制和服务人员的互动行为对顾客购买意愿的影响研究

The Effects of Customer Participation in Customization and Service Interaction Behaviors of Frontline Employee on Customers' Purchase Intention Toward Custom Tour

李明飞　黄姗姗／著

图书在版编目（CIP）数据

顾客参与定制和服务人员的互动行为对顾客购买意愿的影响研究/李明飞，黄姗姗著．—北京：经济管理出版社，2021.8
ISBN 978－7－5096－8216－6

Ⅰ.①顾…　Ⅱ.①李…　②黄…　Ⅲ.①旅游业发展—研究—中国　Ⅳ.①F592.3

中国版本图书馆 CIP 数据核字(2021)第 168850 号

组稿编辑：赵天宇
责任编辑：白　毅
责任印制：黄章平
责任校对：董杉珊

出版发行：经济管理出版社
（北京市海淀区北蜂窝 8 号中雅大厦 A 座 11 层　100038）
网　　址：www.E－mp.com.cn
电　　话：（010）51915602
印　　刷：唐山玺诚印务有限公司
经　　销：新华书店
开　　本：720mm×1000mm/16
印　　张：15
字　　数：277 千字
版　　次：2021 年 11 月第 1 版　　2021 年 11 月第 1 次印刷
书　　号：ISBN 978－7－5096－8216－6
定　　价：98.00 元

序

2019年被称为我国定制旅游的元年，根据中国旅游研究院（文化和旅游部数据中心）发布的《中国定制旅行发展报告》，我国定制游市场交易总额突破1000亿元。2020年，尽管受到新型冠状病毒肺炎疫情的影响，但我国定制游市场逆风前行，仍然取得了75%的年增长率。定制游市场在快速发展的同时却面临着一个问题：定制游订单转化率低（即成单率低）。虽然旅游者对定制游表现出很强的兴趣，对定制游的咨询量也很大，但是实际购买定制游的旅游者并不多。为了解决这一现实问题，我们进行了前期的行业分析和理论探索，确认了一系列影响定制游订单转化的因素，梳理并形成了本书的框架。

为了保证研究的必要性和研究框架的合理性，我们先后邀请多位专家参与了研究提纲的审定工作，武汉大学的涂乙冬副教授，华中农业大学的涂铭博士，四川大学的邓富民教授、胡知能教授、余伟萍教授、杨永忠教授和方正教授提供了大量真知灼见，使我们的研究方向更加清晰、研究方法更加系统、研究过程更加严谨。

实证研究的开展毫无悬念地受到了新型冠状病毒肺炎疫情的影响，实验室实验和线下数据的搜集遇到了前所未有的困难。我们向多家旅游企业寻求了帮助，其中湖北中青旅、湖北海外旅行社和马蜂窝三家企业给予了积极的反馈，它们在质性研究和在线实验研究的开展过程中也为我们提供了大力的协助和支持。多位管理层领导、门店经理和十余位导游人员帮助我们完成了访谈、讨论和问卷等多元数据的采集工作。书稿撰写密集输出的一段时间是2020年的春天，因为疫情管控不能返鄂、不能外出，我们将三个多月的时间全部投入到了撰写当中，最终形成了初稿。

对定制游的关注始于2019年我们一次未成行的云南之旅，而后结合我们的研究形成了本书的框架和文稿。从2019年春天到2020年夏天，本书的写作历时一年半，包含了作者以及多位学者、专家和实践者们的思想结晶和辛劳汗水。其中，李明飞主要负责撰写一、三、四、八章节的内容（约 90 千字），黄姗姗主要负责撰写二、五、六、七章节的内容（约 85 千字）。

希望新冠疫情尽快结束，旅游业恢复如初，我国人民早日实现美好生活的愿景。

李明飞　黄姗姗

2021 年 6 月 3 日

前　言

2019 年，中国旅游研究院（文化和旅游部数据中心）发布了《中国定制旅行发展报告》，报告指出：当前我国定制游市场的交易总额突破 1000 亿元，定制游已经从高端走向大众，成为旅行服务市场创新的突破口和旅游业高质量发展的有力支撑。定制游可以最大化地满足旅游者日益增长的个性化旅游需求，越来越多的旅游企业和平台推出了定制游业务和产品组合。但是，在定制游市场快速发展的同时，很多旅游企业和平台却面临着一个共同的问题：定制游订单转化率低（即成单率低）。即使是携程定制旅行（国内最大的定制游平台），其定制游的订单转化率也只有 5% 左右，明显低于其他旅游产品的平均订单转化率（10% ~ 20%）。这一行业现象令人费解，虽然旅游者对定制游表现出很强的兴趣，对定制游的咨询量也很大，但是购买定制游的旅游者并不多。

哪些因素影响着旅游者购买定制游的意愿？如何提升旅游者的购买意愿？为了回答并解决当前定制游企业共同面临的现实问题，增强旅游者购买定制游的意愿并提高定制游的订单转化率，本书采用学界研究回顾和服务实践分析相结合的方式，确定了研究方向和研究问题。在学界研究回顾方面，本书发现当前旅游学界和定制研究领域对此类行业现象的研究非常匮乏。其中，学界关于定制游消费行为的前因研究仅有五篇。它们分别从企业定制支持、顾客教育、定制游市场推广、定制游服务感知价值、定制游的产品特征和服务质量等方面探讨顾客选择/购买定制游的影响因素。因此，现有研究能够为定制游企业和行业提供的理论支持非常有限。在服务实践分析方面，本书发现顾客和一线服务人员在定制服务过程中的表现（即顾客参与定制和一线服务人员的互动行为）可能对顾客购买定制游的意愿发挥着重要的作用。在此基础上，本书提出了四个核心研究问题，即在定制游的服务过程当中：①顾客参与定制是否影响其购买意愿？②一线服务人员（定制师）的互动行为是否影响顾客的购买意愿？③顾客参与定制时通过哪些内在心理过程影响其购买意愿？④顾客参与定制对购买意愿的影响机制是否存在理论的边界情况？

在研究内容方面，本书进行了一系列的理论探索和实证研究，对以上四个研究问题进行了回答。首先，采用自我决定理论、个体意识三要素模型和服务主导逻辑等理论，本书构建了顾客参与定制、服务人员的互动行为和购买意愿间关系的研究模型。在该模型当中，顾客参与定制和服务人员的互动行为（授权型互动、发展型互动和关系型互动）为自变量，顾客的心理需求满足和积极情感反应为中介变量，顾客购买定制游的意愿为因变量。其中，服务人员的互动行为还承担着调节变量的角色。其次，本书进行了两个部分的实证研究：探索性研究和主实验研究。探索性研究部分由三个研究内容构成。第一是质性研究，其中包括以顾客（即定制游游客）为对象的焦点团体讨论和以一线服务人员（即定制师）为对象的深度访谈。通过对讨论和访谈内容进行分析，初步检验了本书的研究假设。第二是实验情景的设计和预实验。本书从质性研究的访谈内容中提取了实验刺激物，并设计了实验情景。之后，以预实验的方式对实验情景的真实性和实验变量的操控进行了检验。第三是测量量表的选择和前测。本书在探索性研究阶段初步确定了各研究变量的测量工具，并通过前测对其信效度进行了检验。此外，主实验研究部分由三个独立实验研究构成。它们分别探索了顾客参与定制和服务人员的授权型互动、发展型互动和关系型互动行为对顾客购买定制游意愿的内在影响机制和理论边界。

在研究方法方面，本书采用了质性研究和实验研究相结合的混合式研究设计。首先，本书采用了焦点团体讨论、深度访谈两种质性研究方法。考虑到当前学界对于定制游消费行为的理解非常有限，质性研究方法帮助本书从服务双方（顾客和一线服务人员）获得了更加丰富、更为具体的研究素材和理论观点，并且为后续实验研究提供研究基础。其次，主实验研究采用了基于情景的组间实验法，邀请了旅游市场当中的真实消费者（游客）作为被试，通过在线问卷实验的方式完成了三个独立的实验研究。此外，本书采用了内容分析、方差分析、结构方程模型和路径分析等多种分析方法，对质性研究和实验研究获得的数据进行了分析，并对本书的研究模型进行了实证检验。

在研究结果方面，本书通过探索性研究和主实验研究对研究模型进行了实证检验，并获得了一系列的研究结果。总体来讲，本书的研究模型得到了整体性的支持。本书的研究模型共包含 21 个研究假设，其中有 15 个研究假设得到了支持，2 个研究假设得到了部分支持，4 个研究假设未得到支持。根据研究假设的类型，本书将按照直接作用假设、中介作用假设和调节中介作用假设分别进行阐述。

（1）在直接作用假设方面，本书提出了三个关于顾客参与定制的直接作用假设和六个关于服务互动行为的直接作用假设。结果显示，顾客参与定制的水平

正向影响着顾客购买定制游的意愿、顾客在定制服务过程中的心理需求满足和积极情感反应，即 H1、H2 和 H3 在三个实验研究当中均得到了支持。直接作用假设检验的结果还显示，一线服务人员的授权型互动行为正向影响着顾客购买定制游的意愿和心理需求满足，即 H4a 和 H5a 得到了支持。一线服务人员的发展型互动行为正向影响着顾客购买定制游的意愿和心理需求满足，即 H4b 和 H5b 得到了支持。此外，一线服务人员的关系型互动行为正向影响着顾客购买定制游的意愿，即 H4c 得到了支持。但是，关系型互动行为并没有显著地影响顾客的心理需求满足，即 H5c 未获得支持。

（2）在中介作用假设方面，本书提出了四个关于心理需求满足的中介作用假设和两个关于积极情感反应的中介作用假设。在心理需求满足的中介作用假设当中，有两个研究假设得到了支持，一个得到了部分支持，一个研究假设未得到支持。首先，本书假设顾客的心理需求满足在顾客参与定制的水平对购买意愿的影响中起中介作用（H6）。实验研究二和实验研究三的研究结果均支持了该研究假设，但是实验研究一并没有支持该研究假设，即 H6 得到了部分支持。其次，顾客的心理需求满足在授权型互动行为和发展型互动行为对购买意愿的影响作用中起显著的中介作用，但是在关系型互动行为对购买意愿的影响作用中没有起到中介作用，即 H7a 和 H7b 得到了支持，H7c 未获得支持。在积极情感反应的中介作用假设当中，有一个研究假设得到了支持，一个得到了部分支持。首先，本书假设积极情感反应在顾客参与定制的水平对购买意愿的影响中起中介作用（H8）。研究结果显示，实验研究一支持该研究假设，但是实验研究二和实验研究三并没有支持该研究假设，即 H8 得到了部分支持。其次，三个实验研究的结果均显示，积极情感反应在顾客参与定制通过心理需求满足对购买意愿的间接影响中起显著的中介作用，即 H9 得到了支持。

（3）在调节中介作用假设方面，本书共提出了六个研究假设。其中，有四个研究假设得到了支持，两个研究假设未得到支持。研究结果显示，服务人员的授权型互动行为并没有调节“顾客参与定制→心理需求满足→购买意愿”这一间接作用，却显著地调节了“顾客参与定制→心理需求满足→积极情感反应→购买意愿”这一串行中介作用，即 H11a 得到了支持，但 H10a 未得到支持。研究结果还显示，服务人员的发展型互动行为显著地调节了“顾客参与定制→心理需求满足→购买意愿”这一间接作用，却并没有调节“顾客参与定制→心理需求满足→积极情感反应→购买意愿”这一串行中介作用，即 H10b 得到了支持，但是 H11b 未得到支持。最后，研究结果显示服务人员的关系型互动行为显著地调节了“顾客参与定制→心理需求满足→购买意愿”和“顾客参与定制→心理需求满足→积极情感反应→购买意愿”这两个中介作用，即 H10c 和 H11c 均获得了支持。

在研究结论方面，通过对以上研究结果的分析，本书获得了四个方面的研究结论。首先，顾客参与定制对顾客购买定制游意愿、心理需求满足和积极情感反应展示出了稳健的提升作用。随着顾客在定制游服务过程中参与水平的提高，他们购买该定制游服务的意愿也得到了增强，他们会体验到更高程度的心理需求满足和更丰富的积极情感反应。其次，一线服务人员的互动行为对购买意愿也展示出了稳健的增强作用。也就是说，定制师在服务过程中展现的授权型、发展型和关系型服务互动行为越多，顾客购买该定制游的意愿也就越强烈。此外，定制师的授权型和发展型互动行为还提升了顾客的心理需求满足，进而提升了顾客购买意愿。再次，心理需求满足和积极情感反应强有力地解释了顾客参与定制和顾客购买定制游意愿之间的关系。本书发现，“顾客参与定制→心理需求满足→积极情感反应→购买意愿”这一串行中介是本书稳健性最强的中介机制，其得到了三个实验研究的共同支持。也就是说，随着顾客参与定制程度的提高，顾客的心理需求得到更高程度的满足，他们进而产生了更多的积极情感体验，并最终产生更加强烈的购买定制游的意愿。最后，一线服务人员的互动行为对本书假设的中介机制展示了不同程度的正向调节作用。在定制游的服务过程中，定制师展现的发展型和关系型互动行为越多，顾客参与定制通过心理需求满足影响顾客购买意愿的间接作用越强；定制师展现的授权型和关系型互动行为越多，顾客参与定制通过心理需求满足和积极情感反应影响顾客购买意愿的间接作用越强。

在研究价值方面，本书从理论贡献和管理启示两个方面分别进行了阐述。理论贡献主要体现在：第一，首次从定制服务双方——顾客和一线服务人员——探索了影响旅游者购买定制游意愿的前置因素。当前学界关于定制游消费行为的前因研究仅有五个，而且并无研究同时考量定制服务双方对旅游者购买意愿的共同影响作用。本书所做的研究尝试为学界描绘了更为全面、更加清晰的定制游消费心理。第二，探明了顾客参与定制对顾客购买定制游意愿的内在影响机制。本书的研究发现澄清了定制游服务过程中顾客的内在心理过程，加深了当前学界对于定制消费行为的理解。第三，发现了顾客参与定制影响顾客购买定制游意愿这一作用机制的理论边界。一线服务人员的授权型互动行为、发展型互动行为和关系型互动行为，在顾客参与定制对顾客购买意愿的影响机制当中展现了不同程度的调节作用。以上研究发现为未来的定制研究领域带来了更为清晰的理论边界情况。第四，探索了服务人员服务互动行为对顾客购买意愿的影响作用和内在机制。本书发现一线服务人员的服务互动行为在直接提高顾客购买意愿的同时，还会通过顾客的心理需求满足发挥着间接影响作用。该研究发现增进了价值共创学界对于服务提供方如何影响定制服务结果（如购买意愿）的理解。此外，本书还回应了服务营销学界的研究呼吁，为加深学界对于一线服务人员影响作用的理解做出了一定的理论贡献。第五，增进了学界对于顾客参与价值共创行为的理解，为顾客参与研究带来了新的研究视角和理论贡献。在解释顾客参与定制现象时，本书采用了与以往不同的理论视角和研究方法，并且为定制研究领域补充了新的研究结论。第六，首次将自我决定理论体系引入定制研究领域，促进了社会心理学界和消费者行为学界的进一步融合。本书所做的研究尝试不仅为学界带来新的研究视角和研究洞见，同时也促进了社会心理学、消费者行为学、服务营销学等多个研究领域的进一步交流和融合。

本书的管理启示主要体现在：第一，定制游企业应该鼓励顾客更多地参与到服务定制的过程当中，以此提升顾客购买定制游的意愿，提高定制游的订单转化率。第二，定制游企业应该鼓励一线服务人员（如定制师）向顾客展示更多的服务互动行为，以此提升顾客购买定制游的意愿和订单转化率。因此，定制游企业应该重视一线服务人员（如定制师）服务互动能力的培养和提升。第三，定制游企业和一线服务人员应该更多地关注并满足顾客对于感知自主权、感知能力和感知关联度的需求，以此提升顾客的购买意愿和订单转化率。在定制游的服务实践当中，定制游企业的一线服务人员（即定制师）应该通过提高顾客心理需求满足的程度，来增强顾客购买定制游的意愿。第四，定制游企业应该更加关注顾客在定制服务过程中产生的积极情感体验，以此提升顾客购买定制游的意愿和订单转化率。第五，本书的研究发现有助于定制游企业更好地理解和把握定制游的消费心理，提升旅游者对定制游服务的认可度和满意度，推动定制游市场和我国旅游业的高质量发展。

目　录

1　绪论

1.1　研究背景和研究问题

1.1.1　研究背景

2019 年，中国旅游研究院（文化和旅游部数据中心）发布了《中国定制旅行发展报告》，报告指出：定制游已经从高端走向大众，它是增进大众时代分层分众获得感和满意度的有效路径，是旅行服务市场创新的突破口，是旅游业高质量发展的有效支撑。定制游可以最大化地满足旅游者日益增长的个性化旅游需求，越来越多的旅游企业和平台推出了定制游业务和产品组合。当前，我国定制游市场的交易总额已经突破 1000 亿元。但是，在定制游市场快速发展的同时，很多定制游企业和平台却面临着一个共同的问题：定制游订单转化率低（即成单率低）。即使是携程定制旅行（国内最大的定制游平台），其定制游的订单转化率也只有 5% 左右，明显低于其他旅游产品的平均订单转化率（10% ~20%）（新浪财经，2019；中国旅游研究院，2019）。这一行业现象令人费解，虽然旅游者对定制游表现出很强的兴趣，对定制游的咨询量也很大，但是购买定制游的旅游者并不多。

哪些因素影响着旅游者购买定制游的意愿？如何提升旅游者的购买意愿？为了回答并解决当前定制游企业共同面临的现实问题，加深学界对于定制游消费行为的理解，并进一步为定制游行业提供具有现实价值的管理启示和决策依据，我们从学界研究现状和定制游服务实践两个方面入手确定了本书的研究方向和核心研究问题。在研究现状方面，本书发现当前学界关于定制游的理论探讨和实证研究非常有限。其中，学界关于定制游消费行为的前因研究仅有五篇。现有研究发现旅游企业对顾客参与定制的支持（Grissemann & Stokburger - Sauer，2012）、对顾客的教育（肖淑兰等，2016）、对定制游的市场推广（刘艳芬，2016）可以提升顾客（即旅游者）选择定制游的意愿。旅游者对定制游服务的感知价值（李冬丽，2018）、定制游的产品特征和服务质量（刘艳芬，2016）正向影响着旅游者选择、购买或参与旅游定制的意愿和行为。此外，旅游者的独特性需求、感知控制、创造性自我效能、知识、群体支持、收入、生活方式（刘艳芬，2016；肖淑兰等，2016；张文敏，2012）正向影响着旅游者选择/购买定制游的意愿，而感知风险和旅游者感知定制游的成本价值（出行前）负向影响着旅游者选择/购买定制游的意愿（李冬丽，2018）。尽管当前关于定制游的前因研究非常匮乏，该研究现状却为本书提供了研究机遇和研究空间。

在服务实践方面，本书通过行业观察、访谈定制师和旅游者等多种形式对定制游的服务流程和发展现状进行了深入的分析。本书发现当前很多定制游企业（或平台）面临着相同的困境，如何增强顾客的购买意愿、提高有效订单的生成率或转化率已经成为每一个定制游企业必须要思考和回答的问题。根据定制游的服务实践，本书绘制了顾客视角下定制游的基本服务流程图（见图1-1）。本书发现顾客在确认定制方案后的购买决策行为是定制游订单能否有效生成（转化）的重要环节。顾客和一线服务人员在定制服务过程中的表现（即顾客参与定制和一线服务人员的服务互动行为）可能对顾客购买定制游的意愿发挥着重要的影响作用。因此，本书希望从这个关键的服务环节入手探索旅游者购买定制游的影响因素和消费心理。

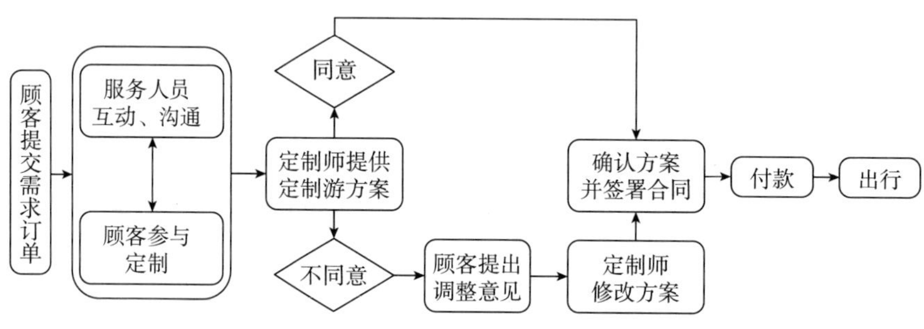

图1-1　定制游的基本服务流程

1.1.2　研究问题

结合定制游的服务实践，本书从定制服务的双方（顾客和服务提供方）分别入手探索了可能的影响因素。在顾客方面，本书选择了顾客参与定制的程度作为可能的影响因素（Dabholkar，1990；Dong & Sivakumar，2017）。虽然之前学界关于顾客参与定制对产品/服务结果（比如顾客满意等）的影响研究取得了一定的进展（彭艳君、蔡璐，2016；Franke，Keinz & Steger，2009；Grissemann & Stokburger－Sauer，2012），但是顾客参与定制对购买意愿、支付意愿的研究非常匮乏（Franke et al.，2009；Moreau，Bonney & Herd，2011），我们对这一影响作用的内在心理过程和理论边界的理解还非常有限。在服务提供方（service provider）方面，本书选择了一线服务人员的互动行为作为可能的影响因素。服务研究领域的学者们认为，在服务接触中的一线服务人员有责任去满足顾客的异质性需要（Gwinner Bitner & Brown et al.，2005）。在定制游服务中，顾客和一线服务人员之间沟通、互动的频率和强度都很高。因此，一线服务人员完全有能力去影响顾客的消费心理和行为意愿（Singh，Brady & Arnold et al.，2017）。此外，现有的定制研究很少涉及服务互动行为对服务结果（比如购买意愿、支付意愿）的影响作用。因此，本书在整合之前研究和相关理论的基础上提出了四个核心研究问题：

研究问题一：在定制游服务过程当中，顾客参与定制是否影响着其购买意愿?

研究问题二：在定制游服务过程当中，一线服务人员的互动行为是否影响顾客的购买意愿?

研究问题三：在定制游服务过程当中，顾客参与通过哪些内在心理过程影响其购买意愿?

研究问题四：在定制游服务过程当中，顾客参与对购买意愿的影响机制是否存在理论的边界情况?

通过对以上研究问题的回答，本书希望能够探明定制游服务过程中顾客和服务人员双方的互动对旅游者购买定制游行为意愿的影响机制和理论边界，为学界和行业提供更为清晰、更加全面的定制游消费心理。

1.2　研究目的和研究意义

1.2.1　理论意义

当前，定制游研究处于起步阶段，学界对定制游消费者行为和心理机制的理解还非常有限（赵巧双，2017）。本书采用自我决定理论、个体意识三要素模型和服务主导逻辑等理论体系（Bagozzi，1992；Ryan & Deci，2000；Vargo & Lusch，2004），构建了顾客参与定制、服务人员的互动行为和购买意愿间关系的研究模型。通过混合式的研究设计，本书对该研究模型进行了实证检验并取得了符合预期的研究结论。因此，本书的理论意义共有以下六个方面：

第一，本书首次从定制服务双方——顾客和一线服务人员——探索了影响旅游者购买定制游意愿的前置因素。当前学界关于定制游消费行为的前因研究仅有五个（见表2－3）。已有研究发现旅游企业对顾客参与定制的支持（Grissemann & Stokburger－Sauer，2012）、对顾客的教育（肖淑兰等，2016）、对定制游的市场推广（刘艳芬，2016）可以显著提升顾客（即旅游者）选择定制游的意愿。此外，旅游者对定制游服务的感知价值（李冬丽，2018）、定制游的产品特征和服务质量（刘艳芬，2016）正向影响着旅游者选择、购买定制游的意愿和行为。还有研究发现，旅游者的独特性需求、感知控制、创造性自我效能、知识、群体支持、收入、生活方式（刘艳芬，2016；肖淑兰等，2016；张文敏，2012）正向影响着旅游者选择、购买定制游的意愿，而感知风险和旅游者感知定制游的成本价值（出行前）负向影响着旅游者选择、购买定制游的意愿（李冬丽，2018）。由此可见，当前并无研究同时考量顾客和一线服务人员对旅游者购买意愿的共同影响作用。通过行业观察、服务实践分析和系统的研究回顾，本书发现定制服务过程中的顾客参与和服务人员的互动行为是影响旅游者购买意愿的关键因素。在研究定制游消费行为时，仅考虑顾客方面或服务提供方的影响作用并不利于完整地刻画旅游者的消费心理。因此，本书所做的研究尝试为学界描绘了更为全面、更为清晰的定制游消费心理。

第二，本书首次探明了顾客参与定制对顾客购买定制游意愿的内在影响机制。尽管有少量的研究初步探索了顾客参与对顾客购买定制产品/服务意愿的影响作用，但是至今并无研究澄清这一影响作用的内在心理机制。透过自我决定理论、个体意识三要素模型和服务主导逻辑的理论透镜，本书整合了顾客参与研究和定制研究领域的研究成果，并在此基础上构建并检验了顾客参与定制影响顾客购买定制服务意愿的研究模型。本书发现，顾客的心理需求满足和积极情感反应在该影响机制当中发挥了较强的解释能力。也就是说，顾客的心理需求满足和积极情感反应传递了顾客参与定制对购买意愿的大部分正向影响作用。本书的研究发现澄清了定制游服务过程中顾客的内在心理过程，加深了当前学界对于定制消费行为的理解。

第三，本书发现了顾客参与定制影响顾客购买定制游意愿这一作用机制的理论边界。服务主导逻辑和价值共创理论认为，服务的价值是服务双方（顾客和服务提供方）在互动的过程中共同创造的（Prahalad & Ramaswamy，2000；Vargo & Lusch，2004）。在定制服务过程当中，顾客（即旅游者）和服务提供方（即一线服务人员）在直接影响服务结果的同时，还影响着彼此在价值共创中的表现（performance）。本书的研究结果表明，在顾客参与定制对顾客购买意愿的影响机制当中，一线服务人员（定制师）的授权型互动行为、发展型互动行为和关系型互动行为分别展现了不同程度的调节作用。在定制游的服务过程中，定制师展现的发展型和关系型互动行为越多，顾客参与定制通过心理需求满足影响顾客购买意愿的间接作用越强；定制师展现的授权型和关系型互动行为越多，顾客参与定制通过心理需求满足和积极情感反应影响顾客购买意愿的间接作用越强。这些研究发现与服务主导逻辑的观点相一致，服务企业和服务人员在价值共创的过程中更多地扮演着促进者（facilitator）的角色，他们应该为顾客营造良好的服务氛围并提供相应的支持和辅助（Vargo & Lusch，2004；Vargo & Lusch，2008；Vargo & Lusch，2016）。更进一步地，本书的研究结论也为定制研究领域提供了更为清晰的理论观点。也就是说，顾客参与定制对购买意愿的影响作用存在自身的理论边界，会随着服务提供方（service provider）的表现发生强弱的变化。

第四，本书探索了一线服务人员的服务互动行为对顾客购买意愿的影响作用和内在机制。以往的定制研究更多地从顾客方面探索了可能影响服务结果的因素，并没有深入地探索定制服务的提供方（定制企业或服务人员）对服务结果的影响作用和影响机制。在定制游的服务过程当中，顾客需要和一线服务人员（定制师）频繁地互动、沟通和协作。因此，在探索旅游者购买定制游意愿的影响因素时，服务人员的互动行为是非常重要的一个影响变量。本书发现，一线服务人员（定制师）的服务互动行为可以显著地提高顾客购买定制游意愿。此外，一线服务人员的授权型和发展型互动行为还通过顾客的心理需求满足间接提升了顾客购买定制游的意愿。该研究发现为我们清晰地描述了定制游消费者的内在心理机制，同时增进了价值共创学界对于服务提供方影响定制服务结果（如购买意愿）的理解。此外，尽管当前的服务营销学界呼吁更多的研究去关注一线服务人员在价值共创中的影响作用（Singh et al.，2017），但是致力于填补这一研究缺口的研究非常有限。本书回应了这一研究号召并且为增进学界对于一线服务人员影响作用的理解做出了一定的理论贡献。

第五，本书增进了学界对于顾客参与价值共创行为的理解，为顾客参与研究带来了新的研究视角和理论贡献。顾客参与定制是价值共同创造的形式之一（Prahalad & Ramaswamy，2004a；Vargo & Lusch，2004），本书的研究发现为“顾客参与”（customer participation）、“顾客参与定制”（customer participation in customization）、“顾客参与设计”（customer participation in design）和“顾客参与新产品开发”（customer participation in NPD）等多种形式的顾客价值共创研究带来了新的解释机制和理论观点。之前的研究对顾客参与影响购买意愿的研究非常有限，而且呈现出碎片化和零散化的特征（Franke，Schreier & Kaiser，2010；Mustak，Jaakkola & Halinen，2013）。本书在解释顾客参与定制现象时采用了与以往不同的理论视角和研究方法，并且为定制研究领域补充了新的研究结论。

第六，本书首次将自我决定理论体系引入定制研究领域，促进了社会心理学界和消费者行为学界的进一步融合。为了构建理论驱动型的研究模型，本书整合了来自社会心理学、认知心理学和消费者行为等多个学科和领域的相关理论和研究成果。比如在服务营销学界，Ma 和 Dubé（2011）认为一线的服务接触（frontline service encounter）是一种特殊形式的社会互动，因此需要服务学界的研究人员给予更多、更深入的研究关注。自我决定理论研究发现，社会活动过程中互动双方的互动质量影响着个体的心理需求满足、个体情感和行为动机（Gagné，2003）。此外，Dahl 和 Moreau（2007）认为自我决定理论对于消费者创造性体验（creative experience）研究有很强的指导意义。受到以上研究的启发，本书在社会心理学和知觉心理学的视角下研究了定制服务中的顾客参与。这不仅为自我决定理论提供了进一步的支持，还为未来的消费者行为研究提供了新的理论视角。比如消费者的心理需求满足，作为该理论体系的核心概念之一，可以为更多的消费者行为提供解释机制。总体来说，本书所做的研究尝试不仅为学界带来新的研究视角和研究洞见，同时也有利于社会心理学、消费者行为学、服务营销学等多个研究领域的进一步交流和融合。

1.2.2 现实意义

2019 年，中国旅游研究院发布的《中国定制旅行发展报告》指出，定制游是增进大众时代分层分众获得感和满意度的有效路径，是旅行服务市场创新的突破口，是旅游业高质量发展的有效支撑。随着当前我国旅游消费的提档升级，旅游者对于个性化体验的重视程度会进一步提高。在旅游市场的发展历程当中，自由行取代传统的观光旅游的主导地位用了不到二十年的时间，而未来定制游取代自由行成为主流方式的时间可能不会超过十年（邓杨民，2018）。因此，本书的研究发现为当前快速发展中的定制游企业和行业带来了多方面的管理启示和现实指导意义。具体来说，可以分为五个方面：

第一，定制游企业应该鼓励顾客更多地参与到服务定制的过程当中，以此提升顾客购买定制游的意愿，提高定制游的订单转化率。通过行业观察和定制师访谈，本书发现当前很多定制游企业（或平台）面临着一个共同的困境：定制游的订单转化率低（即成单率低）。如何增强顾客的购买意愿、提高有效订单的生成率（转化率）已经成为每一个定制游企业必须要思考和回答的问题。对定制游企业来说，只有顾客购买了定制游，前期的定制服务才成为真正有效的服务工作。为了回答并解决这一核心问题，本书在进行了一系列的实证研究后发现：顾客参与定制可以增强顾客购买定制游的意愿。具体来说，顾客参与定制在直接增强顾客购买意愿的同时，还通过旅游者的心理需求满足和积极情感反应间接影响着旅游者的购买意愿。因此，本书建议定制游企业（或平台）在未来的服务实践当中鼓励顾客更多地参与到服务定制的过程当中，进而增强旅游者的购买意愿、提高有效订单的生成率。比如，让顾客提供更清晰、具体的旅游需求，鼓励顾客和定制师更加深入地沟通，并按照自己的个体性化需求对定制方案进行设计、调整等。此外，定制游企业还可以按照游客的个人偏好同地面服务商（比如地接社等旅游企业）联合开发全新的旅游产品，进一步提升旅游服务的定制程度和游客满意度。通过这些服务实践，顾客对定制游服务方案的参与度得到提升，其购买该定制游服务的意愿也随之增强。

第二，定制游企业应该鼓励一线服务人员（如定制师）向顾客展示更多的服务互动行为，以此提升顾客购买定制游的意愿，提高定制游的订单转化率。邓杨民（2018）认为当前定制游服务人员的互动能力是影响旅游者选择和购买定制游的重要影响因素，同时也是旅游者希望未来能够得到改善的重要问题。本书发现，一线服务人员（即定制师）的授权型、发展型和关系型服务互动行为不仅可以提升顾客购买定制游的意愿，还增强了顾客参与定制对购买意愿的正向影响作用。因此，定制游企业应该重视一线服务人员（如定制师）服务互动能力的培养和提升，通过更多服务互动行为的展示来提升顾客购买定制游的意愿。比如，定制师可以邀请顾客提供更多的建议，鼓励顾客去塑造他们即将接受的旅游服务，带给顾客对服务的控制感；定制师可以同顾客分享对他们真正有用的、有价值的旅游信息、知识和技能，增强顾客对于定制游服务和产品的理解，让顾客感觉到这些旅游知识和信息对他们是有益的；定制师要真诚地对待顾客，表现出对顾客真的关心，通过更多的关系型互动让顾客感觉安心。以上服务互动行为和服务实践不仅可以为顾客参与定制提供有力的支持，还可以提高顾客购买定制游的意愿并最终提升定制游的订单转化率。

第三，在定制游的服务实践当中，一线服务人员应该更多地关注并满足顾客对于感知自主权、感知能力和感知关联度的需求，以此提升顾客购买定制游的意愿。本书发现，顾客在定制游服务过程中产生的心理需求满足在顾客购买意愿的形成过程中发挥着重要的中介作用。自我决定理论指出，个体的心理需求满足有三个核心的内容：感知自主权、感知能力和感知关联度。因此，在定制游的服务实践当中，定制游企业的一线服务人员（即定制师）让顾客感觉到更强烈的话语权和参与感；提高顾客的自我效能感和决策信心；同顾客建立融洽、亲密的客户关系，缩短和顾客的心理距离，建立高强度的关系质量（如信任和承诺）。通过对以上的服务工作的实践，顾客的心理需求得到更高程度的满足，其购买定制游的意愿也会随之增强。

第四，定制游企业应该更加关注顾客在定制服务过程中产生的积极情感体验，以此提升顾客购买定制游的意愿和订单转化率。本书发现，顾客在定制游服务过程中体验到的积极情感反应在顾客购买意愿的形成过程中发挥着稳健的中介作用。因此，定制游企业应该营造轻松愉悦的服务氛围，在定制过程中融入更多能够诱发顾客产生积极情感反应的互动环节。比如定制师在邀请顾客参与时，向顾客强调定制游的优势和独特的服务体验，增强顾客的兴趣；定制师在向顾客介绍定制方案的细节性信息时，采用图片、视频、虚拟现实等多种呈现方式；在为顾客制定专属的方案时，更加细心、体贴地关注客人的个性化需求。通过以上服务实践，定制游企业可以让顾客在定制过程中体验到更多的快乐、高兴、兴奋、愉悦并且对定制游充满热情，对定制过程的满意度更高，进而增强他们购买定制游的意愿。

第五，本书的研究发现有助于定制游企业更好地理解和把握定制游的消费心理，提升旅游者对定制游服务的认可度和满意度，推动定制游市场和我国旅游业的高质量发展。中国旅游研究院（文化与旅游部数据中心）发布的《2019 中国定制旅行发展报告》认为，定制旅行是旅游业高质量发展的抓手。但是，本书在行业观察和质性研究的过程中却发现，很多的定制游企业对顾客参与的理解存在一些误区。比如，有些定制游企业或平台的定制服务流于表面，并没有主动地引导顾客参与定制，顾客的潜在价值并没有得到充分发挥。此外，部分定制游企业的定制师的服务互动能力有待提高，他们并没有为顾客参与定制提供必要的支持和帮助，导致顾客对定制过程和定制方案的满意度不高，并最终影响顾客购买意愿。本书的研究结果指出，顾客消费定制游的意愿同时受到两个方面因素的影响：顾客自身因素和服务方因素。因此，未来的定制游企业应该合理地引导顾客，鼓励他们更多地参与到定制的过程当中。此外，定制游企业应该重视培养顾客在定制过程中的服务体验，比如话语权、能力感和心理联结感等。同时，服务企业也应该营造良好的服务氛围，让顾客在定制过程中体验到更加丰富的正面情感和情绪。此外，定制游企业应该积极地推进定制师服务互动能力的提升。比如携程旅行网建立了专属的定制师认证体系，这种资格认证体系可以在一定程度上保证服务互动的质量，优化顾客的服务体验。综上所述，本书对定制游消费者心理的剖析为未来提高定制游的购买意愿、提升有效订单转化率提供了更为具体和清晰的理论指导，有助于推动定制游市场和我国旅游业的高质量发展。

1.3 研究内容与研究方法

1.3.1 研究内容

本书的研究内容由六个部分构成。第一部分为绪论，主要介绍本书的研究背景、研究问题、研究目的和意义、研究内容、研究方法和创新点。第二部分为理论综述，主要内容包括相关概念的界定、产品和服务定制研究、定制游研究等主要研究领域的研究回顾和文献评述。第三部分为理论背景、研究假设和模型构建。第四部分为探索性研究，主要包括定制质性研究、实验情景的设计、预实验和前测。第五部分为主实验。主实验分为三个实验研究，主要内容有研究设计、参与者和实验过程、研究结果、分析和讨论。主实验研究分别检验了顾客参与定制和服务人员三种类型的服务互动行为对购买意愿的影响作用，以及心理需求满足和积极情感反应的中介作用。第六部分为研究总结与讨论，主要内容包括研究总论、理论贡献和管理启示、研究局限和未来研究方向。

1.3.2 研究方法

本书采用质性研究（焦点团体讨论和深度访谈）和实验研究（基于情景的组间实验）相结合的混合式研究设计。具体采用的研究方法主要有以下几种：

第一，质性研究部分采用两种研究方法。以顾客（即定制游游客）为对象的焦点团体讨论（focus - group discussion）和以一线服务人员（即定制师）为对象的深度访谈（in - depth interview）（Morgan & Spanish，1984）。在焦点团体讨论当中，以具有定制游经历的游客为参与者，以定制游服务经历和服务体验为主题进行。以本书研究模型中的变量为关键词（如顾客参与定制和服务互动行为等），引导焦点团体的讨论方向和讨论内容，搜集和挖掘有定制经验的旅游者对定制游的认知和评价以及影响其购买意愿的关键因素。在深度访谈当中，结合研究模型制定访谈提纲，以提供定制服务的旅行社的定制师为访谈对象进行。通过一线服务人员的视角，探索定制游服务当中顾客参与、顾客心理体验（包括心理需求满足和情感反应等）对顾客购买定制游意愿的影响作用。通过焦点团体探讨和深度访谈，一方面对本书的研究模型进行初步的验证，另一方面为本书实验情景的构建搜集更多的素材，进一步用于构建实验场景、设计实验刺激物。

第二，探索性研究部分还包含了实验情景（experimental scenario）的构建、预实验（preliminary experiment）和测量工具的前测（pretest）三个部分的研究内容。首先，采用 Li 和 Huang（2019）推荐的方法，本书从质性研究积累的素材当中提取实验刺激物，主要包括实验情景（scenario）和四个实验变量（即顾客参与定制、授权型互动、发展型互动和关系型互动）的操控。根据真实的定制游消费经历提取的实验场景和实验刺激物可以提升实验的真实性和研究结论的外部效度（external validity）。之后，本书进行实验情景的真实性检验（realism check）和一系列的实验操控检验（Dabholkar，1996），来确保实验变量的操控符合预期。在测量工具的前测阶段，首先，从学界当中提取成熟的量表，比如心理需求满足采用 Hsieh 和 Chang（2016）的价值共创中顾客的心理需求满足量表；积极情感反应采用 Busser 和 Shulga（2018）与 Mano 和 Oliver（1993）的情感反应量表（affective responses scale）中的积极情感部分；购买定制游意愿采用 Lee、Choi、Li（2014）的购买意愿（purchase intention）量表。其次，本书邀请旅行社的一线服务人员对量表进行表面效度检验，并根据反馈意见进行微调。最后，采用小规模样本对测量工具进行信度和效度检验。采用验证性因子分析方法，根据测量模型的结果来保证量表具有足够的信效度，为主实验做好前期准备。

第三，实验研究部分主要通过三个独立的基于情景的组间实验（sccnario - based between - subjects experiment）完成。本书的研究假设主要通过三个独立的 2×2 因子实验进行检验。考虑到研究模型的设定，本书将通过三个独立的实验研究分别检验服务人员的授权型互动行为、发展型互动行为和关系型互动行为的影响作用。三个独立的实验研究之间相互联系又彼此区分，这一研究设计通过不断加入新变量的方式对基础模型（the base model）进行重复检验，并在此基础上探索该研究模型的理论边界情况（theoretical boundary conditions）。其中，顾客参与定制和三种服务互动行为均被操控在两个水平。在重复检验顾客参与定制通过心理需求满足和积极情感反应间接影响购买意愿的同时，分别检验授权型互动行为（实验研究一）、发展型互动行为（实验研究二）和关系型互动行为（实验研究三）在模型当中的影响作用和调节作用。

在定制研究、顾客授权研究和顾客参与研究等领域，基于情景的组间实验得到了广泛的应用（Dong，Sivakumar & Evans et al.，2015；Franke et al.，2010；Fuchs & Schreier，2011）。在和旅行社建立合作关系之后，本书通过导游（即研究助理）邀请了旅游市场当中的真实消费者（即游客）作为被试参与实验。以游客为被试既可以保证样本的多样性，又可以提升研究结论的外部效度。

根据质性研究的访谈素材和携程网发布的数据，厦门是国内定制游非常热门的旅游城市。因此，本书选择厦门的定制游作为实验刺激物。实验情景是顾客在旅行社同定制师一起完成定制游的服务内容安排（如需求沟通、方案策划、路线

制定等）等服务体验。参考 Dong 等（2015）的实验方法，本书将顾客参与定制操控在两个水平上。高水平的顾客参与定制需要顾客提供更多个体需求信息（如旅游偏好）并做出更多的选择，而低水平的顾客参与定制仅需要顾客提供基本的个人信息，做出更少的选择。此外，授权型互动行为、发展型互动行为和关系型互动行为也分别被操控在两个水平上。每一个实验分为六个步骤完成。第一步，被试阅读实验介绍和实验要求。第二步，被试阅读基本实验情景，并将自己沉浸到实验场景当中。第三步，被试被随机分配到四个组别当中（即“顾客参与定制$_{\text{high level}}$ + 服务互动行为$_{\text{high level}}$”“顾客参与定制$_{\text{high level}}$ + 服务互动行为$_{\text{low level}}$”“顾客参与定制$_{\text{low level}}$ + 服务互动行为$_{\text{high level}}$” “顾客参与定制$_{\text{low level}}$ + 服务互动行为$_{\text{low level}}$”）。第四步，被试阅读特定的实验情景，完成对实验变量的操控。第五步，被试回答操控检验和其他各变量的测量。第六步，被试回答人口统计学特征等问题。之后，实验结束。

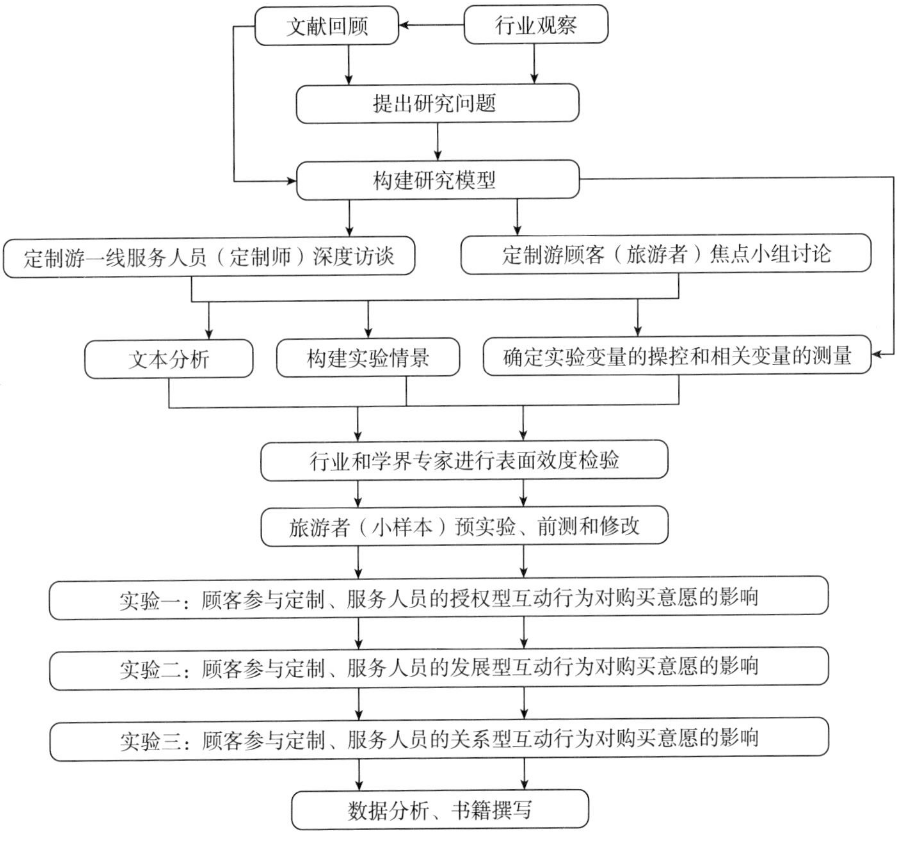

文献回顾
行业观察
提出研究问题
构建研究模型
定制游一线服务人员（定制师）深度访谈
定制游顾客（旅游者）焦点小组讨论
文本分析
构建实验情景
确定实验变量的操控和相关变量的测量
行业和学界专家进行表面效度检验
旅游者（小样本）预实验、前测和修改
实验一：顾客参与定制、服务人员的授权型互动行为对购买意愿的影响
实验二：顾客参与定制、服务人员的发展型互动行为对购买意愿的影响
实验三：顾客参与定制、服务人员的关系型互动行为对购买意愿的影响
数据分析、书籍撰写

图 1－2　本书的技术路线

在数据分析方面，本书主要采用文本分析法对质性研究部分的文本数据进行了分析，并采用信效度分析、协方差分析、结构方程模型和路径分析法对主实验的数据进行了分析。在此基础上对研究假设进行检验，得出研究结论。以上为本书主要采用的研究方法。此外，根据本书的核心研究问题、研究内容和对应的研究设计，本书按照图 1－2 所示的技术路线有序地进行了一系列的实证研究。

1.4 研究创新

本书的特色和创新主要表现在以下四个方面：研究情境的创新、研究模型的创新、研究设计的创新和研究视角的创新。

在研究情境创新方面，本书首次在定制游服务的情境当中探索了顾客的定制消费心理。具体来说，本书探索了顾客参与定制影响顾客购买意愿的内在心理机制，进一步加深了学界对于定制服务中顾客参与现象的理解。本书发现顾客参与定制在直接影响购买意愿的同时，通过心理需求满足和积极情感反应间接影响顾客购买定制服务（即定制游）的意愿。

在研究模型创新方面，本书构建了一个理论驱动型的研究模型，对顾客购买定制服务的前置影响因素进行了探索，并获得了多方面的研究结论。首先，采用自我决定理论、个体意识三要素模型和服务主导逻辑理论，本书构建了一个理论驱动型的研究框架。自我决定理论、个体意识三要素模型和服务主导逻辑理论为本书研究顾客、一线服务人员以及双方互动对顾客购买意愿的影响机制提供了坚实的理论基础。其次，本书首次从定制服务双方——顾客和一线服务人员——探索了影响旅游者购买定制游意愿的前置因素。当前学界关于定制游消费行为的前因研究仅有五个（见表 2－3），而且并无研究同时考量定制服务双方对旅游者购买意愿的共同影响作用。本书所做的研究尝试为学界描绘了更为全面、更加清晰的定制游消费心理。最后，本书首次在定制研究当中探索了一线服务人员的互动行为对顾客购买意愿的影响作用。之前的定制研究并没有对一线服务人员的影响作用进行系统、深入的研究。很明显，在人际互动更为重要的服务当中（如定制服务），一线服务人员的互动行为对服务过程和服务结果均存在不可忽视的影响作用。此外，本书也是对服务研究学界呼吁更多一线服务人员影响研究的一种回应（Singh et al.，2017）。

在研究设计创新方面，本书采用了质性研究和实验研究相结合的混合式研究设计，而之前的定制游研究大多数采用了问卷调查的研究设计。首先，本书采用

了焦点团体讨论、深度访谈两种质性研究方法。质性研究方法帮助本书从服务双方（顾客和一线服务人员）获得了更加丰富、更为具体的研究素材和理论观点。其次，主实验研究采用了基于情景的组间实验法，并邀请了旅游市场当中的真实消费者（游客）作为被试。通过一系列的实证研究，本书获得了更翔实的理论和更具稳健性的研究结论。

在研究视角创新方面，本书整合了多学科、多研究领域的相关理论和研究成果，并将其应用在本书的研究模型当中，获得了多理论视角下的研究结论。首先，本书在社会心理学和知觉心理学的视角下研究了定制服务中的顾客参与现象，为顾客参与和定制研究领域补充了新的研究结论。其次，本书首次将自我决定理论体系引入定制研究领域。本书所做的研究尝试不仅为定制学界带来新的研究视角和研究洞见，也促进了社会心理学界、服务营销学界、消费者行为学界的进一步融合。最后，本书对服务主导逻辑、价值共创、顾客参与和定制研究领域的研究成果进行了回顾和梳理，并在此基础上开辟了一个新的研究空间，为之后的定制研究提供了一定的研究启示。

2 理论综述

2.1 相关概念界定

2.1.1 定制和定制游

2.1.1.1 定制

如今，越来越多的消费者可以定制他们想要购买的产品或服务。一方面，生产技术、信息科技和互联网的快速发展都加速了定制化的趋势。科技的不断发展为定制化的实现提供了便利条件，企业生产个性化交付物（personalized offerings）的成本在不断降低（Franke et al.，2009）。此外，得益于互联网的发展，顾客和企业间的沟通也更加的顺畅和高效。另一方面，消费者对于定制产品或服务的需求在不断增加，市场当中消费者的异质性偏好也越来越明显（Gilmore & Pine，1997）。PricewaterhouseCoopers 和 TNS Retail Forward（2015）这两家知名调研企业联合发布的报告指出，顾客们正在主动地寻求个性化的产品和服务，一些企业已经主动地将定制战略作为它们企业营销战略中关键的部分。比如，产品的定制和个性化在 NIKE 的线上扩张计划中起到了关键的作用，NIKE 的执行总裁马克·帕克明确地表达了企业对于定制的态度："定制正在成为主流的顾客需求。"

早在 1993 年，Pine、Victor & Boynton（1993）就在《哈佛商业评论》上发表了《让大规模定制发挥作用》（*Make Mass Customization Work*）一文。该文从市场环境的变化、企业的前期准备和实施大规模定制的阻碍等多个方面对大规模定制战略进行了理论探索。在最近几年，越来越多的学者和营销管理者开始关注定制化营销战略（Franke et al.，2009）。之后，越来越多的学者对定制进行了理论探索和实证研究（彭艳君、蔡璐，2016；王晶、贾经冬、宫兆波，2002；Arora，

Dreze & Ghose et al., 2008; Bitner, Brown & Meuter, 2000; Moreau et al., 2011; Tu、Vonderembse & Ragu - Nathan, 2001; Wu, 2004)。作为一种极具潜力的营销战略，学者们认为定制化营销战略在未来会被更多的企业应用在其营销实践当中。定制战略的一个关键假设是：相对于标准化的产品或服务，定制产品或服务因为其更好的偏好匹配（preference fit）可以为消费者带来更高的收益(benefits)。正如美国学者 Simonson（2005）所说："最近几年，在企业当中应用已久的目标市场细分策略正在被个人营销（individual marketing）策略所取代。"正因为此，定制成为了很多企业在区分自己和竞争对手时非常有效的一种武器。比如，Anderson、Fornell 和 Rust（1997）以及 Fornell、Johnson 和 Anderson 等(1996）认为，对于服务企业来讲，它们向顾客提供定制化服务的能力远比向顾客提供稳定的、无差别的服务的能力更重要。

Prahalad 和 Ramaswamy（2004b）认为价值的共同创造（value co - creation）更多地取决于参与价值共创的个体们（individuals)，因为每位个体的独特性都会影响共创的过程。因此，共同生产（co - production）和定制（customization）一样都可以帮助企业实施市场的细分，并且有利于一对一营销（one - to - one marketing）战略的实施。更进一步地，还有学者认为价值共同创造非常重要的目标之一就是产品和服务的定制化（Etgar, 2008）。尽管受限于预算和客观条件，消费者们还是会竭力让产品或服务更接近于自己的偏好。在一些消费场合当中，消费者甚至会让自己即将购买的产品或服务与他人完全不同，比如青少年们可能会渴望自己在毕业舞会上拥有独一无二的发型或连衣裙。因此，以上的理论探索和讨论都在向我们传递着同一个讯息：产品和服务的定制不仅在营销实践中需要得到更多的重视，在营销学界也需要得到更广泛、更深入的研究关注。作为该研究领域的一个新的尝试，在下文当中我们首先会对定制的概念进行文献回顾和界定，并对定制游的概念进行界定和讨论。

为了厘清相近的概念间可能存在的理论重叠，增进学界对于定制这一概念的理解，本书对学界现存的定制研究进行了汇总和梳理，并提取出其中对于"定制"的概念界定和内涵分析（见表 2 - 1）。

表 2 - 1 学界关于定制的概念研究汇总

概念	定义	研究	核心特质
定制化（customization）	定制化是指企业交付物（offering）满足顾客异质性需要（heterogeneous needs）的程度	Fornell 等（1996）	标准化/定制化的程度

续表

概念	定义	研究	核心特质
定制（customization）	定制是按照顾客的个人需求和偏好对产品（或服务）进行定制的一种生产方式	Thirumalai 和 Sinha（2009）；彭艳君和蔡璐（2016）	生产方式
大规模定制（mass customization）	采用弹性的生产过程和组织架构，以标准化、大规模生产的价格来生产个人定制化的产品或服务	Pine（1993）；Bitner 等（2000）；杨学俊（2010）	生产模式
顾客定制（customerization）	顾客定制是一种融合了大规模定制和定制化营销的、以顾客为中心的企业战略	Wind 和 Rangaswamy（2000）	企业战略
服务定制（service customization）	服务定制意味着顾客需求的个性化程度，企业可以据此将服务生产的方式分为标准化的服务生产和定制化的服务生产	张若勇，刘新梅，张永胜（2007）；Coelho 和 Henseler（2012）	服务方式

通过表 2 - 1 可以发现，当前学界对于定制概念存在不同的理解方式，主要有三种类型：第一，部分学者认为定制是一种生产方式、生产模式和服务模式。比如 Thirumalai 和 Sinha（2009）、彭艳君和蔡璐（2016）认为定制是按照顾客的个人需求和偏好对产品（或服务）进行定制的一种生产方式。与此相似，大规模定制也被理解为一种产品和服务的生产模式，或称“一对一市场细分”（Pine，1993），它是指采用弹性的生产过程和组织架构，以标准化、大规模生产的价格来生产个人定制化的产品或服务（Bitner et al.，2000）。大规模定制既可以保证大批量生产的成本和速度，又可以提供定制化、个性化的产品（杨学俊，2010）。第二，定制被部分学者认为是一种企业战略。比如 Wind 和 Rangaswamy（2000）提出了“顾客定制”（customerization）的概念，他们认为顾客定制是一种融合了大规模定制和定制化营销的、以顾客为中心的企业战略。此外，Coelho 和 Henseler（2012）认为服务定制（service customization）是企业在实施关系营销战略时一种有效的实现路径。第三，有学者认为定制意味着产品或服务中定制化/标准化的程度。比如，Fornell 等（1996）提出了定制化的概念，认为定制是指企业交付物（offering）满足顾客异质性需要（heterogeneous needs）的程度。此外，从服务的角度出发，张若勇等（2007）认为服务定制意味着顾客需求的个性化程度，企业可以据此将服务生产的方式分为标准化的服务生产和定制化的服务生产。

综合以上不同的观点，本书认为定制的概念可以从两个角度去理解。首先，从企业经营角度来看，定制是一种企业的营销战略，它融合了一对一营销、关系营销等多种当代营销理念。此外定制还是一种企业的生产方式，它从顾客的异质性需求出发对企业的生产/服务系统进行设计，并构建了充满了弹性和灵活性的产品生产/服务传递体系。通过个性化的产品/服务的交付，定制在保证产品/服务价值的同时提高顾客满意度，并最终建立长期（long - term）的企业—顾客关系。其次，从消费者的角度来看，定制是顾客和企业之间互动的一种方式。在交易过程中，顾客的个性化需求通过企业的定制化模式实现最大化的满足。这一角度可以帮助我们理解张若勇等（2007）、Fornell 等（1996）等学者为什么会采用“定制化和标准化程度”来对定制的概念进行界定。在以上论述的基础上，本书将定制定义为：定制是价值共创的一种表现形式，它是建立在顾客—企业双方互动、沟通的基础上，在最大化满足顾客异质性需求的同时保证企业运营效率和运营成本的一种企业营销战略。

现有的定制研究发现，产品和服务定制可以为消费者带来诸多的收益。首先，定制产品或服务的属性可以更加贴近消费者的需求，并最终提升顾客满意度（Simonson，2005）。相对于标准化的交付物（standardized offerings），“定制”允许消费者按照自己的想法来指定产品或服务的属性和特质。因此，定制可以提高顾客的感知价值和满意度，并进一步地增强顾客忠诚和购买意向（Jin，He & Song，2012）。产品和服务定制对顾客来说是非常有吸引力的，因为定制可以缩减顾客的搜索成本（search cost），并且为顾客带来适配度更高的交付物（Migas，Anastasiadou & Stirling，2008）。Fornell 等（1996）在对美国顾客满意指数（American customer satisfaction index，ACSI）进行研究时发现，定制化（customization）对于顾客满意的影响力比可靠性（reliability）更大。该研究在描述顾客消费体验（顾客期望和感知质量）时同时引入了定制化和可靠性两个构成要素。该研究发现，不管是在实体商品领域还是服务领域，定制化对于顾客期望和感知质量的载荷（平均值从 0.899 ~ 0.909）都显著高于可靠性。该发现意味着企业向市场中的顾客提供定制化的产品和服务能够更好地满足他们的需求，为他们带来更高的满意度。其次，定制的产品（或服务）可以帮助消费者表达一个独一无二的自我认同（identity）（Tian，Bearden & Hunter，2001）。比如，起亚企业在推出新款的首尔（soul）汽车时为消费者提供了很多外观和性能选项，让消费者可以定制专属自己的汽车，正如其广告语所说：“没有两个人是一样的（no two are alike）”。再次，Rose、Clark、Samouel 等（2012）在其在线零售的研究中发现：购物网站的定制化程度（customization）通过感知控制（perceived control）提升了顾客在网上购物时的情感体验状态（affective experiential state），比如快乐、愉悦和兴奋等。

产品和服务定制也为企业带来了相应的收益。比如，通过对美国自行车工业企业（NBIC）管理人员的深度访谈，Kotha（2005）发现自行车的大规模定制可以为企业带来全面的竞争优势。其中，顾客愿意为定制化的自行车支付更高的价格。Coker 和 Nagpal（2013）认为当消费者愿意参与到定制过程中时，这也就意味着他们最起码已经准备好想要购买某一个产品或服务的基本配置（base－model）。此外，从企业或营销人员的角度来看，消费者定制产品或服务会产生更高的顾客忠诚度并最终为企业带来更高的营收（Fornell et al.，1996）。如果企业向顾客提供定制化的服务，那么顾客就会向企业展示更高的忠诚度。服务定制化是一个非常可行的、企业可以控制的获得顾客留存（customer retain）的商业战略。与之相似，Piller、Moeslein 和 Stotko（2004）认为大规模的定制可以在降低产品成本的同时，为企业带来更加具体的消费者需求并且提高顾客忠诚度和支付意愿。定制产品和服务可以为企业带来更高的顾客满意度和顾客忠诚，并最终提升企业的竞争优势（Dellaert & Stremersch，2005）。得益于差异化的产品带来的高感知价值，Jin 等（2012）认为定制化的服务甚至能为企业带来议价优势（bargaining advantage）。

尽管定制被认为是企业在实施差异化战略时的重要途径，但是学界关于定制可以增强竞争优势、促进企业发展的实证支持却一直是缺位的（Jiang，Balasubramanian & Lambert，2015）。甚至有部分学者发出了质疑的声音（Fang，2008；Simonson，2005）。比如，有学者认为定制战略的成功实施需要企业和顾客的密切合作，在有些情况当中定制对顾客参与的需要强度过高。服装品牌 Levis 的“Original Spin”和玩具品牌 Mattel 的“My Design Barbie”定制计划的失败就是例证。相对于现成的产品和服务，定制的产品和服务往往需要消费者投入更多的知觉努力（cognitive effort）（Dellaert & Stremersch，2005）。当顾客缺乏相应的产品知识却参与到了定制过程中时，顾客可能会产生缺乏自信、焦虑、不安等负面消费体验。Franke 等（2009）指出不同的企业在实施定制化战略时可以采用不同的定制流程，比如智能代理或推荐系统都可以用于降低顾客参与定制的门槛和难度（对顾客技能和顾客投入的要求更低）。因此，为了减少消费者的知觉负荷、降低定制决策的难度，很多企业在实施定制战略时经常会为顾客提供推荐的方案，比如戴尔电脑会根据顾客的最终用途（如游戏、商用、上网冲浪等）为不同的顾客推荐不同的电脑配置。定制企业提供的设计支持（design support）不仅降低了顾客的焦虑感还提高了顾客对于定制服务的满意度（Moreau et al.，2011）。此外，Etgar（2008）认为企业在实施定制战略时非常重要的一种表现形式就是：消费者信息的提供（information provision）。消费者首先向企业传递个人偏好等相

关信息，企业根据这些信息来生产和配置自己的产品或服务。这一形式对消费者操作性资源（operant resources，如产品知识或技能等）的需求量是非常低的，因此消费者也无须担心自己会在共同创造中表现得不好。

此外，Franke 和 Piller（2004），Franke、Keinz 和 Schreier（2008），Franke 等（2009）对比了顾客对标准品与定制品产生的支付意愿间的差异，研究发现顾客（在购买低价产品时）会对定制化的产品产生更高的支付意愿（willingness to pay，WTP）。Bardakci 和 Whitelock（2004）在针对大规模定制的探索性研究中发现，尽管消费者们展现出对定制化产品很高的兴趣，但是只有 58% 的消费者（研究参与者）认为他们愿意为定制的汽车支付溢价（premium）。与之相似，美国服务营销学专家 Lovelock（1983）曾经表达过这样一个观点：服务定制化对于服务企业的成功来说并不是不可或缺的。他认为相对于定制化的服务，标准化的服务（包括其带来的速度、一致性和性价比）对大多数顾客来说更加重要。因为绝大多数服务都是异质性（heterogeneous）的，因此有学者提醒：服务企业不得不去考虑服务的定制化可能会带来的高成本。由此可见，定制战略在为企业带来诸多收益的同时，也为企业带来了不小的挑战。

2.1.1.2 定制游

定制游是一种介于团队游（包价游）和自助游（自由行）之间的旅游方式。团队游是指旅游者在旅游过程中的所有旅游活动和旅游服务都由旅行社提前决定，旅游者按照既定的行程开展旅游活动的一种旅游方式。自助游是旅游者通过（或不通过）旅游代理企业预定、购买部分（或全部）的旅游相关服务和旅游项目，旅游者按照自己的意愿安排旅游行程的一种旅游方式。

定制游（custom tour/travel）是一种以旅游者为中心的旅游方式，旅游代理机构或企业（如旅行社）按照旅游者的个性化需求对旅游活动和旅游服务项目进行设计和组合，旅游者按照专属的行程方案开展旅游活动。定制游完整的服务内容包括：行程前的需求沟通、方案策划、路线制定、路书制作以及酒店、机票等预订服务和签证保险协助服务；行程中的地接服务和突发情况处理服务；行程结束后的销签服务等。

一般来说，定制游和自助游的自主性和灵活性高于团队游。尽管如此，相对于自助游，定制游可以为旅游者节省大量的用于行程规划、预定旅游相关服务的精力和时间。随着旅游市场的发展、旅游者旅游经验的积累，越来越多的旅游者选择定制游的方式出行。

传统的定制游并没有形成一定的市场规模主要有两个方面的原因。首先，传统定制游的产品运营模式和规模经济的原理是相悖的，小批量的采购导致产品的成本偏高，而真正能够接受这一价格水平的旅游者比较少。因此，定制游一直是一种小众的出游方式，比如企业奖励游。其次，之前支持大规模定制游的后台数据库和供应链不成熟、不健全。大规模的定制游运作需要庞大且完善的旅游供应链数据库，这样可以精准、快速地匹配旅游者需求和供应商的产品供给。受到这两方面因素的限制，传统定制游的市场规模并没有快速地扩大。

随着旅游业后台数据库的建设和完善，以及 SaaS（Softwareasa Service，软件即服务）定制软件应用模式的逐渐成熟，大规模的定制游和在线定制游成为可能。此外，旅游者对于当下市场中包价游服务的不满意、对个性化需求的日益增长等因素都助推了定制游和在线定制游的快速发展。2013～2016 年，我国的中产阶级崛起，他们不仅具有更强的旅游消费能力，而且个性化旅游需求特征明显。旅游市场的需求变化催生了最早一批专注于定制游的企业和平台，如鸿鹄逸游、无二之旅、六人游等大众定制游平台。在 2016 年以后，定制游的服务企业大量涌现，消费者对定制游、在线定制游的接受度也逐渐提高。

定制游的主要特征有四个：第一，旅游者拥有相对更多的话语权。定制游服务内容的组织和安排是从旅游者的需求出发的，定制游企业在了解旅游者的需求后对供应链中的产品进行搜索、组合，形成定制游行程方案。因此，定制游是一种典型性的以旅游者为中心（tourist - centric）的出游方式。第二，互动性强。定制游服务需要旅游者和服务人员频繁地互动、沟通、协商来确定行程方案、旅游服务项目等内容。旅游者们之所以愿意付出时间和精力去规划自己的旅游行程而不是去购买旅游企业已经打包好的旅游产品，正是因为定制游更能反映他们自身的需求和偏好。因此，定制服务的结果（服务的满意度、支付意愿）对定制的过程中双方互动行为表现的依赖度很高。第三，相对于自由行，定制游对旅游者资源的占用更少，即旅游者为一次旅游活动投入的时间、精力、知识和技能等资源的门槛降低了。比如，Migas 等（2008）认为定制游不仅可以提高服务的质量还可以降低旅游者需要处理的信息量（比如旅游目的地各种的信息、交通服务和住宿的信息等）。第四，定制游的性价比逐渐提高。目前定制旅游的价格与市场发展初期时相比已经大幅下降，与传统旅游产品或服务的价格差距也在逐渐缩小。随着旅游者消费者能力和消费意识的增强，定制旅游已经不再是小众的旅游方式，它正在被越来越多的大众旅游者接受。此外，对于旅游企业的营销人员来说，定制的方式可以为他们带来更多关于旅游者的信息，帮助他们不断地调适自己的产品和服务来满足顾客的需求，进而降低营销成本（marketing cost）（Boztug，Babakhani & Laesser et al.，2015）。

2.1.2 顾客参与定制

2.1.2.1 *顾客参与*

如今，有越来越多的企业在产品生产和服务传递的过程中采用了顾客参与战略（汪涛、崔楠、杨奎，2009；姚山季、陈爽、谭慷，2017；于春玲、周小寒、戴斐尧，2018；Ahn & Rho，2014；Bendapudi & Leone，2003；Dong & Sivakumar，2017；Yi、Nataraajan & Gong，2011）。顾客参与在企业的营销实践当中有多种表现形式，比如顾客使用自助服务科技（self - service technologies，SST）、顾客参与服务过程（如教育、财务、咨询、医疗、餐饮）、顾客参与生产（如家具组装、半成品餐品制作）、顾客参与设计（如产品设计、服务设计）等。通过这些形式的参与，顾客对服务过程和服务结果的影响力越来越大（Mustak，Jaakkola & Halinen et al.，2016）。

在过去的四十年当中，顾客参与一直都是服务研究领域的重要研究议题（Dong & Sivakumar，2017）。这不仅是因为它是服务的一部分（生产和消费的同步性），还因为顾客参与可以同时为顾客和企业带来积极的服务结果（Mustak et al.，2013）。首先，顾客参与可以为顾客自身带来诸多收益。现有研究发现顾客参与可以提高顾客的感知价值（贾薇、张明立、王宝，2009；彭艳君、管婷婷，2016；Chan，Yim & Lam，2010；Yi & Gong，2013）、感知服务质量（候学东，2011；Dong et al.，2015；Gallan，Jarvis & Brown et al.，2013；Yoo，Arnold & Frankwick，2012）、顾客满意（彭艳君、景奉杰，2008；汪涛、望海军，2008b；Cermak，File & Prince，1994；Claycomb，Lengnick - Hall & Inks，2001）、感知控制（望海军、汪涛，2007；Mochon、Norton & Ariely，2012）、愉悦或快乐等积极情感（沙振权、何美贤、蒋雨薇，2013；望海军，2009；Yim，Chan & Lam，2012）、心理所有权（彭艳君、蔡璐，2016；张德鹏、林萌菲、陈晓雁等，2015）等。

其次，顾客参与也可以为企业带来很多积极的服务结果。已有研究指出顾客参与可以增进企业—顾客间的关系（彭艳君、景奉杰，2008；王小娟、刘妤，2014），比如顾客信任（华迎、陈进、吴贤彬，2013；华迎、陈进，2014；Coker & Nagpal，2013；Dabholkar & Sheng，2012）、顾客承诺（刘洪深、汪涛、张辉等，2011；Atakan，Bagozzi & Yoon，2014）、顾客忠诚（Auh，Bell & McLeod et al.，2007；Rosenbaum，Amy & Ronald，2005；Yim et al.，2012）等。顾客参与还可以为企业带来更高的生产效率（Fitzsimmons，1985；Mills，Chase & Margulies，1983），提升企业的创新绩效（范钧、邱瑜、邓丰田，2013；汪涛、郭锐，2010；姚山季、王永贵，2011；Chen，Tsou & Ching，2011；Lin，Huang，2013）、企业

绩效（张俊，2012；Ngo & O'Cass，2013）、营销创新能力（张婧、朱苗、杜明飞，2017）、品牌体验和品牌资产（李朝辉，2013；李朝辉，2014）等。此外，顾客参与还正向影响着企业员工的工作满意度（汪涛、望海军，2008a；Yim et al.，2012）、员工绩效（Chan et al.，2010；Yi et al.，2011）、员工的服务创新（张红琪、鲁若愚，2013）、员工的组织承诺（Yi et al.，2011）等。正因如此，顾客参与受到了营销学界和行业的普遍关注（Dong & Sivakumar，2017；Mustak et al.，2013）。

尽管营销学界和行业对顾客参与的关注度都很高，但是对于顾客参与的理解却存在很多不同的声音（Dong & Sivakumar，2017）。不同的研究领域都对顾客参与进行了广泛的讨论和研究，这也使得顾客参与这一概念的内容（content）和范畴（scope）一直在演进当中。当前，学界当中存在多种不同的定义（Lusch，Vargo & O'Brien，2007；Prahalad & Ramaswamy，2004a）。学界用于描述“顾客参与服务”这一现象的概念有以下几个：共同生产（co – production）（Auh et al.，2007；Bendapudi & Leone，2003；Chen et al.，2011）、共同创造（co – creation）（Payne，Storbacka & Frow，2008；Prahalad & Ramaswamy，2004a；Ranjan & Read，2016）、顾客参与（customer participation）（Dabholkar，1990；Dong & Sivakumar，2017；Yi et al.，2011；Youngdahl，Kellogg & Nie et al.，2003）等。此外，有些学者使用共同创造（co – creation）一词来泛指“顾客参与到交付物创造（或称价值创造）的过程中”这一现象。尽管有些研究认为我们应该区分核心交付物创造（the creation of core offerings）和价值创造（the creation of value）中的顾客参与（Grönroos & Ravald，2011；Lusch et al.，2007），但是致力于此的研究还非常匮乏。

多样化的定义使得顾客参与的概念清晰度（conceptual clarity）较低，这对于未来顾客参与研究领域的发展是不利的（Dong & Sivakumar，2017）。因此本书将对这几个相近的概念进行辨析，并从中提取出更为适合的概念对顾客参与进行界定。首先，共同生产是指顾客协同企业一起生产服务。Vargo 和 Lusch（2008）认为共同生产一词最核心的要素是“协作”（collaboration）和“生产”（production）。在这一概念的引导下，部分研究将服务生产（service production）分为企业生产、企业—顾客联合生产和顾客生产三种类型（Gronroos & Voima，2013；Meuter & Bitner，1998）。尽管有些学者认同这一观点和理解方式，但是有些学者并不认同（Etgar，2008）。其次，共同创造的概念源自营销学科主流范式的改变（Lusch & Vargo，2006；Vargo & Lusch，2004；Vargo & Lusch，2016）。Vargo 和 Lusch（2004）、Prahalad 和 Ramaswamy（2004a）是营销学界当中较早引入“共同创造”的学者，他们提倡用共同创造取代共同生产。他们认为共同生产意味着服务/产品交付物生产过程中的顾客涉入，而价值的共同创造所涵盖的是更广的一个范畴（Vargo & Lusch，2016）。也就是说，价值的共同创造不仅仅包含了顾客，还包含了所有的利益相关者（stakeholders）和他们的行为（actions）。在价值网络（value networks）当中，他们可能并没有清楚地意识到彼此的存在，但是却都在为彼此的福祉（well - being）做着贡献。最后一种定义方式是顾客参与，它在服务学界当中的认同度相对前两者更高（Dong & Sivakumar，2017），因此本书将着重对其进行更为详尽、具体的阐述。

最早的顾客参与研究始于20世纪七八十年代。该阶段的研究更多关注企业视角，主要探索了顾客参与对服务企业生产系统的影响作用。Levitt（1972）将顾客参与定义为“消费者对核心服务活动的介入行为”，而且该研究认为顾客参与可能会降低服务效率。而较早提出“顾客的参与可以为生产系统贡献生产力”这一观点的学者是Lovelock和Young（1979）。他们认为服务企业应该鼓励它们的顾客去调整自己在服务过程中的行为，这样一来服务就能以一种经济的、高效的方式进行传递。美国著名的服务营销学家Fitzsimmons（1985）认同这一观点，并进一步地提出，服务企业可以通过向顾客传递一部分服务活动（service activities）来获得生产效率的提高。

之后，顾客参与的内涵不断地进化并将更多的顾客角色、顾客行为、顾客资源囊括其中（Bettencourt，Ostrom & Brown et al.，2002）。比如，研究人员发现顾客在服务过程中可能会扮演“兼职员工”（partial employee）（Mills & Morris，1986）、“合作生产者”（co - producer）（Kelley，Donnelly & Skinner，1990）、“决策者”（decision - maker）（Bitner，Faranda & Hubbert et al.，1997）、“质量评估员”（quality evaluator）（Ennew & Binks，1999）等角色。此外，顾客参与所涵盖的行为也逐渐多样化，比如准备、关系建立、信息互换、质量确认和服务评估行为（Kellogg，Youngdahl & Bowen，1997）。角色和行为的增加也使得顾客在参与服务时要贡献的资源种类变得更多，比如无形的信息、知识、技能和顾客能力（Bettencourt et al.，2002）。

随着越来越多的产品和服务交付采用顾客参与的理念，部分学者们认为顾客参与的范畴已经超越了服务过程本身（Vargo & Lusch，2004）。比如顾客会在服务开始前学习或了解服务，他们主动地和企业（或服务人员）进行对话沟通、协作甚至会共同完成产品/服务的研发（Prahalad & Ramaswamy，2004a）。此外，顾客们不仅会同服务企业进行互动，还会和其他的利益相关者（如其他顾客）进行互动（Bone，Fombelle & Ray et al.，2015；Jung & Yoo，2017），他们也会参与到产品创新和服务开发当中（Chen et al.，2011；Verma，Gustafsson & Gustafsson et al.，2012）。就像Vargo和Lusch（2006）所说的那样：“顾客参与到核心交付物（core offerings）创造当中的主要形式是：共享创造力、共同设计。”正因如此，顾客参与产品/服务设计的概念也开始出现在信息科技（information technologies，IT）产品和服务的研究当中（McKeen，Guimaraes & Wetherbe，1994），并逐渐拓展到了更多的研究情境（张辉、汪涛、刘洪深，2010；Dong，2015；Franke et al.，2010；Schreier，Fuchs & Dahl，2012）。

尽管服务营销学界对于顾客参与的概念性探索一直处于发展当中，但这并不妨碍本书对顾客参与这一现象的理解和界定。综合以上的研究结论和理论探讨，本书认为学界相对一致的观点为：顾客参与是顾客在产品/服务开发、生产、传递或使用过程中投入资源的多少或卷入的程度。此外，本书对顾客参与概念性研究的梳理回顾还指出，顾客参与概念的外延在不断地扩展，其中顾客参与开发与设计这一表现形式出现相对较晚。考虑到本书的核心研究变量为顾客参与定制，因此本书在下文中对顾客参与定制的概念进行更加深入的探析和界定。

2.1.2.2 顾客参与定制

在当今的消费领域当中，顾客参与到终端产品（end products）的设计、生产当中的现象已经越来越普遍了，企业们也在不断地推出更多的方式让消费者参与到产品/服务的设计和生产当中（Franke & Piller，2004；Moreau & Herd，2010；Schreier et al.，2012）。Moreau 和 Herd（2010）认为消费者行为领域的大多数研究都在探索消费者如何对企业的产品做出回应：是购买还是离开（take it or leave it）。但是定制或自我设计（self - design）从实质上改变了市场交易的规则，它允许消费者在产品/服务的开发、设计过程中扮演更加主动的角色。顾客参与设计不仅可以增强创新理念（innovative ideas）的产生，同时也可以提高消费者对于自我生产产品的评价，因为消费者往往会对他们设计的产品给出更高的评价（Norton，Mochon & Ariely，2011）。

顾客参与定制（customer participation in customization，CPC）是顾客参与的一种特殊表现形式，它是指顾客涉入到产品/服务的开发、设计过程中的程度（彭艳君、蔡璐，2016）。当前服务营销学界中和顾客参与定制相近的概念有顾客参与设计（Atakan et al.，2014）、顾客参与创新（Chang & Taylor，2015）、顾客自主设计（Moreau & Herd，2010）等。顾客参与定制的概念本身就包含了程度或水平这一特征，顾客参与定制的行为越多、投入的资源（如时间、精力等）越多，就代表着顾客参与定制的水平越高、程度越深。

从服务系统的视角来看（Fred Van Raaij & Pruyn，1998；Lengnick - Hall，1996），生产的过程是由设计（specification of input，规格的输入）、实现（制造和接待量）和使用（use）三个阶段构成的。在设计阶段，产品/服务的特质会被确定下来，比如商品的物理外形、功能设计、质量规格等。在实现阶段，真实的产物（actual creation）才会出现，同时生产或服务的行为会发生。Atakan 等（2014）认为当消费者选择自我设计产品（self - designed products）时，消费者的参与行为主要发生在设计阶段（比如在网站上设计一件 T 恤或者为新家设计厨房的布局）和实现阶段（比如按照说明书一步一步地组装家具或者在家用晚餐套装做饭）。有些时候消费者会同时参加到两个阶段当中，既参与设计又参与生产过程。

在顾客参与定制时，他们会设计（design）、创造（create）、做出选择（make choices）或者用自己的创造力来塑造产品或服务（Atakan et al.，2014）。他们更多以智力的方式参与到创造的过程（creation process）当中，并按照他们指定的特质来控制设计的结果。逐渐增多的实验证据表明：顾客参与定制时感受到的价值不仅包含功能价值（比如顾客偏好和产品/服务特质的匹配），也来自消费者对于设计者（designer）这一身份的心理反应，就像 Franke 等（2010）提出的“我自己设计的”效应（“I designed it myself” effect）所描述的那样。因为顾客会在定制的过程中投入精神能量（mental energy）、创意、价值并做出更多的选择，所以定制的产品/服务更能反映顾客的品位、偏好和个人身份等特质。也就是说，定制的产品/服务是消费者表达自己的一种渠道，他们将自己的个人形象融入其中来获得一种象征性的意义（Belk，1988）。因此，Atakan 等（2014）认为顾客参与定制时可以获得一种象征性的价值（symbolic value），这一心理现象并没有在学界得到深入的研究。

尽管学者们已经对定制现象进行了一定的理论探索，但是很明显以上观点更多受到营销学科商品主导逻辑（goods - dominant logic）的影响（Vargo & Lusch，2004）。考虑到实体性商品和体验性的服务之间的差异，“设计—生产—使用”这样三阶段的划分并不完全适用于服务类产品的研究。更进一步地，在定制游当中，旅游者参与到总体旅游方案的制定当中，他们需要和服务人员一起共同决定定制游的行程和服务的细节。此外，旅游者具有绝对的自由裁量权去决定自己在定制过程中付出努力、精力、时间、知识、技能等资源的多少（Vargo & Lusch，2004）。虽然之前有少量研究探索过顾客参与定制对定制产品（如报纸、早餐谷物等）感知价值、支付意愿等因素的影响作用（Franke et al.，2008；Franke et al.，2010；Schreier et al.，2012），但是在定制游学界当中还没有相关的研究。因此，本书将顾客参与定制设定为定制游购买意愿的前因变量，通过实证的方式检验顾客参与定制对于顾客购买定制服务意愿的影响作用。

2.1.3 服务人员的互动行为

服务主导逻辑和价值共创理论在营销学界得到了越来越多学者的关注（Prahalad & Ramaswamy，2004a；Vargo & Lusch，2004；Vargo & Lusch，2008；Vargo & Lusch，2016）。服务主导逻辑认为服务（service）是市场交易的核心目的（Vargo & Lusch，2004；Vargo & Lusch，2008），该理念为营销学界理解企业、顾客和其他市场中的行动者们之间的服务互动带来了新的视角。服务主导逻辑的核心启示之一为：出众的价值共同创造（value co - creation）将会代替传统的价值提供（value provision）成为商业战略的基石。因此，那些有利于价值共同创造的能力才是企业在培育竞争优势时真正需要的战略能力（strategic capabilities）（Karpen，Bove & Lukas，2012）。

尽管市场营销学界已经广泛肯定了服务主导逻辑和价值共创的营销启示和管理价值，但是真正能指导企业层面实施的理论仍然很少（Karpen et al.，2012）。作为营销学科新兴的主流研究范式，Karpen、Bove、Lukas 等（2015）认为服务主导逻辑应该为营销理论发展和营销管理实践提供更加清晰、具体的理论框架。因此，Karpen 等学者提出了服务主导定向（service - dominant orientation，SDO）的概念。

SDO 是指一个企业的战略能力集（a set of strategic capabilities），它可以使企业在同利益相关者们（如顾客、中间商、供应商或雇员）进行服务交换时共同创造价值（Karpen et al.，2012；Karpen et al.，2015）。因此，Karpen 等（2012）认为 SDO 是企业的共创能力（cocreation capability），它来源于这家企业的个性化（individuated）互动能力、关系型（relational）互动能力、道德型（ethical）互动能力、授权型（empowered）互动能力、发展型（developmental）互动能力和协调型（concerted）互动能力（interaction capability）。企业在实施服务主导逻辑时应该重点培养这六种服务互动能力（Karpen et al.，2015）。同时，Karpen 等（2015）还提醒，并不是所有服务互动能力都具有同等的重要性。对于不同行业、不同类型的企业来说，都应该根据自身的特质去选择、组合和培养不同的服务互动能力。结合定制游企业的服务实践和管理实践，本书认为授权型互动、发展型互动和关系型互动能力对定制游服务来说具有更高的重要性。因此，本书在研究模型的构建当中引入了这三种互动能力（service interaction behavior）（Karpen et al.，2012；Karpen et al.，2015），并将它们操作为一线服务人员的服务互动行为。下文对这三个概念进行分别介绍。

2.1.3.1 授权型互动行为

授权型互动行为（empowered interaction behavior）是指企业和服务人员鼓励、帮助顾客参与到服务过程中，并允许顾客按照自己的偏好来塑造服务内容、服务过程、服务体验和服务结果的一系列服务行为（Karpen et al.，2012；Karpen et al.，2015）。比如，苹果的 iOS 系统和谷歌的 Android 系统都授权顾客们去设计、下载自己想要的 App，通过用户自己对资源的整合来打造理想的使用体验；全球最大的仪器供应商之一——Endress + Hauser 允许顾客们（主要是商业用户）根据自己的商业流程去配置产品和软件，并且可以方便地和在线商店连接在一起；星巴克在 Twitter 上和 MyStarbucksIdea. com 网站上收集、回应顾客们的创意、建议，并且让顾客通过投票的方式来改善顾客们在店内的服务体验；为了增强顾客们对服务体验的控制，亚马逊向顾客们提供了“Look Inside the Book”（看看书的内容）和“Search Inside the Book”（搜索书的内容）等功能化服务，让顾客可以预览、搜索图书的内容。

根据服务主导逻辑的观点，顾客不再是企业价值链上被动的接受者，而是服务体系当中价值创造的主动参与者和推动者（Vargo & Lusch，2008）。作为一种操作性资源（operant resources），顾客对于企业的营销实践来说意义非凡。因为顾客拥有一定的知识和技能，所以顾客的主动参与不仅仅有利于服务过程的展开，对价值共创中的资源整合也非常重要（Grönroos，2008）。这也就意味着，顾客可以提供的资源其实不只有财务资源（financial resources）。顾客们拥有想法、创意、能力和劳动力等，这些资源都可以为服务企业带来收益。从战略角度来说，企业要做的就是找到一种可以使双方互惠的方式让顾客参与到价值共创当中，并解锁顾客自身拥有的各种资源（Normann & Ramirez，1993）。

顾客参与对于企业而言是一个非常有吸引力的方式，它可以利用顾客的资源（比如想法、创意、知识和技能等）并获得竞争性优势。顾客参与的概念就意味着：顾客可以对核心交付物生产和传动过程中的资源进行整合，同时也是企业工作过程的一部分（Auh et al.，2007；Fang，Palmatier & Evans，2008）。相应地，当企业实施服务主导定向时，企业会致力于授权它们的顾客，并让顾客发表自己对服务内容和服务性质的看法和观点。从企业的角度来看，顾客主动参与的水平是动态变化的。它可以从征求顾客的意见和建议到让顾客控制服务的过程，再到让顾客塑造最终的服务结果。从顾客的角度来看，顾客也是可以选择自己参与服务的水平的。尽管如此，顾客参与的水平越高，价值共创中的相互服务（mutual service provision）和服务创新（service innovation）都会得到提高，而且价值共创本身也会得到增强（Karpen et al.，2012）。

越来越多的商业模式采用多元整合的思路，顾客（不管是商业顾客还是个人顾客）越来越多地介入到设计、调适产品和服务的过程中。同时，顾客们对自身体验的共同创造（co – construction of own experience）也产生了更多的需求。因此，企业的授权型互动是一个由外而内的过程，它可以帮助企业培育一种协作能力。这种能力帮助企业从合作伙伴（或利益相关者）那里吸取新的信息和知识（Lusch et al.，2007），还可以帮助企业更快地适应市场环境。

2.1.3.2 发展型互动行为

发展型互动行为（developmental interaction behavior）是指，企业和服务人员在服务过程中向顾客传递与产品或服务相关知识和技能的一系列服务互动行为（Karpen et al.，2012；Karpen et al.，2015）。它不仅可以有利于顾客获得更多产品/服务相关的知识和技能，还可以帮助顾客做出更好的消费决策，让顾客以一种更加高效的方式参与到价值的共同创造当中。比如，爱普生公司成立了数码影像学院（Epson Print academy），通过在线的培训和各种活动向用户传递影像知识来提升他们的技能。此外，爱普生还在 YouTube 建立了自己的频道并发布了大量的视频，以此来帮助用户们更好地使用爱普生的产品。西门子的综合性 YouTube 频道中同样也发布了很多商业用户感兴趣的、可以帮助他们提升技能的主题素材。迪·贝拉咖啡（Di Bella coffee）则实施了一种积极的顾客技能提升战略。通过网络当中现有的资源加上专业的咖啡鉴赏课程和店内对员工的精心培训等，迪·贝拉咖啡帮助其顾客了解到更多关于咖啡制作的知识、掌握更多咖啡鉴赏的技能。

服务主导逻辑认为，企业所拥有的操作性资源（operant resources）是其竞争优势的基础（Vargo & Lusch，2008）。企业掌握的知识、技术和能力能够让它们提出更好的价值命题（value propositions）、更好地帮助其顾客实现价值满足。根据价值共创理论，这一逻辑对于顾客也同样适用。顾客们的知识（knowledge）和技能（skills）决定着资源整合、价值实现的效力和效率。具体来说，当顾客积累了丰富的知识、技能并且有能力利用它们时，顾客们就有潜力去创造他们期望的服务结果（Bell & Eisingerich，2007）。

Normann 和 Ramirez（1993）曾经提出，企业在价值共创中应该扮演支持性的角色（supportive role），它们不仅应该让自己的产品更加智能，也应该要让它们的顾客（甚至是供应商）更加智能。因此，采用服务主导定向的企业应该和自己的利益相关者（如顾客、中间商、供应商等）分享自己的专业知识、技能等资源。和授权型互动强调从外部摄取资源不同，发展型互动主要强调开放式的、由内而外的资源分享。Sheth 和 Sharma（2008）在分析营销学科范式转变的趋势时提出，未来的一线工作人员（如销售员）将不再扮演劝导者的角色，他们会转变为教育者的身份。他们会越来越多地采用教育导向（education - oriented）的方法来接近顾客并完成交易，就像关系营销理念所描述的那样。

服务主导定向在企业的实施是为了价值的共同创造，企业和服务人员的发展型互动行为有利于顾客掌握更多的知识、技能和能力。提高顾客的能力不仅可以改善资源整合和应用的效果，同时也成为了行业实践者们在进行价值共创时最佳的实现方式（Karpen et al.，2012）。

2.1.3.3　关系型互动行为

关系型互动行为（relational interaction behavior）是指企业和服务人员在服务过程中为了与顾客建立更好的人际关系，增进与顾客间的联结感和归属感而产生的一系列服务互动行为（Karpen et al.，2012；Karpen et al.，2015）。比如，作为全球领先的机械设备制造商，Kugler – Wamako 通过对话驱动（dialogue – driven）的方式同所有渠道中的价值共创伙伴们（partners）进行互动；美国著名的男士洗护品牌 Old Spice 在它的 YouTube 频道中上传互动性的视频并积极地回复消费者的留言，同时还整合了 Twitter 等媒介。这些互动行为都有利于品牌、用户和观看者之间对话的展开。作为德国的领导性媒体，法兰克福的 *Allgemeine Zeitung* 报纸创建了 Facebook 的账号并通过互动媒体等形式积极地推进和“粉丝”间的对话。

根据服务主导逻辑，交易活动在本质上是关系属性的（relational）（Vargo & Lusch，2004）。如果企业像对待商品一样对待它们的顾客，逼迫它们的顾客去建立不想要的关系，甚至是让它们的顾客没有存在感等，这些都是和服务主导逻辑相悖的做法。当企业真正地接受服务主导逻辑的理念时，那些传统的、在企业控制下的顾客关系管理实践（customer relationship management，CRM）将会演变为：以服务驱动的方式来对待它们在价值共创中的伙伴们（value creation partners）（Karpen et al.，2015）。同时，顾客也可以感受到企业正在努力营造一个有利于价值共创的环境。在这个环境中，所有利益相关者（包括顾客）间的社会互动（social interaction）都在以一种他们期望的频率和强度进行。

顾客的概念本身就涉及“人”的要素，而人的情绪和情感一直都影响着他们对于社会互动的价值评价。因此，采用了服务主导定向的企业会支持在顾客和企业之间建立更多的社会联结和情感联结，并以此来塑造共创的服务体验（Karpen et al.，2012）。特别是双向的沟通和有意义的对话，它们都属于社会互动和关系互动的典型表现。

Bitner 等（2000）认为产品和服务定制化的成功实施需要一线服务人员具备一定的能力，比如识别服务情境的能力和根据服务情境相应地调整服务过程和方式的能力。之前的服务研究发现，顾客希望在服务接触中体验定制化（customization）和服务弹性（flexibility）（Bitner et al.，2000）。比如，咨询师、医生等一线服务人员可以根据顾客的特殊化需求来调整自己的服务方式和服务内容。这种类型的定制化在服务研究领域被称为自主裁量权（discretion）、个性化（personalization）或自适应（adaptation）（Bitner et al.，2000；Surprenant & Solomon，1987）。但是，Coelho 和 Henseler（2012）认为“定制化”和“个性化”（或者特殊服务）等概念尽管看上去非常相似，但是实证证据显示它们之间存在明显的差异。之前的研究发现，服务个性化（service personalization）对顾客满意的影响力存在不一致的研究结论（Surprenant & Solomon，1987），但是定制对于服务结果评价（比如服务质量和顾客满意）的正向影响力却显示出较强的稳健性（Coelho & Henseler，2012）。

当服务企业实施服务主导定向时，它们会更懂得怎样去和自己的顾客互动。它们将自己的顾客视为“服务伙伴”（service partner），和顾客展开高效的沟通，并且营造一种有利于价值共创的、令顾客舒适的心理氛围（Schneider & Bowen，2010）。它们向顾客展示的关系型互动行为会让顾客在交易时感知放松并且更容易建立密切的关系。正因为此，服务驱动型的企业通过关系型的互动行为同价值网络中的所有成员（即所有的利益相关者）建立了持续的、良好的关系，增进了它们之间的嵌入性（embeddedness）和相依性（interdependence）。

综上所述，企业在实施服务主导定向时应积极培育自己的关系型互动能力，并将其变现为顾客可见的（visible）关系型互动行为（Karpen et al.，2015）。企业和服务人员的关系型服务互动行为营造了一个有利于关系建立和价值共创的环境，顾客和企业间的心理联结和归属感会在这些服务互动的过程中形成。

2.1.4 心理需求满足

心理需求满足（psychological need satisfaction，PNS）的概念来自自我决定理论（self-determination theory，SDT）（Ryan & Deci，2000）。Ryan 和 Deci（2000）在回顾并整合了健康、教育、组织、运动、宗教和心理治疗等多个研究领域的研究成果之后提出：人类有三个基本的内在心理需求，分别是对自主权的需求（need for autonomy）、对能力的需求（need for competence）和对关联度的需求（need for relatedness）。

具体来说，对自主权的需求是指人类渴望成为自己行为的主宰，他们参与一项活动时是因为自己的选择而非其他因素的影响（Ryan & Deci，2000）。自我决定理论认为，所有人都有一种与生俱来的内在倾向去形成一个更为详尽的自我感知（Deci & Ryan，2002）。因此，自主权的需求是指个体想要成为自己生活的主宰并且和整合后的自我（integrated self）和睦相处的心理需求。当个体在参与一项活动时发现他们可以按照自己的意愿行事，自主权感受就会产生。此时，他们会感觉自己的行为源于自己的价值观和兴趣，而且这种体验是在选择权和自由感的基础上形成的（Deci & Ryan，2000）。

对能力的需求是指人类渴望和自己所处的环境有效地互动，在获得期望结果、阻止不希望出现的事件发生等过程中体验到胜任感（Deci & Ryan，1987）。它是指人们力图去控制事情的结果并希望体验掌控感的心理需要。人们对于胜任感的需求源于个体想要在与环境互动的过程中感觉自己是有用的（effective）（Ryan & Deci，2000）。当一个人体验到他可以改变外部环境并且可以完成一个特定的任务时，他就会认为自己是有能力的，是可以胜任的（competent）。

对关联度的需求是指个体渴望感受他人的关注、心理或情感的联结，或者感觉自己属于某一个社会环境（social milieu）（Deci & Ryan，1985）。它是个体对于归属感的基本心理需求，是人们想要去和其他人互动、感受关怀并建立个体之间心理联结的需求。关联度需求的满足就意味着个体能够在自我和社会环境中的他人或群体之间建立相互的联结（interconnections）（Solomon、Surprenant & Czepiel et al.，1985）。

与之前的研究一致（Hsieh & Chang，2016），本书采用服务相关的心理需求满足（service - related psychological need satisfaction）而非个体的基本心理需求满足。主要有两个方面的原因：第一，之前的价值共创研究当中已有类似的操作性定义可以借鉴（Hsieh & Chang，2016）。第二，自我决定理论的研究发现在特定的研究情境当中对心理需求满足进行不同的操作性定义具有现实意义和理论意义（Johnston & Finney，2010）。本书认为在定制游的服务过程中，顾客参与定制和服务人员的互动行为共同影响着旅游者心理需求满足并诱发积极情感反应，进而提升其购买意愿。

2.1.5 积极情感反应

虽然学界对于情感（affect）的定义有很多种形式，但是学者们相对一致地理解为：情感是由一类具有明显的意识体验特征的精神现象组成的，它是一种主观的感觉状态，通常伴随着情绪（emotion）和心情（mood）等心理体验（Westbrook，1987）。

在决策研究（decision research）领域，尽管一直有研究关注知觉过程对决策制定的影响，但是也有越来越多的研究认为情感过程（affective process）在决策制定时也发挥了重要的作用（Pham & Avnet，2009）。情感反应在不同的研究领域有不同的表现形式，比如在行为决策研究当中被称为情感启发（affect heuristic），在社会心理学和消费者行为学当中表现为感觉启发（feel heuristic），在神经系统科学中被称为躯体标记假说（somatic marker hypothesis）（Pham & Avnet，2009）。

越来越多的研究发现，当个体对目标对象的知觉评价保持不变时，如果个体从目标对象那里接收到了更多的愉悦感受，那么个体就会对目标对象产生更正面的评价、更加频繁的选择（Pham & Avnet，2009）。这一现象可以在很多领域当中看到，比如政治候选人带来的情绪体验、一部新电影带来的兴奋感。虽然这一现象可以有很多的解释机制，但是个体的主观的情感反应经常被用于替代个体对目标对象的价值评价（Zhou & Pham，2004）。也就是说，个体体验到的积极情感越多，对目标对象的价值评价越高，选择的意愿也越高。

在消费者行为领域的研究当中，Shiv、Edell Britton、Payne（2004）发现消费者在消费过程中（比如消费决策）的情感体验影响着消费者的评价和之后的消费行为。也有研究发现，和功用型的消费（比如购买日用品）相比，享乐型的消费行为（比如旅游）更多地受到情感因素的影响（Botti & McGill，2010）。因此，消费者对享乐型产品/服务的情感反应在很大程度上决定了购买态度和购买行为。在顾客参与学界，研究发现当顾客参与到服务的过程中时，他们会因为自身参与的原因产生诸如快乐、愉悦、有趣等感觉（Payne et al.，2008）。此外，Troye 和 Supphellen（2012）还发现当消费者面对自己参与设计并制作的产品时，他们会激活自己和商品之间的心理联结，进而产生对该产品一系列的情感反应。

综合以上论述，本书将情感反应定义为旅游者对定制服务过程中个体感受到的情感和情绪体验的整体主观评价。以往的情感反应研究通常将其划分为两个因子，即积极情感反应（positive affective responses）和消极情感反应（negative affective responses）（Ganglmair – Wooliscroft & Wooliscroft，2013；Watson，Clark & Tellegen，1988）。本书构建的理论框架主要探讨旅游者在定制服务中产生的积极情感反应，即旅游者对定制游服务过程中个体感受到的正面的、积极的情感和情绪体验的整体主观评价。

2.1.6 购买意愿

意愿或行为意愿（behavioral intention）的概念来自 Ajzen（1985）的计划行为理论（theory of planned behavior）。行为意愿是计划行为理论的核心要素，它是指个体在实施一项行为时，其愿意尝试并为之付出努力的程度（Ajzen，1991）。个体的行为意愿越强烈，个体实施该行为的可能性就越大。在消费者行为研究当中，行为意愿有很多种表现形式，比如购买意愿（Herzenstein，Posavac & Brakus，2007）、重购意愿（Cronin，Brady & Hult，2000）、推荐意愿（Schreier et al.，2012）等。

购买意愿（purchase intention）也称支付意愿（intention to pay），它是指消费者对某一产品或服务产生的购买倾向和消费可能性（Kumar，Lee & Kim，2009）。在本书当中，购买意愿是指顾客购买或消费定制游服务的倾向和可能性。

2.2 定制研究综述

本书使用“定制”“顾客定制”“大规模定制”“顾客参与”“顾客参与设计”“顾客设计”等多个关键词在中国知网和谷歌学术平台进行了搜索。根据论文引用率、期刊影响力等多个指标对学界现有研究进行筛选，最终确定产品和服务定制主题的相关研究 72 个，其中国内定制相关研究 42 个、国外定制相关研究 30 个。

在梳理了现有的研究成果之后发现，当前产品和服务定制研究主要有两个研究分支。第一个分支来自对产品和服务定制中的消费者行为研究，该研究分支探索了消费者视角下产品和服务定制的前因、结果和理论边界情况。第二个研究分支来自企业运营管理领域，该研究分支主要从供应链管理、价值链管理（莫曙利，2016；张祥，2007）和生产运营管理（孟庆良、周芬、蒋秀军，2015；倪霖、王开聘、王旭，2017；唐晓青、王雪聪，2005）等角度探讨了企业在采用定制战略后如何更加有效地构建自己的运营体系。比如，企业可以通过增强基于时间的生产实践（Tu et al.，2001）、构建产品/服务族群（Jiao，Ma & Tseng，2003）和持续改进产品质量（唐晓青、王雪聪，2005）等措施来确保大规模定制战略的成功实施。早期的定制研究更多从企业战略管理的角度切入，明显地忽略了顾客一方的感受（王艳芝、韩德昌，2012）。随着定制消费现象的增多，研究人员们开始从顾客的角度去探索和理解定制现象和定制消费者行为，比如消费者们对定制产品的需求是否真实存在（Huffman & Kahn，1998）、如何使用线上科技工具（online technologies toolkits）来帮助消费者完成产品的定制（Franke & Piller，2004）、哪些因素在影响着消费者选择定制产品或服务（Kaplan，Schoder & Haenlein，2007）。产品和服务的定制化最终目的是最大化满足顾客的偏好，但是当前学界对于定制消费心理的理解仍然非常有限。考虑到本书的主要研究对象为顾客（即消费者），本书重点回顾并梳理了第一个研究分支的研究成果。根据本书对相关文献的回顾和梳理，顾客视角下的产品和服务定制研究共 54 个，其中国内研究 30 个、国外研究 24 个。在 54 个顾客定制研究当中，概念型或理论探讨型的研究 15 个（国内研究 11 个，国外研究 4 个），实证研究 39 个（国内研究 19 个，国外研究 20 个）。下文将重点介绍顾客定制研究当中的实证研究部分。

2.2.1 产品/服务定制的前因研究

2.2.1.1 国内相关研究

根据产品定制是否在线完成，国内学界对产品定制的前因研究主要分为：线下产品定制和在线产品定制。在线下产品定制的研究中，王艳芝（2012）发现顾客对企业品牌的信任、定制敏感度和自我身份表达显著提升对定制产品（笔记本电脑）的态度；参考群体影响和社会表达显著提升顾客的主观标准；定制产品知识和企业提供的定制指导正向影响感知行为控制。此外，定制产品态度、主观标准和感知行为控制显著提升顾客购买定制产品的意图。在线产品定制的研究有两个：程丽娟和王晶（2017）发现在消费者定制笔记本电脑时，随着可定制的产品属性数量的增加，他们会逐渐失去判断这些属性的兴趣和能力，进而采用启发式的定制决策方式，凭借部分信息或经验喜好做出判断；顾客对定制产品越了解，越可能采用启发式的决策方式；顾客参与定制的程度越高，越可能采用加权式的策略，他们会综合考量所有产品信息后才决策，而低参与度的顾客更多采用启发式的策略，快速做出判断。张妍（2017）探索了影响顾客在线定制产品的驱动因素，该研究发现消费者的视觉美感中心性、商家声誉、服务质量、消费者对定制的敏感度、网站的安全性、知名度、设计和声誉依次显著影响顾客对于网站的信任，进而影响顾客在线定制产品的意愿。此外，感知价格调节了信任和在线定制意愿的关系。

国内研究顾客选择定制服务的前因研究仅有五个，其中有三个研究在定制游的服务情境中进行。张文敏（2012）在奖励旅游定制的研究中发现独特性需求、信任、感知控制、感知风险和知识对顾客参与定制都有显著的影响作用。张广宇和张梦（2016）发现和选择式框架相比，防御聚焦的消费者在使用放弃式框架时产生了更高的购买意愿。促进聚焦的消费者在使用选择式框架时产生比放弃式框架更高的购买意愿。刘艳芬（2016）针对定制游服务的研究发现定制游产品特征、旅游服务质量、消费者的收入、群体支持、生活方式和市场推广依次显著影响着旅游者对定制游的消费决策。肖淑兰、夏洪胜、张德鹏（2016）的研究结果表明，顾客的创造力自我效能部分中介顾客教育和顾客参与创新的关系；物质激励对创造力自我效能和顾客参与创新的关系起到了负向调节作用；环境动荡性对顾客教育和顾客参与创新的关系起到了正向调节作用。李冬丽（2018）发现旅游者的定制游感知价值由六个维度构成，分别是服务价值、质量价值、享乐价值、个性化价值、品牌价值和成本价值。在定制游成行之前和结束之后，各个维度和选择定制游的行为意向间的关系也会发生变化。在成行之前，除了成本价值负向影响行为意向外，其余各维度正向影响行为意向。在成行之后，定制游感知价值的六个维度均正向影响旅游者的重购意向。

2.2.1.2 国外相关研究

国外学界对于产品和服务定制的前因研究很少，仅有三个研究。Kaplan 等（2007）以报纸定制为研究情境探索了顾客选择大规模定制化产品的驱动因素。该研究发现基本类别（即所有的标准化产品）的消费频率和需求满意度对顾客选择定制意向有显著的、正向的直接影响。其次，基本类别的消费频率在理性行为模型和技术接受模型当中发挥了调节作用。最后，该研究还发现基本类别需求的不满意度高的顾客更加关注大规模定制的有用性而不是易用性，而满意度高的顾客主要关注大规模定制的易用性。Grissemann 和 Stokburger - Sauer（2012）发现企业（旅行社）为顾客参与提供的支持正向影响顾客参与共创的程度，进而提升顾客满意、顾客忠诚和旅途中的花费。Ding 和 Keh（2016）在酒店和健身俱乐部等服务情景中的研究发现，消费者的消费目的影响着他们对标准化产品和定制产品的偏好。享乐型消费目的会让消费者更偏爱定制化服务，而功用型消费目的会让消费者更偏爱标准化产品。

2.2.2 产品/服务定制的影响研究

2.2.2.1 国内相关研究

在国内学界，产品定制研究涉及的对象有电子产品（如电脑、手机）、服装（品牌服饰、T 恤）等，研究设计以问卷和实验为主。王晶、程丽娟、宋庆美（2008）在电脑组装定制的研究情境中发现，顾客参与定制的程度和顾客满意之间存在很强的正相关关系。汪涛等（2009）发现顾客参与正向、显著地影响顾客的感知价值。此外，顾客参与还通过禀赋效应和支付贬值间接影响顾客感知价值。于海丽（2009）发现在工业设备的定制服务当中，企业形象、感知质量正向影响顾客满意，进而提升顾客忠诚并降低顾客投诉。王艳芝和韩德昌（2012）发现在定制产品的过程当中，定制选项的呈现方式影响着顾客感知的决策难度和定制结果满意度。李浩和朱伟明（2015）构建了服装定制服务中顾客感知价值的量表，并提出定制服务感知价值的四个维度（情感、社会、质量和价格四个价值维度）。彭艳君和蔡璐（2016）发现在顾客参与大规模定制时，顾客参与程度正向影响顾客的快乐感，进而影响顾客满意；心理所有权部分中介了顾客参与和顾客满意之间的关系。牟明慧（2017）在产品和服务的定制研究中发现顾客参与定制在直接影响顾客保留的同时，还通过体验价值间接影响顾客保留。于春玲等（2018）发现顾客参与定制可以显著提升企业的品牌资产（顾客品牌感知和自我品牌联系）。

服务定制研究主要集中于定制旅游（如跟团游的自费项目等）的研究情景

当中，其中五个研究采用了问卷调研设计，仅有一个研究采用了实验研究设计。比如，杨敏（2008）在旅行社定制旅游服务当中探讨了顾客感知的个性化体验质量、定制服务质量、价格水平和转移障碍对顾客满意、顾客忠诚和顾客保留的影响。张文敏（2012）发现顾客参与定制正向提升顾客感知价值。顾客参与定制中介了顾客知识、顾客需要对顾客感知价值的正向影响机制。赵巧双（2017）发现旅游者在线定制旅游的感知价值由三个因子构成，分别是效用感知价值、情感感知价值和信任感知价值。靳彬（2018）发现定制游过程中旅游者感知的环境体验、服务体验、游客间互动体验和社会体验正向影响旅游者对定制游的体验。李冬丽（2018）发现旅游者的定制游感知价值由六个维度构成，分别是服务价值、质量价值、享乐价值、个性化价值、品牌价值和成本价值。在定制游成行之后，定制游感知价值的六个维度均正向影响旅游者的重购意愿。

2.2.2.2 国外相关研究

国外产品定制研究选取的研究对象有滑雪板、电子产品（电脑等）、钢笔、背包、食品等多种产品，采用的研究设计以实验研究为主。比如，Ansari 和 Mela（2003）发现通过向消费者发送基于他们偏好定制的电子邮件可以提升网站的访问量。Franke 等（2008）通过对大规模定制工具包（customization toolkits）的研究发现，顾客在使用工具包定制产品时，查看其他用户的设计可以更好地解决顾客面临的问题。其他顾客的设计可以提高顾客对自己最初设计方案的正面评价。其他顾客的意见可以增加顾客正面解决问题的行为。这两种启发式方案可以为顾客带来感知偏好匹配，并提升其购买意向和支付意愿。Franke 等（2009）发现和标准化产品相比，根据顾客偏好定制的产品能够带来更高的感知收益、购买意向和更积极的态度。如果顾客能够洞见自己的偏好、有能力表达自己的偏好、拥有更高的涉入度，那么定制化的积极作用会得到加强（更高的感知受益和更高的支付意愿）。Thirumalai 和 Sinha（2009）对定制策略进行了分类：交易定制、决策定制和产品定制，并分别为三种定制策略构建了量表。实验研究的结果表明不同的产品类型在采用不同的定制策略时，顾客重视的价值各不相同。对于便利型商品和购物型商品来说，交易定制策略带来最高的顾客价值；对于特殊型商品来说，产品定制带来最高的顾客价值。Moreau 和 Herd（2010）发现消费者偏好和定制化产品间的匹配并不能完全解释顾客对自己设计产品的满意度和支付意愿。和他人定制产品的对比也会影响消费者对自己设计产品的满意度和支付意愿。具体来说，向上对比（和专业设计人员对比）会降低消费者对自己设计产品的评价，但是鼓励顾客自我防御或者为顾客提供改善自己设计产品的机会可以缓解向上对比（upward comparison）带来的负面影响。

Moreau 等（2011）发现定制产品（礼品）是送给自己还是送给他人会影响

顾客的支付意愿。当顾客定制产品送给他人时（和买给自己相比），网站的设计支持更能降低顾客焦虑。低的焦虑水平会带来高的产品期望，然后高的期望却降低了顾客支付意愿。这也表明设计支持其实并没有带来期望的效果。和单纯的撤掉设计支持相比，管理设计者的满意度是一种更加有效的途径。研究还指出，顾客在定制产品送人时付出的努力越多，其赋予产品的价值就越高。此外，强大的品牌依然可以在顾客给自己定制产品时获取产品溢价。Thirumalai 和 Sinha（2011）探索了在线购物情境中定制策略（决策定制和交易定制）对在线购物过程满意度的影响，该研究通过实地研究、直接观察等方法搜集数据并进行分析。研究结果指出，当在线购物网站以一种个性化产品推荐的方式提供决策支持时，决策定制和顾客满意度展现正向相关关系；当在线购物网站让交易过程充满了人性化、便利性和交互性时，交易定制和顾客满意度展现正向相关关系。Schreier 等（2012）发现，顾客参与创新不但没有减弱顾客对企业创新能力的认知，反而起到了增强作用。这种“用户设计的创新效应”带来了积极的结果，比如更强的购买意向、支付意愿和向他人推荐产品和公司的意向。

Wang、Kandampully、Jia（2013）发现定制模式和调节聚焦对留存项目和产品评价都有显著的交互作用。在减法定制模式中，防御型聚焦的消费者会比促进型聚焦的消费者留下更多的项目；在加法模式中，这一效力降低。定制模式和调节聚焦的交互项显著影响着消费者对定制服务的评价（任务愉悦度和对定制产品的态度）。此外，任务愉悦度完全中介了交互项对定制产品态度的影响，产品熟悉度正向调节了这一交互作用。Coker 和 Nagpal（2013）发现企业推荐会明显提高顾客愿意为定制产品支付的价格。只要顾客没有怀疑企业推荐的动机，相对于逐渐减少（paring - down）的定制策略，在逐渐累加（building - up）的定制化策略中顾客更愿意接受企业的推荐。Atakan 等（2014）发现顾客参与生产阶段可以增强其对于产品的情感承诺。如果顾客在生产阶段没有机会表达自己的选择和创造力，那么他们会对产品赋予更少的符号意义，对产品的认同感也更弱。当顾客参与产品设计时，顾客会对产品产生认同感和情感承诺，进而增强顾客对于产品的评价。Jiang 等（2015）发现在产品定制过程中产品的信息框架（单一特质型或组合模块型）显著影响着消费者在定制过程中感受到的知识价值和过程价值。消费者获得的知识价值影响着消费者退还产品的可能性、价格敏感度和禀赋溢价。此外，定制的过程价值通过禀赋溢价影响价格敏感度和退还产品的可能性。Nagpal、Lei、Khare（2015）发现决策框架（选择或拒绝）和被定制的食物的属性（健康或不健康）交互影响着消费者的定制决策结果。具体来说，拒绝式的决策框架会让消费者选择更多的不健康配料（相对于健康配料）。此外，被定制食物的属性（健康或不健康）也影响着消费者对配料的选择。在定制披萨时，选择式的决策框架会让消费者选择更多的健康配料，而拒绝式的决策框架并没有让健康配料和不健康配料在数量上产生差异。但是在消费者定制沙拉时，决策框架效应并未发生作用。

国外服务定制影响研究主要在餐饮、旅游、银行、教育和医疗等情境中进行，实验研究设计多于问卷调研的研究设计。比如，Coelho 和 Henseler（2012）在银行和光纤电视服务的研究情境中发现：服务定制化是顾客忠诚的重要影响因素。此外，服务定制化在直接提升顾客忠诚的同时，还通过服务质量、顾客满意和顾客信任间接影响顾客忠诚。Jin 等（2012）发现当消费者同时面对升级式（upgrading）和降级式（downgrading）两种旅游定制方案时，他们更加偏爱升级式旅游定制方案。在采用降级式方案定制旅游行程时，消费者会产生总价更高的旅游计划；相对于核心旅游服务，选择框架效应对于辅助性旅游服务的影响力更强；具有质量意识和促进聚焦的消费者更有可能选择降级式方案来定制自己的旅游计划。Grissemann 和 Stokburger – Sauer（2012）发现企业为顾客参与提供的支持正向影响顾客参与共创的程度，进而提升顾客满意、顾客忠诚和旅途中的花费。此外，顾客对于自己在共创中的满意度会削弱顾客参与共创的程度及对顾客满意、顾客忠诚的影响力。Dong（2015）发现相对于顾客参与为生产者（customer participation as producer），顾客参与为设计者（customer participation as designer）为顾客带来更高的感知价值。此外，顾客对于顾客参与的期望会调节这一作用，即当顾客期望成为设计者但是却以生产者的角色参与时，设计者和生产者的差别优势弱化。Ding 和 Keh（2016）发现服务定制化可以为消费者带来的优势包括更强的感知控制和更高的满意度，而劣势则是消费者需要面对更高的感知风险。Kasiri、Cheng、Sambasivan 等（2017）发现标准化和定制化相结合的服务可以提升顾客的服务质量评价，其中标准化对服务质量的贡献更大；在服务质量的两位维度中，功能质量对顾客满意的影响力比技术质量更大；顾客满意显著提升顾客忠诚。

2.3 文献评述

在全面、系统地回顾和梳理了产品和服务定制学界的研究成果之后，我们结合本书的研究主题对产品/服务定制研究领域的研究现状进行了整体评述，之后对定制游研究进行文献评述，如图 2 – 1 所示。下文将按照这一顺序对两个部分的内容进行分别介绍。

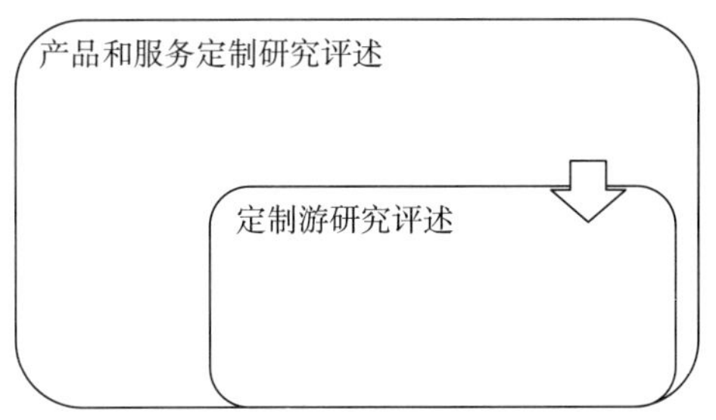

图 2-1 国内外定制研究评述思路

2.3.1 产品/服务定制研究的文献评述

通过对定制学界研究成果的回顾和梳理，产品和服务定制实证研究汇总如表 2-2 所示。现将当前顾客角度产品和服务定制实证研究的现状评述为如下几个方面：

第一，前因研究少，影响（结果）研究多。当前产品和服务定制的前因研究国内外共有 11 个；其中，国内学界有 8 个研究，国外学界有 3 个研究。当前定制前因研究的整体数量偏少，因此我们对于顾客选择定制产品/服务的前置影响因素及影响机制的理解非常有限。对产品和服务定制的影响的研究（共 32 个）相对较多并取得了一定的研究成果。相对一致的研究结论就是，定制产品/服务为顾客带来了更高的感知价值、服务质量、顾客满意等积极的结果。

第二，服务定制研究少，产品定制研究多。现有定制研究中关注实体产品定制的研究有 21 个，涉及的定制研究对象有电脑、报纸、背包、钢笔、电子设备、食物、礼品等。服务定制研究有 15 个，主要在酒店、餐饮、健身、广播电视、银行、教育等研究情境中进行，研究更多聚焦于服务营销学界的关键结果变量（如服务质量、感知价值、顾客满意等）。定制学界的这一研究现状可能是受到了营销学科传统的商品主导逻辑的影响（Vargo & Lusch，2004），而有限的研究成果也为本书带来研究机遇。

第三，当前的研究对于“定制效应”理论边界的探索非常有限。已有研究发现定制化产品为顾客带来的利益并不是在任何情况下都会出现的，消费者本身的一些特质可能会影响定制带给消费者的收益（Franke et al.，2009）。虽然这些研究从顾客方面探索了影响购买定制产品意愿的因素，但是当前学界对定制效应理论边界的探索非常有限。本书在探索定制服务中顾客参与影响顾客购买定制产品意愿的理论边界时，选择了服务提供方（如服务企业、服务人员等）作为研究的突破口。

表 2-2　产品和服务定制实证研究汇总表

研究类型		研究数量	研究对象		研究方法			研究情境/对象	关键变量
			产品	服务	实验	问卷	其他		
前因研究	国内	8	3	5	2	6	0	笔记本电脑定制、定制旅游等	选择、购买定制产品/服务意愿、参与定制意愿
	国外	3	1	2	1	2	0	报纸、酒店、健身服务、旅游等	选择定制意愿、对定制产品/服务的偏好
结果研究	国内	13	8	6	4	9	0	服饰定制、定制旅游、电脑组装定制、手机、在线定制旅游、工业设备定制等	感知价值、顾客满意、顾客忠诚或保留、产品或服务质量、顾客投诉、快乐等
	国外	19	13	6	14	4	1	电脑和笔记本电脑、酒店、报纸、披萨、滑雪板、背包、电子设备、钢笔、礼品、电视服务、银行服务、早餐谷物、沙拉、餐饮服务、健身服务、医疗、大学教育等	对定制产品的评价、支付意愿、满意度、购买意愿、感知价值、顾客忠诚、服务质量、推荐意愿、价格敏感度、感知受益、感知风险、产品退还等

注：有四个研究（国内和国外各两个）同时对产品或服务定制的前因和结果进行了研究。

第四，当前学界对于定制过程的理解存在简单化的倾向。现有的定制研究将定制过程划分为：加法定制/减法定制或者升级定制/降级定制。这种划分方法就意味着，某一个产品或服务存在一个基本配置（或者标准品）作为定制的参照点（reference point）（Wang，Kandampully & Jia，2013）。消费者可以在基本配置的基础上增加/减少、提档或降级产品或服务的属性和特征（Coker & Nagpal，2013；Jin et al.，2012；Wang et al.，2013）。本书认为将产品或服务的定制过程简单地划分为加法/减法或升价/降级的方法可能存在不妥之处。首先，产品和服务之间存在天然的差异，实体性产品（如笔记本电脑）的基本配置相对容易确定，但是服务（如酒店客房、餐厅用餐等服务）的基本配置在不同的服务企业可能存在不同的理解和呈现方式。其次，在很多服务行业当中（如旅游）可能并没有真正意义上的标准品（standardized product/service）。尽管有少数强势的旅游运营商（或旅行社）能够向游客推出相似度很高的标准品（即包价游方案），但是它们之间仍然存在显著的差异。因此，加法/减法或升价/降级的定制划分方法在旅游服务情境当中可能并不能完全适用。此外，Franke 等（2009）认为还有很多的未知因素影响着顾客选择、购买定制产品或服务，未来这一方向的研究很有必要。

第五，国内外学界采用的研究设计存在明显差异。国内定制学界的研究更多采用问卷调研的研究设计，而国外定制研究更多采用实验研究设计。很明显，这两种研究设计各自有不同的优势和劣势，也分别适合于不同的研究目的和研究场景。基于当前国内产品/服务定制学界的研究现状，本书认为未来的研究应该更多选择实验研究设计，通过研究方法的多样化来增强研究结论的普适性和稳健性。

2.3.2 定制游研究的文献评述

在旅游研究领域，服务定制化研究也得到了越来越多学者的关注（Jin et al.，2012）。美国旅游运营商联盟（United States Tour Operators Association，USTOA）针对其会员的一项调研发现：旅游者们希望自己拥有定制旅程的能力，他们希望自己的旅程更有弹性并且能够带来更多本真性的体验（authentic experience）。Wu（2004）在其旅游电子商务的研究中指出，旅游服务的定制化可以增强产品和服务的感知质量，并有利于保持旅游企业和旅游者之间的关系。Poria、Biran、Reichel（2009）认为旅游企业应该通过定制化旅游服务（如景点的讲解服务）来满足游客的偏好，进而增强游客的旅游动机。基于服务质量模型（SERQUAL model），Gilbert 和 Wong（2003）还认为定制化是旅游企业必须要重视的一个服务维度，因为它可以帮助企业更好地提升旅游服务质量（tourism service quality）。像 Expedia 和 Travelocity 等在线旅行社已经开始向顾客提供一种充满弹性的服务模式，顾客可以在基本模式的基础上添加航班、酒店、汽车租赁和演出等旅游项目来设计自己的旅程，同时也可以在全服务或预设模式（full package）中通过删减旅游服务来定制自己的旅程。尽管服务定制对旅游企业来说至关重要，但是旅游学界对于服务定制的研究却非常匮乏（Jin et al.，2012），旅游学界能够为旅游企业提供的理论或实践指导非常有限。

在对产品/服务定制研究评述的基础上，本书对定制游研究这一研究分支进行了更为深入的梳理和分析。本书发现国内外定制游研究的整体数量很少，我们对定制游当中旅游者的消费心理的理解和把握也十分有限（见表 2 - 3）。本书认为，当前这一研究现状与定制游服务当前所处的发展阶段有关。虽然定制游发展速度很快且市场潜力巨大，但是其在当前旅游市场中的影响力仍然有限，学界对定制游的关注和研究相对滞后。通过对当前定制游实证研究的梳理，本书认为当前定制游的研究现状可以从以下几个方面进行概括：

第一，当前学界关注定制游的理论研究非常有限。当前学界中定制游的研究共有九个，其中国内研究七个、国外研究仅有两个（见表2-3）。在有限的定制游研究中，有一篇研究关注在线定制旅游服务（赵巧双，2017），该研究探索了定制游感知价值的因子结构，其他研究分别从旅行社定制游（刘艳芬，2016；Grissemann & Stokburger-Sauer，2012）、奖励旅游定制（张文敏，2012）等服务情境中探索了旅游者选择或购买定制游的影响因素。

表2-3 国内外定制游研究汇总

研究分类	相关研究	研究情境	研究方法	主要研究结论	中介变量	调节变量
前因研究	张文敏（2012）	奖励旅游定制	问卷	研究发现独特性需求、信任、感知控制、感知风险和知识对顾客参与定制都有显著的影响	N. A.	N. A.
	Grissemann 和 Stokburge Sauer（2012）	定制旅游	问卷	研究发现企业为顾客参与提供的支持正向影响顾客参与共创的程度（定制的程度）	N. A.	N. A.
	刘艳芬（2016）	定制旅游	问卷	研究发现定制游产品特征、旅游服务质量、消费者的收入、群体支持、生活方式和市场推广依次显著影响着旅游者选择定制游的消费决策	N. A.	N. A.
	肖淑兰等（2016）	定制旅游	问卷	研究结果表明顾客的创造力自我效能部分中介顾客教育和顾客参与创新的关系；物质激励对创造力自我效能和顾客参与创新的关系起到了负向调节作用；环境动荡性对顾客教育和顾客参与创新的关系起到了正向调节作用	创造力自我效能	物质激励环境动荡性
	李冬丽（2018）	定制旅游	问卷	研究发现在定制游成行之前，在定制游感知价值的六个维度当中，除了成本价值负向影响行为意愿外，其余各维度正向影响行为意愿	N. A.	N. A.

续表

研究分类	相关研究	研究情境	研究方法	主要研究结论	中介变量	调节变量
影响研究	杨敏（2008）	定制旅游	问卷	该研究发现旅行社定制旅游服务当中顾客感知的个性化体验质量、定制服务质量、价格水平等因素影响着顾客满意、顾客忠诚和顾客保留	顾客满意、顾客忠诚	N. A.
	Grissemann 和 Stokburge Sauer（2012）	定制旅游	问卷	研究发现顾客参与共创的程度（定制的程度）正向影响顾客满意、顾客忠诚和旅途中的花费。此外，顾客对于自己在共创中表现的满意度会削弱顾客参与共创的程度对顾客满意、顾客忠诚的影响力	N. A.	顾客对自己在价值共创中表现的满意度
	Jin 等（2012）	定制旅游行程	实验	研究发现当消费者同时面对升级式和降级式两种旅游定制方案时，他们更加偏爱升级式旅游定制方案。在采用降级式方案定制旅游行程时，消费者会产生总价更高的旅游计划；相对于旅游核心服务，选择框架效应对于旅游辅助性服务的影响力更强；具有质量意识和促进聚焦的消费者更有可能选择降级式方案来定制自己的旅游计划	N. A.	服务属性
	张文敏（2012）	奖励旅游定制	问卷	研究发现顾客参与定制正向影响顾客感知价值	N. A.	N. A.
	赵巧双（2017）	在线定制旅游	问卷	研究指出旅游者在线定制旅游的感知价值由三个因子构成，分别是效用感知价值、情感感知价值和信任感知价值	N. A.	N. A.
	靳彬（2018）	定制旅游	问卷	研究发现定制游过程中旅游者感知的环境体验、服务体验、游客间互动体验和社会体验正向影响旅游者对定制游的体验价值	N. A.	N. A.
	李冬丽（2018）	定制旅游	问卷	研究发现在定制游成行之后，定制游感知价值的六个维度（服务价值、质量价值、享乐价值、个性化价值、品牌价值和成本价值）均正向影响旅游者的重购意愿	N. A.	N. A.

注：N. A. 代表无。

第二，相对于定制游的影响/结果研究，前因研究相对较少。在有限的定制游研究当中，有三个研究同时探索了定制游消费行为的前因和结果，有四个定制游影响研究，仅有两个定制游前因研究。定制游的影响/结果研究可以分为两种类型，第一种类型研究了定制游服务（本身）对服务结果的影响。比如杨敏（2008）探索了影响顾客满意、顾客忠诚和顾客保留的因素。赵巧双（2017）发现旅游者在线定制游的感知价值由三个因子构成，分别是效用感知价值、情感感知价值和信任感知价值。靳彬（2018）发现旅游者感知的环境体验、服务体验、游客间互动体验和社会体验正向影响旅游者对定制游产生的体验价值。第二种类型研究了定制服务中的顾客参与对服务结果的影响。比如，Grissemann 和 Stokburger - Sauer（2012）发现顾客参与共创的程度（定制的程度）正向影响顾客满意、顾客忠诚和旅途中的花费；张文敏（2012）发现顾客参与定制正向影响顾客感知价值。

定制游前因研究全部在传统旅行社服务情境中进行，已经发现的影响因素可以分为三类：旅行社、定制旅游产品和旅游者个体差异。在旅行社方面，现有的发现旅游企业对顾客参与定制的支持（Grissemann & Stokburger - Sauer，2012）、对顾客的教育（肖淑兰等，2016）、对定制游的市场推广（刘艳芬，2016）可以显著提升顾客（即旅游者）选择定制游的意愿、参与服务定制的程度。在定制旅游产品方面，旅游者对定制游服务的感知价值（李冬丽，2018）、定制游的产品特征和服务质量（刘艳芬，2016）也正向影响着旅游者选择、购买或参与旅游定制的意愿和行为。在旅游者个体差异因素方面，当前研究发现旅游者的独特性需求、感知控制、创造性自我效能、知识、群体支持、收入、生活方式（刘艳芬，2016；肖淑兰等，2016；张文敏，2012）均正向影响着旅游者选择/购买定制游的意愿，而感知风险和旅游者感知定制游的成本价值（出行前）负向影响着旅游者选择/购买定制游的意愿（李冬丽，2018）。

第三，当前研究的研究结论以直接作用为主，对内在机制和理论边界的理论探索较少。在当前的定制游研究当中，仅有两个研究包含了中介变量（肖淑兰等，2016；杨敏，2008），三个研究引入了调节变量（肖淑兰等，2016；Grissemann & Stokburger - Sauer，2012；Jin et al.，2012）。根据学界的共识，在研究模型当中引入中介机制可以帮助我们刻画出更深层次的、更清晰的变量关系，而调节效应假设的引入可以帮助我们探明变量间关系的理论边界（Baron & Kenny，1986）。因此，本书认为当前学界对于定制游服务当中旅游者的消费心理的理解和把握还不够深入、不够全面，未来的研究可以更多地探索定制游服务中旅游者心理的内在机制和理论边界。

第四，当前并无研究探索服务双方的互动行为对旅游者购买意愿的影响作用。产品和服务定制需要顾客的参与，顾客通过和服务企业、服务人员的互动对产品/服务进行设计、生产和传递，进而共同创造服务的价值（Prahalad & Ramaswamy，2004b；Vargo & Lusch，2004）。但是在现有的定制游研究当中，还没有研究探索顾客参与定制对顾客购买定制游意愿的影响作用。此外，一线服务人员在定制服务中的影响力一直被学界所忽视，当前学界并无研究探索服务人员的互动行为对旅游者购买意愿的影响。

第五，当前的定制游研究采用的研究设计较为单一，以问卷调查的研究设计为主。现有的定制游研究当中采用实验研究设计的仅有一个（Jin et al.，2012），而且国内定制游研究全部采用了问卷调查的研究设计。结合学界对于问卷调查研究方法的共识，单次横截面研究在进行因果关系检验时存在天然的缺陷。本书认为未来国内的定制游研究应该更多采用实验研究设计来提升研究结论（特别是因果关系）的稳健性。

3 理论背景、研究假设和模型构建

3.1 理论背景和解释机制

本书的理论背景和解释机制主要由三个理论体系构成：自我决定理论、个体意识的三要素模型和服务主导逻辑。

首先，自我决定理论为本书提供了理想的理论视角。自我决定理论认为个体与外部社会环境的互动（social interaction）影响着他们的心理需求满足，个体的心理需求满足程度越高（即更高的感知自主权、感知能力和感知关联度），其幸福感（即积极情感体验）越强烈，并且他们的内部行为动机越强（Ryan & Deci，2000）。

其次，我们采用个体意识的三要素——“知觉—情感—意动”（cognition - affective - conation）——模型构建了本书的理论框架（Bagozzi，1992；Hilgard，1980）。Hilgard（1980）在回顾了知觉心理学的发展历史后提出，心理学界对于人类意识（mind）的类型划分（即知觉、情感、意愿或称意欲）源自18世纪德国的机能心理学派。Hilgard认为这一划分标准对于未来心理学科，特别是知觉心理学的研究仍然具有重要的意义。Bagozzi（1992）在Hilgard三要素模型的基础上构建了AEC模型（appraisal processes，emotional reactions，coping responses）。AEC模型认为个体对目标对象的知觉评价（本书操作为心理需求满足）影响着个体的情感反应（本书操作为积极情感反应），进而影响其应对行为（本书操作为购买意愿）。

最后，服务主导逻辑是顾客参与、定制等多种形式价值共创研究的理论背景。服务主导逻辑认为服务是一切交易活动的核心内容，其价值是被服务双方共同创造的（Prahalad & Ramaswamy，2004a；Vargo & Lusch，2004）。本书旨在探索定制游服务过程中顾客购买意愿的前置因素，因此服务主导逻辑为本书提供了强有力的理论支撑和研究框架。

基于以上论述，我们提出了本书的基本假设：在定制游服务过程中，顾客参与定制和服务人员的互动行为正向影响着旅游者的心理需求满足和积极情感反应，进而影响着旅游者的购买意愿。此外，服务人员的互动行为还调节了顾客参与定制对购买意愿的间接作用。在下文当中，我们将分别对各个理论体系和解释机制进行更为详细的介绍和相应的讨论。

3.1.1 自我决定理论

自我决定理论（self - determination theory，SDT）是一个关于人类动机、情感和个性的宏观理论（Ryan & Deci，2000）。在 20 世纪 70 年代，与自我决定理论相关的研究将重心从“对比内外部动机的差异”转向了“理解个体行为内部动机的主导性”上。直至 20 世纪 80 年代中期，自我决定理论才被正式地提出并作为一个实证理论体系被学界接受。之后，自我决定理论在社会心理学的诸多领域被广泛地应用（Gagné & Deci，2005；Lyubomirsky，Sheldon & Schkade，2005；Meyer & Gagne，2008；Ryan，La Guardia & Solky - Butzel et al.，2005；Wang & Hou，2015；Williams，Niemiec & Patrick et al.，2009）。

回顾自我决定理论体系的发展历程可以发现，三个概念在其中起着关键的作用。它们分别是动机、心理需求满足和幸福。动机经常被视作一个单一的构面，但其实个体的行为一直受到诸多复杂因素的影响并产生不同的结果。因此，自我决定理论在内外部动机的基础上提出了自发动机和控制动机的概念，并认为不同的个体行为可以用自我决定（内部动机）或非自我决定（外部动机）的方式来理解和解释（Wang & Hou，2015）。自我决定理论不仅提出了影响人类行为的动机类型，还探讨了有利于和不利于自我决定动机形成的特殊情境（Deci & Ryan，1985）。自我决定理论认为社会环境通过自我决定动机（self - determined motivation）的形式来满足个体的基本心理需求。个体与社会环境的互动通过不同水平的动机影响着个体的行为。

此外，自我决定理论认为人类拥有与生俱来的、内在的成长倾向（growth tendencies）和心理需求（psychological needs）。自我决定理论认为人类普遍存在三种内在心理需求——自主权（autonomy）、能力（competence）和关联度（relatedness）。个体心理需求满足的程度决定了他们对于活动的投入程度（engagement）和幸福程度（well - being 或 happiness）（Deci & Ryan，1987；Ryan，Kuhl & Deci，1997）。

3.1.1.1　动机

Ryan 和 Deci（2000）在解释动机一词时将其描述为："所有与个体的活力和意欲相关的能量、趋势和毅力。"自我决定理论最常使用的动机分类法是内外部动机分类法（Ryan & Deci，2000）。自我决定理论认为个体动机有两种形式（Deci，Ryan，1985），分别是内部动机（intrinsic motivation）和外部动机（extrinsic motivation）。此分类方法关注个体的行为在多大程度上是自我驱动的（self - motivated）和自我决定的（self - determined）。正因为此，自我决定理论最核心的观点是：当个体产生某些特定的行为时，他们可能会受到内在和/或外在两方面因素的驱动。学界也将这两方面的驱动力称为自发动机（autonomous motivation）和控制动机（controlled motivation）（Gagné & Deci，2005）。

内部动机是同外部动机相对应的一个概念。当个体开展一个活动是因为该活动本身的趣味性、愉悦感和满足感时，内部动机就产生了（Moller，Ryan & Deci，2006）。内部动机的产生是一个自然而然的过程，它体现了人类知觉和社会发展的趋势。内部动机驱动着一个人去做他/她认为有趣的、令人愉悦和满意的事情。如果个体在评判一个事物时主要考量自我兴趣、好奇心、关爱和持久的价值等因素，个体就处于内部驱动的状态。比如，一个人因为热爱音乐去学习乐器的演奏。除此之外，Ryan 和 Deci（2000）还认为当以上这些因素被支持性的社会环境（supportive social environment）强化时，个体的内部行为动机也会得到增强。

外部动机是指："当个体开展某项活动是为了获得一些可分离的结果（separable outcomes）时的一种动机状态。"（Ryan & Deci，2000）换句话说，当个体开展一个活动是为了达成一个外部目标或功用目的时（如获得奖励、规避惩罚等），外部动机就在发挥作用了。比如，学生努力学习是为了得到父母承诺的奖品（如玩具）、员工加班工作是为了免于受到单位的惩罚（如罚款）等现象。在这些现象当中，个体会体验到压迫感和控制感，并因此实施一些行为来确保预期结果的产生（比如获得玩具和绩效考核指标的达成）。Ryan 和 Deci（2000）认为相对于被外部控制的动机，自发的内部动机具有更强的影响力让个体参与到某一项活动当中。

除了内部动机和外部动机的概念，自我决定理论还界定了不同类型的行为动机以及各动机类型间的关系。Engström 和 Elg（2015）认为社会价值观和外部事件通过内化和整合的方式影响着个体的价值观。因此，按照自主权介入的程度，各个动机类型依序排列形成了一个自我决定连续集（self - determination continuum）（Ryan & Deci，2000）。其中，内化是指人们在逐步接受新的价值观、态度等之后，行为的外部调控（external regulation）逐渐地转变为行为的内部调控

（internal regulation）的过程（Ryan & Deci，2000）。在内化的过程中，个体主动地尝试将外部动机转化为自己认可的价值，并将原本由外部控制的行为转变为同化行为（Ryan et al.，1997）。也正因为此，自主权在很大程度上影响着外部动机的水平（Ryan & Deci，2000）。为了更加清晰地描述理论观点，加深学界对于不同类型的动机的影响作用的理解，自我决定理论提供了一个可视化的框架来描述不同动机水平之间的区别和相互关系（Ryan & Deci，2000），如图3－1所示。

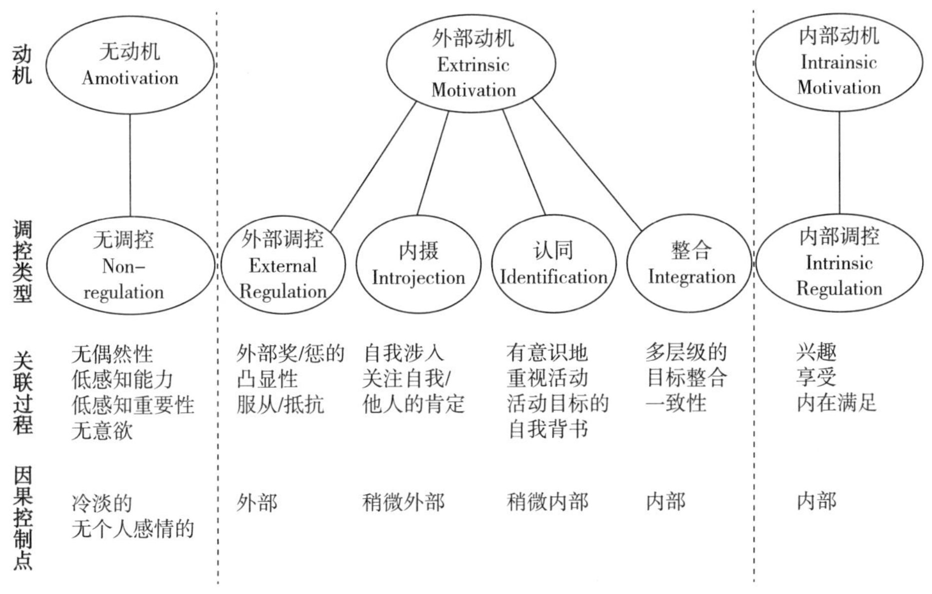

图3－1　自我决定理论视角下的动机分类

资料来源：Ryan R. M.，Deci E. L. Self－determination theory and the facilitation of intrinsic motivation，social development，and well－being［J］. American Psychologist，2000，55（1）：68.

首先是无动机（amotivation），也称零动机，它是指个体处于一种缺乏行为意向的状态当中。根据自我决定理论，当个体的效能感弱或对于期望结果的控制感弱时，个体因为无法调控自己的行为而产生无动机的状态。在自我决定的连续集当中，即使是外部调控（受控程度最高的外部动机形式）也会受到意向、意欲和动机的影响，但是无动机是一种对于特定行为完全缺乏意欲的动机类型（Deci & Ryan，2000）。

其次是外部动机当中的四种行为调控类型。外部调控是指当个体实施一个行为是为了满足某一个外部需求或者获得某一个奖励时产生的动机状态（Deci & Ryan，2000）。外部调控是外部动机的最低水平，此时个体产生制定的行为只是为了满足外部需求（external demand）。为了获得奖励或避免惩罚，个体会感觉自己应该按照一定的方式行事（Guay，Vallerand & Blanchard，2000）。举例来说，当运动员参加体育集训是因为“我的教练认为我应该参加集训”时，外部调控就在发挥作用了。内摄是指外部动机当中自我决定的程度较低的一种表现形式。尽管内摄本身已经涉及行为的内化，但是个体仍然没有完全接受该行为（Deci & Ryan，2000）。在内摄的状态下，个体会通过实施一些特定的行为来规避负面的情绪（比如焦虑、愧疚等），获得自我强化（ego enhancement）（Deci & Ryan，2000）。认同调控是外部动机当中自我决定程度较高的一种表现形式。处在认同调控的状态下，个体会认为某一项行为很重要而且结果是可控的，尽管自己无法享受其中也会实施该行为。认同调控是指外部动机的最高水平，此时个体已经意识到并认可某项行动或某项活动的重要性并愿意去实施它。尽管如此，这种动机仍然属于外部动机，因为此时发生的行为并不是最终的目的而是通向最终目的的方式（Ryan & Deci，2000）。比如企业的员工努力工作并不是因为享受工作本身，而是因为工作对他很重要而且可以为他带来价值。自我决定理论研究认为，在低水平自我决定往高水平自我决定转变的过程中，两种形式的行为调控起着关键的作用，它们分别是外部调控（external regulation）和认同调控（identified regulation）（Ryan，Huta & Deci，2008）。

最后为内部动机。内部动机是自我决定程度最高的一种个体行为动机。此时行为的因果控制点在个体内部，即个体会主动地实施某一行为或参与某项活动。受到兴趣（interest）、愉悦或享受（enjoyment）、内在满足感（inherent satisfaction）的驱使，个体想要去体验新鲜感、迎接挑战、锻炼并提升自己的能力，去探索和学习（Ryan & Deci，2000）。

3.1.1.2 心理需求满足

在自我决定理论系统当中，知觉评价理论（cognitive evaluation theory，CET）用“需求满足”解释了外部事件对内部动机的影响。有机整合理论（organismic integration theory，OIT）和因果定向理论（causality orientation theory，COT）用“需求满足”阐述了社会环境如何影响社会范式和准则的内化、整体动机导向的形成（global motivational orientation）等。此外，基本需求理论（basic needs theory，BNT）是自我决定理论的第四个子理论。遵从奥卡姆剃刀原则（即简约原则），基本需求理论提出了尽可能少的心理需求（即三个）来解释尽可能多的跨越年龄、性别和文化的人类社会现象。它界定了对于人类精神和身体健康、社会福祉都至关重要的内在心理养分（innate psychological nutrition）——基本心理需求。

根据自我决定理论，当个体在某一个特定的环境中体验不同水平的心理需求

满足时，他们会产生不同的知觉、情感和行为结果（比如兴趣、行为表现、创造力和幸福等）。当个体的心理需求得到满足时，他们不仅会产生自我决定程度较高的行为调控（如内部动机），也会产生较高水平的幸福感；相反，当个体心理需求的满足程度较低时，他们会产生自我决定程度较低的行为调控（如外部动机），也会体验到低水平的个体幸福感（Baard，Deci & Ryan，2004；Gagné & Deci，2005；Sheldon & Bettencourt，2002）。此外，个体的心理需求满足还通过不同类型的动机间接影响着这些知觉、情感和行为结果（Guay et al.，2000）。之前的组织行为学研究发现员工的心理需求的满足能够强化他们的内部动机和外部动机，进而增强他们在工作中的表现和对工作的满意度（Meyer & Gagne，2008）。

同组织行为领域的自我决定理论研究相一致，本书认为自我决定理论在服务情境中，特别是价值共同创造的研究情境中具有同样的理论价值和研究启示。当顾客参与到价值的共同创造时，他们扮演了“兼职员工”和“共同生产者”等角色（贾鹤、王永贵、黄永春，2009；彭艳君，2006；Vargo & Lusch，2016）。因此，许多学者也认为我们不能再用过去传统的视角去界定顾客在服务中的地位，他们已然成为了企业和服务人员的拍档和伙伴。

3.1.1.3 个体情感

随着心理需求满足概念的提出，越来越多的自我决定理论研究开始关注个体情感或个体幸福（Baard et al.，2004；Reis，Sheldon & Gable et al.，2000；Ryan & Deci，2000）。一般来讲，幸福或福祉关注个体的心理健康体验（experience of psychological health）和生活满意度（life satisfaction）（Deci & Ryan，2000）。但是也有学者认为幸福不仅仅是一种反映正面情绪的主观体验，也是一个包含活力、心理弹性和深层内在健康度（wellness）的有机整体（Ryan et al.，1997）。尽管如此，当前学界并没有将幸福（well - being）、个体幸福（personal well - being）和心理幸福（psychological well - being）等相近的概念完全地区分开来（Sirgy，2012）。在自我决定理论相关的研究当中，心理幸福和幸福是使用频率最高的两个概念形式。

考虑到学界的研究现状和本书的研究目的，本书主要关注个体幸福概念当中的积极情感和情绪。自我决定理论认为基本心理需求是人类繁荣发展的普遍性需求，该理论观点在很多的研究领域都得到了实证检验。比如，Sheldon、Ryan、Reis（1996）发现心理需求满足可以提升个体的日常幸福感（daily well - being）。在护士之家的住客当中，高感知自主权和高感知关联度的住客会展现出更高水平的活力度、健康度和生活满意度（Kasser & Ryan，1999）。Deci、Ryan、Gagné 等（2001）在前计划经济体制（保加利亚）的国有企业中发现员工的心理需求满足正向、显著地影响着员工的工作投入度和幸福感。此外，Baard 等（2004）发现企业员工的心理需求满足可以预测他们的工作绩效和个人幸福感。Gagné、Ryan、Bargmann（2003）在其运动心理学（sport psychology）的研究当中发现，运动员的心理需求满足和其幸福感（积极情绪）之间存在显著的正相关关系。Reis 等（2000）发现个体的每日（daily）心理需求满足可以有效预测他们的每日幸福水平。Lynch Jr、Plant、Ryan（2005）发现，当医护人员自评的心理需求满足程度较高时，他们幸福感水平也会较他人更高。

此外，这一理论观点还得到了跨文化、跨性别的实证支持。在盛行个人主义的西方国家，如美国（Reis et al.，2000）、比利时（Luyckx，Vansteenkiste & Goossens et al.，2009）；在盛行集体主义的东方国家，如保加利亚（Deci et al.，2001）、韩国（Jang，Reeve & Ryan et al.，2009）、俄罗斯（Lynch，La Guardia & Ryan，2009）和中国（Vansteenkiste，Lens & Soenens et al.，2006）等跨文化的研究情境中，基本心理需求对个体积极情感和幸福的影响作用都得到了验证。除此之外，心理需求满足还有利于健康行为改变（health – behavior change），即使是在美国的贫困阶层和工薪阶层的样本当中（Williams et al.，2009）。在考虑到性别的差异时，Ryan 等（2005）发现无论是男性还是女性，心理需求满足的程度都和他们的心理健康（psychological health）和身体健康呈现正相关的关系。综上所述，自我决定理论发现个体的心理需求满足可以预测幸福感的变化。当个体的自主权需求、能力需求和关联度需求满足程度高时，他们体验到更多的积极情绪（如欢乐、开心、愉悦、乐趣等）。

3.1.2 意识三要素模型和 AEC 模型

本书在构建研究框架时还采用了个体意识的三要素和 AEC 模型（Bagozzi，1992；Hilgard，1980）。本书认为，来自知觉心理学领域的个体意识三要素模型和来自态度研究领域的 AEC 模型为本书研究假设提供了坚实的理论基础和清晰的研究视角。两个理论体系有一个共识，即个体的知觉评价会诱发相应的情感变化，进而影响个体的行为意愿或行为。在下文当中，本书将分别介绍两个理论体系以及它们和本书研究模型的内在联系进行讨论和阐述。

3.1.2.1 个体意识三要素：知觉、情感和意动

心理学界对于人类意识活动（mind）的类型划分源自 18 世纪德国的机能心理学派。机能心理学派的观点认为，人类的精神活动（mental activities）可以分为知觉（cognition）、情感（affection）和意动（conation）三种类型。之后该理论在 19 世纪逐渐被苏格兰、英国和美国心理学协会的学者们接受并得到进一步的发展。Hilgard（1980）将知觉、情感和意动称为“个体意识的三部曲”，他回

顾了该理论体系的发展历程并强调了其对于当代心理学，特别是知觉心理学研究的重要意义。

在过去的一百多年里，很多心理学家理所当然地认为，人类意识的研究应该分为三个部分：知觉、情感和意动。但是如果我们翻阅在过去的半个世纪中出版的书籍、期刊和杂志的封面以及标题时会发现，不管它们关注感知、学习和记忆、儿童发展、性格和社会心理学当中的哪一个分支，它们都选择了同样一个命名——知觉心理学（cognitive psychology）。因此，Hilgard（1980）认为尽管学界普遍承认个体意识的三分法，但是情感和意动在一定程度上被忽视了，它们并没有得到和知觉一样的平等对待。

在营销学界当中，Morris、Woo、Geason 等（2002）等学者认为有两个问题对于营销学者和营销管理人员非常重要：消费者的想法或者感觉到底哪一个更能预测消费者的意愿？在个体意识或个体态度的三要素模型当中，知觉是否主导着情感和意愿之间的关系？长久以来，学者们一直更加关注以知觉为基础的态度（Morris et al.，2002）。他们认为知觉主导着个体的情感加工过程。比如，Fishbein 和 Middlestadt（1995）提出了“基于知觉的态度”这一概念并且认为消费者态度会受到知觉属性的信念的影响，而这些信念可以预测消费者的行为意愿。但是，又有研究发现知觉可以驱动情感反应（Morris et al.，2002）。事实上，因为来自不同渠道的信息在形成知觉评价时往往缺乏可信度，一些学者认为情感可以直接影响态度。如果我们只关注知觉评价却忽视情感反应的话，并不利于学界更好地理解消费者行为。

个体意识三部曲也被应用在消费者忠诚（consumer loyalty）研究当中。比如，Oliver（1999）在探讨消费者忠诚的概念时采用了基于意识/态度的理论框架。Oliver（1999）发现“知觉—情感—意动”模式（the cognition – affection – conation pattern）可以帮助研究人员更好地理解消费者忠诚的形成过程。根据他们的理论构建，真正的消费者忠诚的形成需要经历了三个阶段：知觉忠诚、情感忠诚和意动忠诚。在知觉忠诚阶段，消费者会基于他们掌握的产品知识、经验和经历等信息形成对于某品牌的信念。在该阶段，消费者忠诚是知觉属性的，更多受到品牌特质的影响。在情感忠诚阶段，因为消费者已经累积了更多满意的使用/消费体验，他们对品牌产生了喜爱（liking）的态度和更深程度的消费者承诺。在意动忠诚阶段，消费者在重复积累了对品牌的积极情感后，逐渐转化为一种行为意向（即重购承诺）。

3.1.2.2 自我调控理论和 AEC 模型

Bagozzi（1992）在回顾了态度理论体系（如理性行为理论、计划行为理论和尝试理论等）的发展历程之后提出，已有态度理论当中的态度（attitudes）、主观范式（subjective norms）都不足以解释个体的行为意愿（intentions）和行为（actions）（Ajzen & Fishbein，1980；Ajzen，1985；Fishbein & Ajzen，1977）。Bagozzi 认为这些变量间的相互影响作用需要进一步的细化和提炼。尽管现有态度理论体系解释个体行动时，态度、主观范式和意愿是核心的变量，但是它们各自都在发挥不同的影响力。因此，学界需要探索出一个自我调控过程（self - regulation processes），进一步帮助学者们理解态度、主观范式和行为意愿的预测作用。

为了进一步深化态度理论，Bagozzi（1992）探索了行为意愿形成过程中个体知觉和个体情感的自我调控机制，并在此基础上提出了自我调控理论（theory of self - regulatory）。自我调控过程是指个体将态度、主观范式转化为意愿或将意愿转化为行动的一系列监控、评价和应对行为（Bagozzi，1992）。总体来说，这一过程包含三个阶段，分别为“评价过程”（appraisal processes）→“情感反应”（emotional reactions）→“应对行为”（coping responses）。Bagozzi 认为自我调控包含了很多子过程（sub - processes），比如意动的、情感的、社会的和意志力的心理过程。在思考态度和行为意愿之间的关系时，个体自我调控的过程主要包括意动过程和情感过程。对期望结果的评价会让个体产生一些特定的情感，进而诱发个体的应对意向和特定的行为。此外，Bagozzi 还认为主观范式和行为意愿间的关系也受到了自我调控过程的影响。这一自我调控的过程兼具知觉属性和情感属性，并且让个体更加认同他们和那些对自己来说重要的人（significant others）之间共享的期望、道德和社会范式。这些知觉的过程伴随着特殊情感，进一步影响着个体的行为意愿。

相对于已有的态度理论，自我调控理论更加复杂、更加抽象。因此，Bagozzi（1992）建议研究人员采用正确的视角去看待该理论的观点和言论。为了理论的简约化，理性行为理论、计划行为理论和尝试理论都采用了整体性的心理变量（global psychological variables）来解释人类的社会行为。这就意味着，个体所有的心理活动都被整合到了单一的变量当中，比如信念（beliefs）和评价（evaluations）被包括在了一个整体性的态度（attitude）当中。与之相似，这些理论认为态度、主观范式和行为意愿在所有的情境中均发挥着各自的作用，并没有考虑理论的特异性和理论的边界情况。也就是说，态度理论为了保证理论模型的简约性（parsimony）付出了代价（即特指性较弱）。当然，这是现有态度理论体系的优势，同时也是其致命的弱点（Bagozzi，1992）。

尽管自我调控理论放弃了理论的简约性，却让它具备了更加具体、细致的理论观点。它更加全面地解释了个体的社会行为并且具备更强的预测能力。自我调控理论囊括了一些之前态度理论不曾涉及的、较为模糊的心理过程，并将其整合为有序的心理机制。此外，同已有的态度理论对比，自我调控理论是一个更为社会化的理论（Bagozzi，1992）。它涵盖了人际间的情感、相互期望和角色认同等内容，因此可以被应用到更为广泛的社会现象中去。

在服务营销学界，Bagozzi 的 AEC 模型也得到了实证检验。Cronin 等（2000）在研究服务质量、顾客满意和重购意向之间的关系时运用了“评价—情感反应—应对”这一理论框架。他们认为顾客积极的服务质量感知（作为评价）会带来更高的满意度（作为情感反应），并最终驱动消费者的重购行为（作为应对）。因此，基于 AEC 模型的理论观点——即知觉导向的服务质量和价值评价要早于情感导向的顾客满意和行为意向——在服务营销学界得到了越来越多学者的认同（Chi & Qu，2008；Ennew & Binks，1999；Gotlieb，Grewal & Brown，1994）。

本书认为个体意识的三要素理论和自我调控理论的 AEC 模型之间存在较大程度的理论重叠（theoretical overlap）。两个理论体系的共识为：个体对于目标对象的知觉评价影响个体的情感反应，进而影响着个体的行为意愿。结合本书的研究目的和研究情境，本书将个体的知觉评价操作为顾客的心理需求满足，将个体的情感反应操作为顾客的积极情感反应，并且将个体的应对行为操作为顾客购买定制游的意愿。因此，基于个体意识三要素理论和 AEC 模型，本书的基本假设为：在旅游定制的服务过程中，顾客的心理需求满足影响着其情感体验（或情感反应），进而影响着其购买定制游的意愿。

3.1.3 服务主导逻辑

一百多年以来，经济学界对营销学科的发展影响深远（Vargo & Lusch，2004），这也让商品主导逻辑长期以来在营销学科占据着主导地位。商品主导逻辑认为实体性的商品（products）是市场交易的核心，而服务（services）只是商品的一种特殊形式（Vargo & Lusch，2006）。商品主导逻辑认为价值是被嵌套在商品当中的，市场交易的基本单元是“商品”“产品”或“服务”。

作为营销学界较早提出服务主导逻辑（service - dominant logic，S - D logic）概念的学者，Vargo 和 Lusch（2004）认为营销学科正在经历研究范式的转变（paradigm shift），服务主导逻辑正在替代商品主导逻辑成为未来营销学界主流性的研究范式。服务主导逻辑是一个与商品主导逻辑（goods - dominant logic）相对应的一个概念，它认为服务才是市场交易的基本单元，市场中的所有交易行为都是“用服务交换服务”。它将服务界定为：“为了让市场当中的其他实体（entity）获益或自身获益，以行为、过程等表现形式对特殊能力（即操作性资源：知识和技能）的应用。”服务主导逻辑认为商品是服务的一种替代方式（Vargo & Lusch，2006），商品以一种特殊的方式为顾客提供服务，而服务才是所有市场交易的普遍现象。服务主导逻辑理论引起了营销学界和管理学界的普遍关注，相关的研究也越来越多（Arnould & Thompson，2005；Arnould，2008；Auh et al.，2007；Chan et al.，2010；Dong & Sivakumar，2017；Grönroos，2008；Grönroos，2011；Karpen et al.，2015；Payne et al.，2008；Ranjan & Read，2016；Yi & Gong，2006；Yi & Gong，2013）。

来自不同研究领域的学者们纷纷通过自己的研究视角推动着服务主导逻辑理论体系的演进。在最初构建服务主导逻辑的理论体系时，Vargo 和 Lusch（2004）提出了八个基本假定（fundamental premises，FPs）。之后，Vargo 和 Lusch 广泛地听取了来自各个学界和研究领域的不同声音并对基本理论假定进行了两次重要的修订和补充（Vargo & Lusch，2008；Vargo & Lusch，2016），这使得服务主导逻辑的理论体系得到了不断的完善和提升。当前，完整的服务主导逻辑共有十一个基本假定（Vargo & Lusch，2016）。

尽管如此，本书没有选择系统地介绍服务主导逻辑的全部内容，主要有两方面的原因：首先，尽管服务主导逻辑在不断演进之后成为了一个适用面更广的宏观理论（macro-level theory），但是却因此模糊了其特指性。比如在最近一次的修订当中将顾客（customers）修改为行动者（actors），这并不利于微观层面的理论构建（Karpen et al.，2012）。其次，两次修订工作的理论贡献差异明显。Vargo 和 Lusch（2008）的修订工作对服务主导逻辑理论框架的成熟至关重要，而 Vargo 和 Lusch（2016）的修订更多地关注了价值共同创造系统中的机构（institutions）和机构部署（institutional arrangements）。综合两方面的原因，我们将在下文中选择性地介绍对本书有重要理论启示的基本假定。

本书首先讨论的基本假定是 FP1，即服务是所有交易活动的根基（Vargo & Lusch，2004；Vargo & Lusch，2008）。Vargo 和 Lusch（2004）认为，人们对劳动分工后各自掌握的专业知识技能的应用是交换的基本单元（units）。不管是对个体来说还是对整个社会来说，专业化的社会分工都是更为高效的一种社会运行方式。每一个人都专注于自己的特殊技能，因此交换或交易（exchange）成为了必然的选择。每个成员之间交换的不仅是他们的产出（outputs），同时也是他们每一个人对于自身拥有的专业技能的应用。之后，有学者认为 FP1 当中的“单元”一词反映的仍是商品主导逻辑而非服务主导逻辑。因此，Vargo 和 Lusch（2008）将其修改为“基础”（basis）。Vargo 和 Lusch 对“服务”的命题进行了简化，将“对知识和技能的应用”改为“服务”，最终形成现在的第一个基本假定。

其次是第四个基本假定 FP4，即操作性资源是竞争优势的根本来源。Vargo 和 Lusch（2004）提出了操作性资源（operant resources）的概念，并将它同被操作性资源（operand resources）进行了区分。商品主导逻辑更加注重那些被操作性资源，它们往往是实体性的、可触碰的惰性资源。比如人类活动经常需要的土地、动物、植物、矿产和其他自然资源，这些都属于被操作资源。因为这些资源是有限的，所以拥有这些资源的国家、民族或团体会被认为是富足的。当一个行为作用在被操作资源上时，它们会产生效用和价值。但是服务主导逻辑更加关注操作性资源，它们往往是动态变化的并且可以对其他的资源（如被操作资源）产生影响，比如知识（knowledge）和技能（skills）。操作性资源通常是看不见的无形资源，它们是企业或组织竞争力的核心要素。它们往往是动态的、无限的，而不是静态的或有限的。因为操作性资源可以产生效用（effects），人类利用它来整合自然资源并创造出附加价值和额外的操作性资源。如果一家企业同时拥有生产要素（主要是被操作资源）和科技要素（主要是操作性资源），它就可以将这些被操作资源转化为商品输出，从而创造价值。一个典型的例子就是微处理器（micro－processor）。人类将自己的才智、知识和技能嵌入到地球上储存量最大的自然资源——硅（silicon）当中。以这种方式，微处理器为人类社会创造了巨大的价值和效用。因此，服务主导逻辑认为操作性资源才是首要的因素，是效用、价值和竞争优势的来源。

再次是第六个基本假定 FP6，即顾客始终是价值的共同创造者（co－creator of value）。最初，Vargo 和 Lusch（2004）认为顾客始终是一个共同生产者（co－producer）。传统的商品主导逻辑对生产者和消费者的概念进行了区分和界定。尽管将两者分离可以保证最大化的生产效率，但是却不利于营销活动效果和效率的提升。从顾客导向的观点（customer－centered view）来看，消费者一直都在参与价值的生产。因为即使是实体性的商品，生产过程也只是一个中间过程。只有消费者在真正使用该商品时，他们才能共同创造出价值。比如，消费者驾驶一辆汽车行驶在道路上，汽车的价值是由汽车本身和消费者使用两方面共同创造的。因此，消费者在使用一个商品时，他们实际上一直处于一个连续的营销、消费、价值创造的过程当中。之后，Vargo 和 Lusch（2008）又对该假定进行了修改，他们用“价值的共同创造者”取代了“共同生产者”。这一修改有两方面的原因：一方面，服务主导逻辑注重“价值的创造”而非“生产”；另一方面，服务主导逻辑更加强调所有利益相关者（stakeholders）之间的协作、合作和联结。

最后一个与本书密切相关的基本假定是 FP8，即一个服务至上的观点在本质上体现了顾客导向和关系属性。Vargo 和 Lusch（2004）认为营销学科的研究焦点在过去的半个世纪里经历了从产品（product）和生产（production）到消费者，再从消费者到交易（transaction），最后从交易到关系（relationship）的转移。服务主导逻辑认为，顾客不仅是交易过程中的核心，而且还是这一过程主动的参与者（Vargo & Lusch，2004）。此外，企业在交易前和交易后同顾客之间建立的关系（不管是长期的还是短期的关系）比交易本身更重要。服务主导逻辑强调服务过程的参与性和动态性，在这一不断迭代的学习过程中企业和消费者共同努力将服务的价值最大化（Vargo & Lusch，2004）。商品主导逻辑认为顾客是价值的创造者，而企业是价值的毁灭者（destroyer），它将顾客和企业割裂开来看待。与之不同的是，服务主导逻辑认为价值创造是一个互动的过程，其中企业和顾客的角色必须放在一种关系的情境中进行思考。此外，价值共创的概念已经在本质上体现了服务交换的关系属性。

以上四个服务主导逻辑的基本假定对本书有特殊的理论启示。首先，定制服务是价值共创的一种典型表现形式。定制服务允许顾客参与到服务的构思、创意、设计过程当中，比如顾客定制专属的教育辅导、健康医疗和旅行服务等。在定制服务当中，服务的形式和过程不再由企业事前决定，而是企业和顾客在互动的过程中共同创造的（Vargo & Lusch，2004）。其次，服务互动过程对定制服务的结果有很大的影响。在将服务定义为“价值共创的过程”时，互动（interaction）便成为了资源整合、价值驱动体验等概念的关键特征（Prahalad & Ramaswamy，2004a）。这也就是说，价值是通过互动体验的方式在一段关系当中被双方共同创造的（Gummesson，2008）。通过定制服务，顾客的异质化、个性化的需求信息不仅影响着企业的设计、生产和服务流程，也在很大程度上塑造了最终的服务交付（service offerings）（Wind & Rangaswamy，2001）。再次，定制服务是顾客导向和关系属性非常明显的一种服务形式。不管是关系营销（Morgan & Hunt，1994）、一对一营销（Arora et al.，2008）、即时营销（Oliver，Rust & Varki，1998）还是定制营销（Wind & Rangaswamy，2001）都在强调一个核心的理念，即企业和顾客之间最重要的是健康的、长期的关系。定制服务是一种以顾客为中心的，以建立、维持和增强企业—顾客关系为目的的服务方式。因此，定制服务具有典型的顾客导向和关系属性。最后，服务主导逻辑当中关于操作性资源的观点指引了本书的研究方向，特别是对顾客参与定制影响作用的研究。服务主导逻辑认为，企业应该更好地利用价值共创网络当中各个成员的操作性资源，其中也包括顾客。顾客参与研究认为，顾客一直以来都是一种未被开发的企业资源（Dholakia，Blazevic & Wiertz et al.，2009；Hsieh，Yen & Chin，2004）。在定制服务当中，定制企业如何为顾客参与提供更好的平台和支撑？以上问题是当前定制企业必须去思考和回答的问题，同时也是本书想要探索的研究问题之一。

3.2 研究假设

3.2.1 顾客参与定制和购买意愿

当前学界对于顾客参与影响定制产品/服务购买意愿的研究非常有限，仅有的研究出现在大规模定制和顾客参与企业新产品开发两个领域。比如，Franke 等 (2009) 发现根据顾客表达的偏好定制的产品能够让顾客产生更高的支付意愿、购买意愿和更积极的态度。Schreier 等（2012）发现顾客参与（产品）创新增强了顾客的支付意愿和推荐意愿。因此，当前我们对于顾客参与定制和定制产品/服务购买意愿之间关系的理解还非常有限。这一关系仍然需要在更多的研究情境当中进行检验。根据服务主导逻辑、价值共创理论和自我决定理论，本书认为在定制游的服务情境中，顾客参与定制可以提高顾客的购买意愿。该假设可以从以下几个方面进行理解：

第一，顾客参与定制可以提高旅游者对于定制服务过程的满意度，进而增强购买意愿。在价值共创和顾客参与学界，部分学者提出顾客参与其实是一种寻求满意的行为（satisfaction - seeking behaviors）（Youngdahl et al.，2003）。为了获得期望的服务结果，他们会以自己的方式干预、控制、参与服务的过程。因此，定制服务过程中的顾客参与可以通过提高顾客的满意度来使其购买意愿增强（Ding & Keh，2016）。

第二，顾客参与定制可以提高对定制服务结果（即定制游方案）的满意度（Dong et al.，2015），进而增强购买意愿。定制服务可以最大化地满足旅游者的个性化需要。旅游者在定制过程中参与的越多，他们能够提供给服务企业的个人偏好信息、旅游需求信息就越完善、越详细，这些详细、具体的顾客信息就越可以帮助定制游企业制作出更加匹配旅游者需要的个性化方案，进而提升顾客满意和购买意愿（Yim et al.，2012）。

第三，顾客参与定制可以提高其对定制游方案的感知价值和感知受益，进而增强购买意愿。已有研究发现定制产品可以为顾客产生更高的感知受益和更强的支付意愿（Franke et al.，2009）。因此，顾客参与定制游服务的水平越高，他们对定制游服务产生的感知受益和感知价值就越高（牟明慧，2017）。同样地，汪涛等（2009）也指出顾客参与产品定制的程度越高，他们就会为产品赋予更高的感知价值。此外，顾客对服务的感知价值可显著地预测他们的购买意愿。因此，本书认为顾客参与定制的水平越高，他们对定制服务的价值评价越高，进而提升他们购买定制游的意愿。

第四，顾客参与定制影响着顾客对定制产品/服务的态度，进而影响购买意愿。之前的研究发现顾客参与设计和生产会让顾客对产品产生积极的态度评价，比如喜欢（like）和喜爱（love）（Mochon et al.，2012；Norton et al.，2011）。根据计划行为理论，如果旅游者在参与之后对定制游服务产生积极的态度评价，他们购买的行为意愿也会更强烈（Ajzen，1991）。

第五，顾客参与定制可以增强他们对于定制游方案的认同感（identification）。现有研究发现，顾客参与设计和创新正向影响着顾客对于产品和服务的认同感（Atakan et al.，2014）。旅游者参与定制的水平越高，他们对于最终的定制游方案的认同感越高，购买意愿也会越强烈。基于以上探讨，本书做出以下假设：

H1：顾客参与定制的水平正向影响其购买意愿。相对于低水平的顾客参与定制，高水平的顾客参与定制会带来更强的购买意愿。

3.2.2 顾客参与定制、心理需求满足和积极情感反应

3.2.2.1 顾客参与定制和心理需求满足

当前学界并无研究探索定制服务中的顾客参与对顾客心理需求满足的影响作用。本书认为，在定制游的服务过程中，旅游者的心理需求会随着顾客参与定制程度的提升得到更高水平的满足。根据自我决定理论和心理需求满足的核心要素，本书从以下三个方面对该理论假设进行推演：

在感知自主权方面，本书认为顾客参与定制通过两种方式影响着旅游者的心理需求满足。首先，现有研究指出顾客参与可以提升感知控制（perceived control）（彭艳君、景奉杰，2008；望海军、汪涛，2007；Bateson，1985），而增强的感知控制有利于满足个体对于自主权的需求。自我决定理论认为，感知自主权是个体感觉自己的行为是自发的而且是自我认同的（self-endorsed）（Kasser & Ryan，1999），它和内控倾向（internal locus of control）的含义很接近。当个体（旅游者）认为他们对所处的情境、正在做的事情（定制游服务）在自己的掌控当中时，个体对于自主权的心理需求就能得到满足。其次，从顾客授权（customer empowerment）的角度来看，顾客参与定制让旅游者在服务设计、服务生产的过程中拥有更多的选择权和话语权（have a say），他们可以按照自己的意愿去塑造、改变旅游服务的内容和传递方式（范钧、付沙沙、葛米娜，2015；Karpen et al.，2012）。因此，顾客参与以提高话语权（即自主权）的方式增强了旅游者的心理需求满足。

在感知能力方面，本书认为顾客参与定制通过两种方式影响着旅游者的心理需求满足：首先，顾客参与产品的设计或生产可以增强顾客的感知能力，比如 Mochon 等（2012）发现顾客参与产品的组装（如宜家的产品）可以增强顾客产生的胜任的感觉（feeling of competence）。其次，已有研究指出参与到服务过程当中的顾客会体验到自我实现感（feelings of fulfillment）、成就感（feelings of accomplishment）和自我效能（Hsieh & Chang，2016；Xie，Bagozzi & Troye，2008）。比如，Franke 等（2010）发现参与产品定制的顾客会产生成就感，而成就感的产生有利于满足人类的基本需要——胜任感和效能感。当旅游者参与到旅游定制的服务当中时，他们可以按照自己的需求设计专属旅游方案，而这些方案很有可能是当前市场中没有的（Bendapudi & Leone，2003）。因此，诸如定制游等创造性的服务参与在增强感知能力的同时也有利于满足旅游者的心理需求。

在感知关联度方面，本书认为顾客参与定制通过两种方式影响着旅游者的心理需求满足。首先，服务主导逻辑和关系营销领域的研究发现顾客参与正向影响着企业和顾客间的关系质量（比如顾客承诺、顾客信任等）。比如，刘洪深、汪涛、张辉（2012）发现教育服务中的顾客参与正向影响顾客承诺；王小娟和刘好（2014）发现顾客参与产品创新和设计可以加强企业和顾客间的关系质量。Coker 和 Nagpal（2013）发现顾客参与定制可以提高顾客对企业的信任。其次，顾客参与定制以一种协作的方式加强了顾客和服务企业（或服务人员）间的联结（connections）（Lusch et al.，2007）。比如，Rosenbaum 等（2005）发现顾客参与可以增强顾客和企业间的情感联结，进而提升顾客忠诚。姚山季和王永贵（2012）在 B2B 情境中发现，顾客参与创新可以提升顾客的关系嵌入（比如顾客和企业间的相互依赖性和联系强度）。在定制游服务中，顾客参与的水平越高，他们和服务企业、服务人员的互动越频繁、越深入。透过服务主导逻辑的理论视角（Vargo & Lusch，2004），价值共创的本质是关系性的（relational），其目的是为了获得强化的、长期的顾客—企业关系。因此，我们认为顾客参与定制可以增强旅游者的感知关联度。

综合以上三个方面的论述，本书认为在定制游情境当中，随着顾客参与定制的水平的提高，其感知自主权、感知能力和感知关联度都会得到加强，这均有助于旅游者的心理需求得到更高程度的满足。因此，本书提出以下研究假设：

H2：顾客参与定制的水平正向影响其心理需求满足。相对于低水平的顾客参与定制，高水平的顾客参与定制会带来更高程度的心理需求满足。

3.2.2.2 顾客参与定制和积极情感反应

已有的顾客参与研究发现，顾客卷入（involved）服务生产、传递过程的程度影响着顾客在服务过程中的情感体验（affective responses or emotional experiences)（彭艳君、景奉杰，2008；沙振权等，2013；Yim et al.，2012）。Dong 和 Sivakumar（2017）认为顾客参与对顾客情感体验的影响作用存在混合式的结论，即顾客参与可能同时影响着顾客的积极情感体验（如满意、愉悦、快乐等）和消极情感体验（如不满、压力、紧张等）。考虑到本书的研究目的和模型构建的简约性（parsimony），本书选择引入积极情感反应来探索其对购买定制游意愿的正向影响作用。在此前提下，本书认为顾客参与定制的水平正向影响着顾客在定制服务过程中产生的积极情感反应。该研究假设可以从以下几个方面进行理解：

首先，顾客参与正向影响顾客对定制服务的满意度评价。Hunt（1977）在描述“满意”这一概念时将其称为“对一个情绪的评价”。Oliver（2014）将顾客满意定义为顾客对于一项服务能够带给自己与消费相关的满足感的愉悦水平的评价。作为服务营销学界的重要结果变量，大量的顾客参与研究在不同的情景当中对顾客参与和顾客满意之间的关系进行了检验（Dong & Sivakumar，2017）。根据个体意识的三要素模型，当个体对目标对象产生正面的知觉评价时，他们更容易产生积极的情感体验（Bagozzi，1992）。此外，价值共创学界相对一致的研究结论为：顾客参与正向影响着顾客满意。在定制游的服务情境中，顾客参与定制的水平越高，越有利于产生符合自身预期的、令人满意的服务结果。

其次，已有研究发现顾客参与可以为顾客带来愉悦感、兴奋感、热情等多种正面情感体验（Dabholkar，1996；Stokburger－Sauer，Scholl－Grissemann & Teichmann et al.，2016）。在医疗服务当中，耿先锋（2008）发现顾客参与通过服务质量、信任、感知控制和正面情感影响着顾客满意。在美发服务情境中，彭艳君和景奉杰（2008）发现顾客参与正向影响着顾客的正面情感，进而提升服务质量评价和满意度。在财务服务当中，Yim 等（2012）发现顾客参与可以带给服务双方愉悦的情感体验（enjoyment）。在餐饮服务中，望海军（2009）发现顾客参与在直接影响顾客满意度的同时，还通过正面情感体验、感知控制间接影响顾客满意度。相似地，本书认为旅游者在定制服务中的参与度越高，其体验到的积极情感越多。

再次，顾客参与会让顾客产生自豪感（feelings of pride），而心理学界的情感研究认为自豪感通常伴随着个体的积极情感（positive emotions）一起出现并且难以割裂区分（Izard，1992）。Franke 和 Piller（2004）认为顾客参与产品的设计和创新会让顾客产生一种原创者的自豪感（pride of authorship）。之后，Franke 等（2010）又在其定制研究当中提出了“我自己设计的效应”（I designed it myself effect），该效应是指顾客在参与定制之后会更多地进行内部归因，认为该产品的完成自己投入的更多，进而产生自豪感和其他的积极情感体验。

最后，顾客参与定制可以为顾客带来快乐体验（happiness）。彭艳君和蔡璐

（2016）在大规模定制的研究中发现顾客参与定制的水平正向影响顾客的快乐感，进而影响顾客满意。郑秋莹、姚唐、曹花蕊等（2017）认为顾客在参与服务时能获得两种形式的快乐——实现型快乐（eudaimonia）和享乐型快乐（hedonic），两者对顾客满意同等重要。此外，服务主导逻辑认为顾客参与价值共创可以增强其个人积极情感体验或幸福感（Vargo & Lusch，2006）。综合以上四个方面的论述，本书提出如下假设：

H3：顾客参与定制的水平正向影响其积极情感反应。相对于低水平的顾客参与定制，高水平的顾客参与定制会带来更多的积极情感反应。

3.2.3 服务人员的互动行为和顾客购买意愿

3.2.3.1 服务人员的授权型互动行为和顾客购买意愿

本书认为定制服务过程中服务人员的授权型互动行为正向影响着顾客购买定制服务的意愿。当服务人员更多地鼓励、帮助顾客参与到服务定制的过程中，并允许他们按照自己的偏好来塑造服务体验时，顾客会产生心理授权（psychological empowerment）的体验（Ouschan，Sweeney & Johnson，2006；Spreitzer，1995），而这种心理授权体验进一步转化为顾客购买定制服务的意愿。

首先，在价值共创和顾客授权研究领域，已有部分研究对顾客授权和顾客行为意愿间的关系进行了探索。比如 Fuchs、Prandelli 和 Schreier（2010）在研究企业采用顾客授权战略的心理效应时发现，当顾客在帮助企业从诸多新产品中选择一个推向市场时，即使被选择的产品和其他产品的品质完全相同，顾客们也会对该产品产生更加强烈的购买需求。此后，Fuchs 和 Schreier（2011）发现新产品开发中的顾客授权（customer empowerment in NPD）可以让顾客产生更高的感知顾客导向（perceived customer orientation）、对企业更积极的态度和行为意愿（即支付自己参与开发的产品的意愿）。

其次，服务人员的授权行为可以提升定制服务的感知价值，进而增强顾客的购买意愿。根据个体意识的三要素模型，当个体对目标对象的价值评价越高时，其对目标对象产生的行为意愿也越强烈（Bagozzi，1992）。此外，Bonsu 和 Darmody（2008）认为当企业授权顾客提供服务的解决方案时，顾客可以创造出更高的价值。此外，已有的研究表明顾客感知的服务价值越高其购买意愿也越强烈（Ponte，Carvajal - Trujillo & Escobar - Rodríguez，2015；Wang & Wang，2010）。还有研究发现，随着企业授权顾客参与设计和生产程度的提高，他们会对产品产生更高的价值评价，同时支付该产品的意愿也会得到增强（Franke & Piller，2004）。

再次，心理所有权理论也可以帮助我们理解授权型互动行为和顾客购买意愿之间的关系（Pierce，Kostova & Dirks，2003）。已有研究指出企业的顾客授权策略会让顾客对他们参与设计、选择的产品产生心理所有权的体验，顾客的心理所有权体验正向影响着他们的购买意愿和实际的购买行为（Fuchs et al.，2010）。此外，Cova 和 Dalli（2009）认为当企业对顾客进行授权时，顾客会把自己视为一个自治的主体（self－governing subjects）并对自己做出的选择负责任，而这一心理机制影响着他们的消费行为和购买行为。

在定制游的服务情境当中，如果定制师向顾客展示了更多的授权型互动行为，顾客会感觉自己在服务中拥有更多的话语权、选择权和决定权，他们会对自己的参与行为和服务结果（即定制游方案）产生更高的价值评价、心理所有权以及购买该定制游的行为意愿。综合以上论述，本书假设如下：

H4a：服务人员的授权型互动行为正向影响顾客购买意愿，即随着授权型服务互动行为的增多，顾客购买定制游的意愿得到增强。

3.2.3.2 服务人员的发展型互动行为和顾客购买意愿

在定制服务当中，一线服务人员的发展型互动行为有利于顾客获得更多产品/服务相关的信息、知识和技能（Karpen et al.，2012；Karpen et al.，2015）。服务人员在服务过程中向顾客传递与产品或服务相关知识和技能，不仅可以帮助顾客做出更好的消费决策，还有利于顾客以一种更加高效的方式参与到价值的共同创造当中。本书认为顾客对定制产品/服务的了解越深入、掌握的信息越全面，越有利于产生更高的购买意愿。该研究假设可以从以下几个方面进行理解：

首先，顾客掌握的关于产品的知识（customer knowledge）越多，他们购买该产品的消费行为会越多（Pieniak，Aertsens & Verbeke，2010）。消费者行为研究指出，顾客拥有的产品知识（product knowledge）是影响消费者决策的重要因素（Flynn，Goldsmith，1999）。来自不同领域的实证研究发现，不管是客观知识（objective knowledge）还是主观知识（subjective knowledge）都不同程度地影响着顾客购买、消费该产品和服务的意愿和行为（Carlson et al.，2008）。

其次，服务人员的发展型互动行为可以让顾客产生对定制服务更加积极的态度（positive attitude），进而提高其购买意愿。发展型互动行为帮助顾客积累丰富的、与服务有关的知识和技能，提高他们通过该服务获得期望结果的能力（Karpen et al.，2012），这都有利于让顾客形成更加积极的态度。根据计划行为理论（Ajzen，1991），个体对目标对象的态度越积极，他们的行为意愿也越强烈。因此，本书认为定制游服务当中的发展型互动行为通过更为积极的产品态度增强了顾客的购买意愿。

最后，服务人员的发展型互动行为可以减低顾客的感知购买风险（perceived risk）和不确定性。考虑到服务产品的无形性（intangibility），顾客在进行服务消

费决策时总是面对很多的不确定性和风险（Parasuraman，Zeithaml & Berry，1985）。在定制游服务中，定制师的发展型互动行为越多，顾客对定制游服务的了解程度就越高。自我决定理论认为个体在社会互动过程中体验到的胜任感越强，其内部行为动机也越强（Ryan & Deci，2000）。服务人员的发展型互动行为可以通过增加顾客掌握的产品知识和服务信息来增强顾客的感知能力和胜任感。因此，服务人员的发展型互动不仅可以降低顾客感知的购买风险，还可以通过提高顾客购买信心并进而增强其购买意愿。综合以上论述，本书假设如下：

H4b：服务人员的发展型互动行为正向影响顾客购买意愿，即随着发展型服务互动行为的增多，顾客购买定制游的意愿得到增强

3.2.3.3　服务人员的关系型互动行为和顾客购买意愿

服务人员的关系型互动行为是为了与顾客建立更好的人际关系，增进和顾客间的联结感和归属感而产生的一系列服务行为（Karpen et al.，2012；Karpen et al.，2015）。关系型互动行为让顾客对服务人员及其代表的企业感觉安心，服务人员努力和顾客建立双向的沟通和融洽的人际关系（Karpen et al.，2015）。本书认为在定制服务当中，一线服务人员展示的关系型互动行为越多，顾客购买定制服务的意愿也会随之得到强化。这一理论假设可以从以下几个方面进行理解：

首先，服务人员的关系型互动行为有利于亲密关系（intimacy）的建立，进而增强顾客购买定制服务的意愿。社会心理学的研究发现亲密是人际关系的必要特征之一（Laurenceau，Barrett & Pietromonaco，1998）。关系型互动行为最核心的目的是和顾客建立更好的人际关系，因此亲密关系的建立是重要的表现形式。Treacy 和 Wiersema（1993）认为服务人员的适应性服务行为可以最大化满足顾客的个性化需求，从而为顾客带来更高的价值。在这一影响作用当中，亲密的顾客关系（customer intimacy）是重要的心理机制（Gwinner et al.，2005）。此外，顾客在定制服务过程中感知的价值越高，其购买意愿也越强（Ponte et al.，2015）。

其次，服务人员的关系型互动行为增强了企业和顾客间的关系质量（relationship quality），进而增强顾客购买定制服务的意愿。服务主导逻辑认为所有的服务互动在本质上是关系属性的（Vargo & Lusch，2004）。当服务人员向顾客展示更多的关系型互动行为时，顾客和企业间更容易建立良好的、持续的关系，同时顾客在这一关系当中体验到的嵌入感和相依性也会随之增强（Karpen et al.，2012）。随着顾客和服务人员以及企业之间的心理联结和归属感的增强，他们之间的关系质量也得到强化。此外，已有研究表明关系质量是顾客购买行为的重要预测指标之一（De Wulf，Odekerken - Schröder & Iacobucci，2001）。因此，本书认为关系型互动行为有利于提高顾客和服务人员之间的关系质量，进而提升顾客购买定制服务的意愿。

最后，关系型互动意味着服务人员关注着顾客真正的兴趣和需要，它帮助顾客降低交易的不确定性，让顾客感到放心、安心和信任（Karpen et al.，2012）。之前的研究发现，顾客对服务人员以及其代表的企业产生的信任感正向影响着顾客的购买意愿（Lu，Fan & Zhou，2016）。此外，服务主导逻辑也倡导企业应该更多致力于和顾客建立长久稳定的关系（Vargo & Lusch，2017）。因此，本书认为在定制游的服务情境当中，定制师的关系型服务互动行为越多，顾客能体验到的亲密关系、关系质量和信任感越强，他们购买定制游服务的意愿也越强。综上所述，本书假设如下：

H4c：服务人员的关系型互动行为正向影响顾客购买意愿，即随着关系型服务互动行为的增多，顾客购买定制游的意愿得到增强。

3.2.4 服务人员的互动行为和心理需求满足

根据价值共创理论，在定制游服务情境中的服务人员和顾客都是价值的共同创造者（value co－creator）（Prahalad & Ramaswamy，2004a）。定制游企业不只是单纯地向顾客传递价值，而是创造一个有利于顾客创造价值的互动平台或互动环境。其中，最直接的表现形式就是一线服务人员（定制师）的互动行为（Karpen et al.，2012）。在定制研究学界，当前并无研究探索服务人员的互动行为在定制服务中的影响作用。在定制游服务中，一线服务人员和顾客有着频繁、密切的接触。因此，这一特殊的互动方式让服务人员具备影响顾客心理需求满足的能力。根据自我决定理论，本书认为服务人员的服务互动行为正向影响着顾客的心理需求满足，这一理论假设可以从两个方面进行理解：

首先，自我决定理论认为个体所处的社会情境既可以增强也可以削弱个体的基本心理需求满足（Ryan & Deci，2000），比如良好的组织氛围（organizational climate）和工作环境（work environment）可以促进员工的心理需求满足（Gagné & Deci，2005），组织中的公仆型领导力通过满足员工的基本心理需求提升了员工的工作绩效和组织公民行为（Chiniara & Bentein，2016）。在服务营销学界，有一种观点认为顾客在参与服务时扮演了“兼职员工”（partial employee）的角色（Lengnick－Hall，1996；Mills & Morris，1986）。他们不再是单纯地以顾客的身份去接受服务，而是以一种类似员工的身份参与到服务的生产和传递当中。因此，很多学者认为组织行为学界的研究成果可以为顾客参与研究提供很多好的理论启示和借鉴（Dong & Sivakumar，2017）。本书认为在定制游服务过程中，旅游者扮演的“兼职员工”感受到的组织氛围直接影响着他们的心理需求满足。

其次，之前的研究发现个体与他人（比如家人、领导、老师、同事和朋友）的互动质量（interaction quality）正向影响着个体的心理需求满足。比如，Gagné

等（2003）发现压力（pressure）和控制（control）负面影响着个体的行为动机，因为它们阻碍了个体基本心理需求的满足。相反，如果教练以一种授权的方式支持运动员的训练计划，这种高质量的互动通过满足运动员的心理需求增强了他们参与训练的动机（Gagné et al.，2003）。因此，在定制游服务当中，一线服务人员的服务互动行为直接影响着旅游者心理需求的满足程度。比如，顾客的自主权是否得到尊重和支持，顾客的能力有没有得到体现，顾客和企业/员工的互动和联系是否足够密切，等等。也就是说，顾客和服务人员之间高质量的互动直接影响着顾客的心理需求满足。综合以上论述，本书认为在定制游服务中，一线服务人员的授权型互动行为、发展型互动行为和关系型互动行为均正向影响着顾客的心理需求满足。下文将分别对各假设进行推演。

3.2.4.1 服务人员的授权型互动行为和顾客的心理需求满足

管理学界的授权研究存在两个明显的研究分支：一个分支在组织行为学界，研究组织对员工的授权（employee empowerment）对组织和员工的影响（Spreitzer，1995）。另外一个分支在消费者行为学界，研究顾客授权（customer empowerment）为企业和顾客带来的影响（Cova & Pace，2006；Fuchs et al.，2010）。本书属于第二个研究分支，我们采用的授权型互动行为概念是指：服务人员鼓励、支持顾客按照自己的偏好来塑造服务过程、服务体验和服务结果的一系列服务行为（Karpen et al.，2012）。根据自我决定理论和服务主导逻辑，本书认为服务人员的授权型互动行为可以增强顾客的心理需求满足。该理论假设可以通过以下几个方面进行推演：

首先，服务人员的授权型互动行为可以增强顾客的感知自主权和感知能力。组织行为学界的研究发现，企业的管理者可以通过员工授权、消除工作中的条条框框等措施增强员工的心理需求满足（Baard et al.，2004）。Chiniara 和 Bentein（2016）指出公仆型领导力（servant leadership）关注员工的个人成长和员工授权，它在组织中创造了一种组织氛围让员工感觉自己很重要，感觉自己具备相应的能力去解决工作中遇到的问题。Carless（2004）发现企业对员工的授权主要通过四种心理知觉来提升他们的工作动机，其包括自主决定权（self - determination）和胜任感（competence）。在消费者行为学界，Ouschan 等（2006）发现医疗服务中的顾客授权可以增强顾客的胜任感（competence）并提高他们在诊疗服务中的参与度。Fuchs 等（2010）在研究企业采用顾客授权战略的心理效应时发现，当顾客在帮助企业从诸多新产品中选择一个推向市场时，他们会对该产品产生更加强烈的购买需求（即使被选择的产品和其他产品的品质完全相同）。其中，顾客的感知能力（perceived competence）是非常重要的影响因素。

其次，服务人员的授权型互动行为可以增强顾客的感知关联度。在组织行为学界，Ergeneli、Arı 和 Metin（2007）发现员工感受的心理授权和他们对直接主管的知觉信任显著相关。Laschinger 和 Finegan（2005）提出，企业可以通过员工授权去建立员工对企业的信任感。在消费行为研究当中，Ouschan 等（2006）发现诊疗服务中的顾客授权可以增强顾客信任和顾客承诺。Füller 等（2009）发现消费者在虚拟的网络当中进行价值共创活动时，感知授权（perceived empowerment）正向影响着他们对于网络服务方的信任。Fuchs 和 Schreier（2011）发现，授权给顾客的企业比不授权的企业拥有更高的顾客承诺（commitment）和更强的联结（bond）。因此，本书认为以上由顾客授权带来的信任、承诺、联结等都有利于增强顾客对于企业或服务人员产生的联结感。

综合以上论述，本书认为在定制游服务当中，服务人员的授权型互动行为让旅游者在定制过程中拥有更多的选择权、话语权，增强了他们的感知能力和自我效能；此外，授权型互动行为还增强了顾客和定制游企业/员工间的信任、承诺和联结等关系质量，强化了顾客的感知关联度。以上论述的积极影响均有助于增强顾客的心理需求满足。因此，本书假设如下：

H5a：服务人员的授权型互动行为正向影响顾客的心理需求满足，即随着授权型服务互动行为的增多，顾客心理需求满足的程度得到提升。

3.2.4.2 服务人员的发展型互动行为和顾客的心理需求满足

发展型互动行为是指服务人员在服务过程中向顾客传递与产品或服务相关知识和技能的一系列服务互动行为（Karpen et al.，2012）。它不仅可以有利于顾客获得更多产品/服务相关的知识和技能，还可以帮助顾客做出更好的消费决策，让顾客以一种更加高效的方式参与到价值的共同创造当中。根据自我决定理论和服务主导逻辑的观点，本书认为服务人员的发展型互动行为主要通过增强顾客的感知能力来提升其心理需求满足。该理论假设可以从以下三个方面进行解读：

首先，作为顾客教育的一种表现形式，发展型互动行为可以提升顾客的感知能力。Bell 和 Eisingerich（2007）在投资服务的研究情境中发现，顾客教育（customer education）可以显著地提高顾客的专业知识水平，让顾客对自己的理财能力更有信心。黄敏学和周学春（2012）在金融服务情境中发现顾客教育对顾客的能力有很强的正向影响作用。如果员工付出大量的努力去解释金融产品的概念，并帮助他们更好地理解基金的服务流程，那么顾客就会更加相信自己的能力，对自己更有信心。肖淑兰等（2016）在定制游服务当中发现顾客教育提升了顾客的创造力自我效能，即企业的顾客教育活动帮助顾客更加熟悉服务产品及流程，增强顾客的信心和信念，产生更高的胜任感。

其次，服务人员的发展型互动行为可以提高顾客的社会化程度，进而增强其胜任感。顾客社会化的概念来自组织社会化，组织社会化是指员工获得必要的知

识和技能来扮演组织中的一个角色的过程。经过组织社会化的过程，员工能够更加符合组织的期望，完成工作的要求（Groth，2005）。相同地，顾客在经历了组织社会化之后会更加清楚地理解自己在服务过程中应该扮演的角色，以及该角色对自己的要求（张晓振、官振中，2010）。服务人员的发现型互动行为可以提高顾客社会化的程度，提升顾客对自己在服务参与中的角色的清晰度和胜任感（即感知能力）。

再次，和培训（training）的效果相似，服务人员的发展型互动行为可以提升顾客的自我效能。Tannenbaum 等（1991）指出培训可以显著提升个体的自我效能感（self - efficacy）。通过培训和知识分享，个体会对自己更有自信并且认为自己具备胜任的能力。在定制游当中，服务人员的发展型互动行为以类似培训的形式向顾客传递与服务有关的知识、技能，均有利于提升顾客对自身的能力认知。

最后，社会心理学的研究发现个体在社会活动过程中感受到的互动质量影响着其心理需求满足的程度（Gagné，2003）。自我决定理论认为，如果个人感知到互动伙伴提供了更有力的支持和更高的互动质量，个体就会感觉自己拥有自主权和能力并且被人关怀。因此，在定制游的服务互动过程中，如果定制师向顾客提供了更多的支持（如有价值的旅游产品/服务的信息）和充分的帮助（如提供如何对比、选择或组合旅游项目），顾客就会感受到更高程度的心理需求满足。综合以上论述，本书提出以下假设：

H5b：服务人员的发展型互动行为正向影响顾客的心理需求满足，即随着发展型服务互动行为的增多，顾客心理需求满足的程度得到提升。

3.2.4.3 服务人员的关系型互动行为和顾客的心理需求满足

关系型互动行为是指服务人员在服务过程中为了与顾客建立更好的人际关系，增进和顾客间的联结感和归属感而产生的一系列服务互动行为（Karpen et al.，2012）。本书认为在定制游服务情境当中，服务人员的关系型互动行为增强了顾客的感知关联度，提升了顾客的心理需求满足。该理论假设可以通过以下几个方面进行理解：

首先，服务人员的关系型互动行为可以增强顾客信任（trust）和顾客承诺（commitment）。Karpen 等（2015）发现采用服务主导定向的企业可以产生更高水平的顾客信任和情感承诺（affective commitment）。Jung 和 Yoo（2017）发现企业在关系管理中投入的资源越多，顾客和企业间的关系强度就越大，也会产生更多的顾客信任、顾客承诺和顾客满意。以上研究发现均指出，服务过程中企业或者服务人员对于顾客关系的投入和管理可以增强顾客对企业/服务人员的信任和承诺，在定制游的服务过程中也是如此。随着人际型的互动行为的增多，服务人员和顾客间的人际关系得到加强，顾客对服务人员也产生更多的信任和情感承诺，这都有利于提升顾客的心理需求满足。

其次，服务人员的关系型互动行为可以增强顾客和服务人员（或企业）间的情感纽带（emotional bonds）和亲密度（intimacy）。Karpen 等（2015）认为拥有人际型互动能力的企业或员工可以促进和加强价值的共同创造，他们通过服务互动的过程让顾客体验到情感联结和归属感。Price、Arnould、Tierney（1995）认为，在服务接触中服务人员为了建立更好的顾客关系而付出的努力是顾客亲密体验（feelings of intimacy）的关键影响因素。此外，自我决定理论认为个体在社会互动过程中体验到的关系增进行为可以强化其心理需求满足（Ryan & Deci，2000）。

综上所述，本书认为定制游服务中的关系型互动行为增强了顾客对服务人员的信任和承诺，加强了顾客和服务人员间的互动关系（即情感纽带和亲密度），这均有利于增强顾客对于关联度这一基本心理需求的满足。因此，本书假设如下：

H5c：服务人员的关系型互动行为正向影响顾客的心理需求满足，即随着关系型服务互动行为的增多，顾客心理需求满足的程度得到提升。

3.2.5 心理需求满足的中介作用

自我决定理论认为当个体的心理需求得到满足时，他们不仅会产生更强的内部行为动机（intrinsic motivation），甚至还会去尝试原本不愿意去做的事情（Gagné，2003）。在前文当中，本书已经对顾客参与定制、服务人员的互动行为对购买意愿和心理需求满足的影响作用进行了假设和推演。根据 Baron 和 Kenny（1986）和 Zhao、Lynch、Chen（2010）对中介效应的定义，下文将主要对心理需求满足和购买意愿间的关系进行推演，以构成更为完整的中介关系。

3.2.5.1 心理需求满足在顾客参与定制和购买意愿间的中介作用

本书认为顾客的心理需求满足中介了顾客参与对购买意愿的正向影响作用，这一研究假设可以从以下三个方面进行推演：第一，定制游服务中的顾客参与增强了顾客的感知能力进而提升其购买意愿。根据计划行为理论，个体的感知行为控制（perceived behavioral control）可以显著地预测其行为意向（Ajzen，1991）。在定制游服务当中，顾客参与的水平越高，其能感受到的对服务结果的塑造力度就越大，感知行为控制的体验就越强烈。增强的感知行为控制提升了顾客购买该定制游产品的行为意向。此外，自我效能理论也可以帮助我们解释感知能力和购买意向间的正向影响作用（Bandura & Walters，1977）。当顾客在定制游服务当中体验到自信的感觉时，其购买定制游产品的意向也得到提升。

第二，定制游服务中顾客的感知自主权正向影响着购买意愿。定制研究发现当顾客参与定制时会产生心理授权（psychological empowerment），这让他们产生诸如话语权和选择权等体验，进而提升了他们的购买定制产品的意向和支付意愿（Fuchs & Schreier，2011）。比如，Franke 等（2009）发现和标准化产品相比，根据顾客偏好定制的产品能够带来更高的感知收益、购买意愿和更积极的态度。此外，心理所有权也可以帮助我们理解这一中介关系。之前的研究发现顾客参与可以为顾客带来心理所有权（psychological ownership）（张德鹏等，2015；Fuchs et al.，2010）。当顾客参与到产品和服务的设计、生产等环节时，他们会对该产品/服务产生心理所有权，进而提升他们对产品的估价、支付意愿和购买意向（Harmeling et al.，2017）。

第三，定制游服务中的顾客参与增强了顾客的感知关联度，进而提升了他们购买定制游的意向。之前的研究发现，顾客参与越多，他们就会对企业产生更多的信任、承诺和情感联结（Rosenbaum et al.，2005），而更好的关系质量让顾客产生更强烈的感知关联度。此外，关系营销的研究发现顾客和企业间的关系强度越高，顾客购买或重复购买企业产品/服务的意愿就越高（Sirdeshmukh，Singh & Sabol，2002）。因此，本书认为在定制游服务中，顾客参与在直接影响购买意愿的同时，通过心理需求满足间接影响着购买意愿。基于以上讨论，本书假设如下：

H6：顾客的心理需求满足在顾客参与定制的水平对购买意愿的影响中起中介作用。

3.2.5.2 *心理需求满足在服务互动行为和购买意愿间的中介作用*

在前文当中，本书假设了一线服务人员的服务互动行为对顾客心理需求满足的正向影响作用。在此基础上，本书认为顾客的心理需求满足中介了顾客参与对购买意愿的正向影响作用。这一研究假设可以通过以下几个方面进行理解和阐述：

第一，服务人员的授权型互动行为通过增强顾客的心理需求满足提升顾客的购买意愿。首先，授权型互动行为鼓励顾客在定制服务当中做出更多的选择、发出更多的声音，顾客对服务过程和服务结果的塑造为其带来更多的掌控感（Füller et al.，2009）。当顾客认为自己在服务当中拥有直接的话语权时（direct say）（Karpen et al.，2015），他们会对服务结果（即定制游）产生更高的认同感和更加积极的态度，进而提升其购买意愿。其次，之前的研究发现，顾客授权可以提升个体的自我效能（Ouschan et al.，2006）。自我效能（self－efficacy）与感知能力（perceived competence）两个概念经常被学者们交替使用（Bandura & Schunk，1981），因为它们表达的都是个体对自身能力和行为影响力的认知和判断。自我效能对顾客购买意向的正向影响作用已经在很多的研究情境中得到了验证（Dong & Sivakumar，2017；Ting et al.，2019；Yeo et al.，2017）。因此，本书认为服务人员的授权行为增强了顾客的感知能力，进而提升了购买定制游的意愿。

第二，服务人员的发展型互动行为通过增强顾客的心理需求满足提升顾客的购买意愿。在顾客参与学界，已有研究发现顾客社会化、顾客教育有利于提升顾客参与准备度（participation readiness），比如角色清晰度、能力和动机（Dong & Sivakumar，2017）。在本书当中，服务人员的发展型互动行为可以被视为顾客社会化或顾客教育的一种表现形式。发展型互动行为可以为顾客提供服务的相关知识（比如关于旅游目的地、旅游景区等相关服务的信息），让顾客在定制服务时拥有更多的决策信息和依据，这不仅提高了顾客对自己决策的信心，也让他们对定制服务方案产生更高的评价（Moreau & Herd，2010）和购买意向（Franke & Piller，2004）。

第三，服务人员的关系型互动行为通过增强顾客的心理需求满足提升顾客的购买意愿。关系型互动行为可以增进顾客和服务人员/企业间的关系，同顾客建立更加有力的情感纽带和联结，顾客的感知关联度（即心理需求满足）得到增强。在此基础上，顾客产生对服务人员/企业更高水平的信任和承诺（Karpen et al.，2015）。在定制游的过程当中，服务人员通过关系型互动努力和顾客建立融洽的人际关系，鼓励和顾客进行双向的沟通，并关心顾客真正的旅游需要。因此，关系型互动行为一方面缩短了和顾客间的心理距离，另一方降低了顾客对企业的怀疑和不信任感（Cha et al.，2015），这都有利于提升顾客对定制游服务的购买意愿。基于以上讨论，本书假设如下：

H7：顾客的心理需求满足在授权型服务互动行为、发展型服务互动行为和关系型服务互动行为对购买意愿的影响中起中介作用。

3.2.6　积极情感反应的中介作用

Bagozzi、Gopinath 和 Nyer（1999）认为情感和情绪在营销活动当中是普遍存在的或者是无处不在的（ubiquitous）。情感和情绪体验影响着消费者的信息加工过程，它们决定着企业劝导的影响作用并引导了实际的消费行为，并且还是消费者福祉（consumer welfare）重要的表现形式之一（Bagozzi et al.，1999）。本书为顾客参与定制的水平正向影响着他们购买定制服务的意愿（详见 H1）。此外，本书还认为顾客参与定制可以为顾客带来积极的情感、情绪体验，比如愉悦、快乐、自豪等（详见 H3）。因此，我们假设顾客在定制游服务过程中体验到的积极情感反应可能中介了顾客参与定制对购买意愿的影响作用。也就是说，顾客参与

定制增强了旅游者在定制游服务过程中的积极情感反应，进而提升了他们购买定制游的意愿。此外，本书还认为顾客参与水平正向影响着顾客的心理需求满足（详见 H2），进而提升顾客购买意愿。基于自我决定理论，本书还认为顾客的积极情感反应介入了这一中介作用，并形成了一个串行机制（serial mediation）（Hayes，2017），即“顾客参与→心理需求满足→积极情感反应→购买意愿”。因此，积极情感反应在本书研究模型当中的中介作用存在两种形式，下文将分别进行阐述和推演。

3.2.6.1 积极情感反应在顾客参与定制和购买意愿间的中介作用

考虑到前文当中我们已经对顾客参与对积极情感反应和购买意愿的影响作用进行了详细的阐述和推演，本节将重点对积极情感反应对购买意愿的影响作用进行推演。本书认为在定制游服务当中，顾客产生的积极情感反应积极影响着其购买定制游的意愿。该研究假设可以从以下两个方面进行理解：

首先，根据个体意识的三要素模型（Hilgard，1980）和 AEC 模型（Bagozzi，1992），个体的情感体验和情绪体验影响着个体的行为意向（intention）和意欲（conation）。之前的研究发现，顾客参与定制服务时可能会体验到愉悦（Engström & Elg，2015；Yim et al.，2012）、快乐（彭艳君、蔡璐，2016；姚唐等，2013）、自豪（Franke & Piller，2004）等正面情感体验（Dong & Sivakumar，2017）。此外，Morris 等（2002）发现消费者体验到的情感（affects）对其购买意向具有很强的预测作用。因此，本书认为顾客在定制游服务中体验到的积极情感越多，其购买定制游的意愿就越强烈。

其次，顾客参与定制游服务从两个方面为顾客带来满意体验（望海军、汪涛，2007），进而增强了购买意愿。因为“满意”是对个体情绪的主观评价（Hunt，1977），顾客满意表达了顾客对于一项服务能够带给自己的满足感和愉悦水平（Oliver，2014）。一方面，定制游当中的顾客参与提高了顾客对服务过程的满意度（Haumann et al.，2015）。顾客参与的水平越高，服务人员用于调整服务工作的指导信息就越充分，顾客对于服务过程的满意度也会随之提高（Bendapudi & Leone，2003）。另一方面，定制游当中的顾客参与提高了顾客对服务结果的满意度。顾客参与定制的水平越高，最终形成的定制游方案越能满足其个性化的需求（Dong et al.，2015）。学界对于满意度对购买意愿的影响作用存在较为一致的研究结论，即顾客满意正向影响着购买意愿（Dabholkar、Sheng，2012；Thirumalai、Sinha，2011）。因此，本书认为顾客在定制服务中产生的满意体验提升了其购买定制游的意愿。基于以上讨论，本书认为顾客参与通过积极情感反应传递了对购买意愿的正向影响作用，并假设如下：

H8：积极情感反应在顾客参与定制的水平对购买意愿的影响中起中介作用。

3.2.6.2　积极情感反应在顾客参与定制、心理需求满足和购买意愿间的中介作用

在前文当中，我们对顾客参与定制通过心理需求满足（H6）和积极情感反应（H8）间接影响购买意愿的作用机制进行了推演和假设。在此基础上，本书认为积极情感反应进一步介入了顾客参与通过心理需求满足对购买意愿的间接影响作用，并形成了一个串行中介机制，即“顾客参与→心理需求满足→积极情感反应→购买意愿”。考虑到前文当中已经对顾客参与、心理需求满足和购买意愿间的关系进行了详细的推演，本节将重点对心理需求满足对积极情感反应的影响作用进行推理和探讨。

首先，自我决定理论为积极情感反应中介作用假设奠定了理论基础。自我决定理论不仅是一个动机（motivation）的理论，同时也是一个与个体情感和幸福有关的理论，它可以帮助我们解释定制服务的过程如何诱发顾客的积极情感反应（Gagné & Deci，2005；Ryan & Deci，2000）。现有研究发现当个体的基本心理需求得到满足时，他们会在日常的工作或生活中体验到更多的幸福感和快乐（happiness）（Reis et al.，2000）。作为个体主观幸福领域的代表性学者，Diener 和 Ryan（2009）认为主观幸福是包含了人类情感反应、生活领域满意、总体生活满意等评价指标的一个综合性的概念。高水平的主观幸福由三个要素构成，它们分别是低水平的负面情绪、高水平的积极情感状态以及整体生活满意（Diener et al.，1985）。此外，在诸多领域的研究都证实了个体心理需求满足和积极情感、情绪（如喜悦、快乐、享受、高兴等）呈现正相关关系，和负面消极的情感、情绪（如压抑、挫败、不如意、愤怒等）呈现负相关关系（Sheldon & Bettencourt，2002）。

其次，之前的研究指出顾客参与不仅可以增强感知控制（即感知自主权）并提高顾客满意度（张晓振、官振中，2010），还可以为顾客带来成就感（即感知效能）、自豪感（pride）、自我实现型快乐（eudaimonia）等积极情感体验（Wang，Ma & Li，2015；Xie et al.，2008；Zwick，Bonsu & Darmody，2008）。社会心理学的研究发现，当个体与支持自主权的伙伴（autonomy supportive partners）互动时，他们会体验到更多的积极情绪（positive affects）、活力和满意度（Lynch et al.，2009）。关系营销研究还指出，当服务双方的关系质量高时（即感知关联度），他们会感受到更高的互动效率、社交需求实现感和积极的情感反应（Gong et al.，2016）。此外，顾客在服务的过程中产生的积极情感反应越多，其购买该服务的意愿也越强烈（Mattila & Enz，2002；Morris et al.，2002）。综合以上理论观点和研究结论，本书认为在定制游服务当中，顾客的积极情感反应介入了顾客参与通过心理需求满足对购买意愿的正向影响作用，并假设如下：

H9：积极情感反应在顾客参与定制通过心理需求满足对购买意愿的影响中起中介作用。

3.2.7 服务互动行为的调节作用

在服务营销学界，有学者曾提醒道：一线服务人员（frontliners）完全有能力去影响顾客参与服务过程以及服务的结果（Park et al.，2017）。和一般的服务相比，定制服务需要服务双方进行更高频率、高密度的互动，这一特征使得一线服务人员具备潜在的能力去增强或削弱顾客参与对定制过程和定制结果的影响。本书认为在定制游服务中，一线服务人员的服务互动行为增强了（即正向调节）顾客参与通过心理需求满足和积极情感反应对购买意愿的间接作用。具体表现为两种调节中介作用：一是服务互动行为调节了“顾客参与→心理需求满足→购买意愿”这一中介机制；二是服务互动行为调节了“顾客参与→心理需求满足→积极情感反应→购买意愿”这一串行中介机制。具体来说，本书假设服务互动行为调节了两个中介作用的前半段（即“顾客参与→心理需求满足”这一路径）。接下来，本书将对两组调节中介作用进行分别阐述和推演。

本书认为服务互动行为正向调节了顾客参与通过心理需求满足对购买意愿的间接作用。根据服务主导逻辑和价值共创理论，在顾客参与定制服务时，他们需要投入时间、精力、知识和技能等操作性资源（operant resources）来实现共创价值（co－created value）的最大化（Vargo & Lusch，2004）。服务企业已经不再是价值的创造者，而是价值共创的促进者（facilitator）（Payne et al.，2008）。服务企业提供价值共创的平台（platform）或环境（environment），顾客在其中完成价值的创造（Etgar，2008）。在定制游服务当中，一线服务人员扮演着价值共创促进者的角色。他们通过授权型互动行为、发展型互动行为、关系型互动行为为顾客（即旅游者）创造了一个有利于价值共创的氛围和环境。因此，当服务互动行为增多时，顾客参与产生的积极影响作用（比如更高程度的心理需求满足、更多的积极情感反应等）得到增强。

首先，授权型互动行为可以增强顾客参与定制对感知自主权和感知能力的影响，进而提升顾客心理需求满足的程度和购买意愿。授权型互动行为让顾客在定制过程中拥有更高的话语权，做出更多的选择（Karpen et al.，2012）。授权型互动行为让顾客在参与定制时感受到自己被赋权、被支持，在这种服务氛围当中顾客参与定制的效力得到增强（Bowen & Schneider，2014），即顾客参与定制为顾客带来的感知自主权和感知能力都得到了提升。正如 Lusch 等（2007）所说：“当顾客参与到价值共创的过程中时，企业应该为顾客设定一个他们期望的涉入水平。”在服务定制的过程中，企业和服务人员所展示的授权型互动可以增强顾客参与定制对服务结果（如心理需求满足和购买意愿）的正向影响作用。

其次，发展型互动行为可以增强顾客参与定制对感知能力的影响，进而提升顾客心理需求满足的程度和购买意愿。之前的顾客参与研究发现，顾客参与对积极服务结果的影响存在理论的边界（Dong & Sivakumar，2017）。比如，当顾客具有高水平的角色清晰度（role clarity）、感知能力（perceived ability）和感知受益（perceived benefits）时，顾客参与可以带来更高水平的服务质量和顾客满意。在定制游服务中，服务人员通过发展型互动行为和顾客分享旅游服务的信息、帮助顾客增进对旅游产品的了解，并向顾客提供使其受益的旅游知识（Karpen et al.，2015）。因此，发展型互动行为可以增强顾客在参与定制时的角色清晰度和感知能力，进而增强顾客参与的积极影响作用，让顾客产生更高水平的购买意愿。

最后，关系型互动行为可以增强顾客参与定制对感知关联度的影响，进而提升顾客心理需求满足的程度和购买意愿。Karpen 等（2012）指出关系型互动鼓励企业（或服务人员）和顾客建立双向的沟通，通过和顾客建立更为融洽的人际关系来降低顾客内心的不确定性，让顾客感觉安心。因此，关系型互动行为呼应了服务主导逻辑当中的一个基本假设：以服务为中心的观点（customer - centric view）内在表达了其顾客导向（customer - oriented）和关系属性（relational）（Vargo & Lusch，2008）。在顾客参与到定制服务过程中时，他们感受到的关系型互动行为越多，顾客参与对其心理需求满足（比如信任、组织承诺、情感依附等感知关联度因素）的正向影响力越大（Auh et al.，2007）。

综合以上讨论，本书认为在定制游服务当中，一线服务人员的授权型、发展型和关系型互动行为均正向调节了顾客参与定制通过心理需求满足对购买意愿的间接影响作用，即随着这三种服务互动行为的增多，顾客参与定制对心理需求满足的正向影响作用得到加强，进而提升了顾客购买定制游的意愿。因此，本书假设如下：

H10：服务人员的授权型互动行为、发展型互动行为和关系型互动行为调节了顾客参与定制通过心理需求满足对购买意愿的间接影响，即服务人员的授权型互动行为、发展型互动行为和关系型互动行为越多，顾客参与定制通过心理需求满足对购买意愿的间接影响作用越强。

已有研究发现，价值共创中顾客的心理需求满足程度通过情感状态（affective states）影响着其购买意向（Hsieh & Chang，2016）。本书认为在定制游服务过程中，服务人员的授权型、发展型和关系型互动行为在正向影响顾客心理需求满足的同时，调节了顾客参与定制对心理需求满足的影响。在前文当中，我们假设了顾客参与定制通过心理需求满足和积极情感反应对购买意愿的间接影响（即H9）。此外，本书还认为服务互动行为调节了顾客参与定制通过心理需求满足对

购买意愿的间接影响作用（即 H10）。综合两个研究假设，本书认为一线服务人员的服务互动行为正向调节了顾客参与定制通过心理需求满足和积极情感反应对购买意愿的间接影响作用。也就是说，随着授权型、发展型和关系型服务互动行为的增多，顾客参与定制对心理需求满足正向影响作用得到加强。更进一步地，当顾客在定制游服务中体验到更高水平的感知自主权、感知能力和感知关联度时，它们不仅直接提高了顾客购买定制游的意愿，还通过更多的积极情感反应间接增强了购买意愿。因此，本书假设如下：

H11：服务人员的授权型互动行为、发展型互动行为和关系型互动行为调节了顾客参与定制通过心理需求满足和积极情感反应对购买意愿的间接影响，即服务人员的授权型互动行为、发展型互动行为和关系型互动行为越多，顾客参与定制通过心理需求满足和积极情感反应对购买意愿的间接影响作用越强。

3.3　本书研究模型的构建

综合以上理论推演和假设，我们构建了本书的研究模型（见图 3－2）。该研究模型包含了七个研究变量，其中自变量有顾客方影响因素（顾客参与定制）和服务方影响因素（一线服务人员的互动行为：授权型互动、发展型互动和关系型互动），中介变量为顾客的心理需求满足和积极情感反应，因变量为顾客购买定制游的意愿。

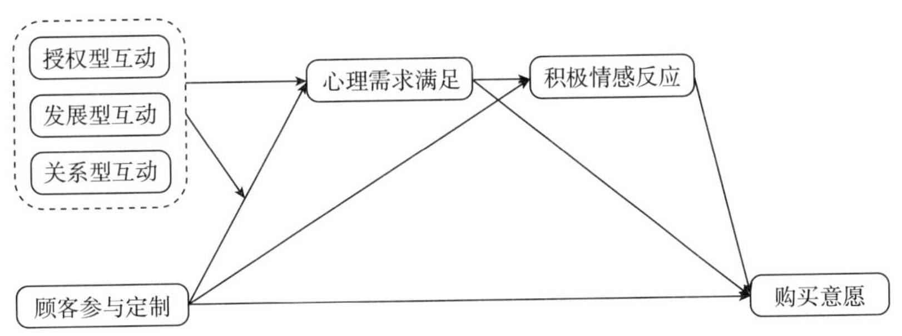

图 3－2　本书的研究模型

在该模型当中，一线服务人员的服务互动行为同时承担了自变量和调节变量的双重角色，即服务互动行为在影响内生变量的同时还调节了顾客参与定制对心理需求满足等变量的影响作用。因此，本书的研究假设共包含三个类型，分别是直接作用假设、间接作用（中介作用）假设和有条件的间接作用（调节中介作用）假设。

在表3－1中，我们对本书研究模型涉及的研究假设进行了汇总。其中，H1～H5c为直接作用假设，主要包括顾客参与定制和服务人员的授权型、发展型和关系型互动行为对顾客购买意愿、心理需求满足和积极情感反应的影响作用；H6～H9为间接作用（中介作用）假设，主要包括心理需求满足和积极情感反应在顾客参与定制，服务人员的授权型、发展型和关系型互动行为和顾客购买意愿间的中介作用；H10a～H11c为有条件的间接作用（调节中介作用）假设，主要包括服务人员的授权型、发展型和关系型互动行为对顾客参与定制通过心理需求满足和积极情感反应对顾客购买意愿的间接影响的调节作用。

表3－1　研究假设汇总

序号	研究假设
H1	顾客参与定制的水平正向影响其购买意愿
H2	顾客参与定制的水平正向影响其心理需求满足
H3	顾客参与定制的水平正向影响其积极情感反应
H4a	服务人员的授权型互动行为正向影响顾客购买意愿
H4b	服务人员的发展型互动行为正向影响顾客购买意愿
H4c	服务人员的关系型互动行为正向影响顾客购买意愿
H5a	服务人员的授权型互动行为正向影响顾客的心理需求满足
H5b	服务人员的发展型互动行为正向影响顾客的心理需求满足
H5c	服务人员的关系型互动行为正向影响顾客的心理需求满足
H6	顾客的心理需求满足在顾客参与定制的水平对购买意愿的影响中起中介作用
H7a	顾客的心理需求满足在授权型服务互动行为对购买意愿的影响中起中介作用
H7b	顾客的心理需求满足在发展型服务互动行为对购买意愿的影响中起中介作用
H7c	顾客的心理需求满足在关系型服务互动行为对购买意愿的影响中起中介作用
H8	积极情感反应在顾客参与定制的水平对购买意愿的影响中起中介作用
H9	积极情感反应在顾客参与定制通过心理需求满足对购买意愿的影响中起中介作用
H10a	服务人员的授权型互动行为调节了顾客参与定制通过心理需求满足对购买意愿的间接影响

续表

序号	研究假设
H10b	服务人员的发展型互动行为调节了顾客参与定制通过心理需求满足对购买意愿的间接影响
H10c	服务人员的关系型互动行为调节了顾客参与定制通过心理需求满足对购买意愿的间接影响
H11a	服务人员的授权型互动行为调节了顾客参与定制通过心理需求满足和积极情感反应对购买意愿的间接影响
H11b	服务人员的发展型互动行为调节了顾客参与定制通过心理需求满足和积极情感反应对购买意愿的间接影响
H11c	服务人员的关系型互动行为调节了顾客参与定制通过心理需求满足和积极情感反应对购买意愿的间接影响

4 探索性研究

虽然近年来定制游在旅游市场受到了越来越多的关注，旅游服务企业也在积极地推进定制旅游业务和服务产品组合，但是学界对于定制旅游消费行为的理解仍然非常有限（景秀丽、文雨晨，2017）。作为定制旅游领域为数不多的研究尝试之一，本书希望通过一个探索性的研究对定制游购买行为的影响因素进行初步探索，并为本书的实验研究打下一定的研究基础。

探索性研究由三个部分构成。第一个部分是质性研究，其中包括以顾客（即定制游游客）为对象的焦点团体讨论和以定制游服务人员（即定制师）为对象的深度访谈。通过对讨论和访谈内容的分析初步检验本书的研究假设。第二个部分是实验情景的设计和预实验。从质性研究的访谈内容中提取实验刺激物，本书设计了实验情景（即旅游定制服务场景）。之后通过预实验的方式对实验情景的真实性和实验变量的操控进行检验，为本书的主实验做好前期准备。第三个部分是测量量表的选定。通过系统的文献回顾，初步选定适用于本研究的量表。之后通过小规模的前测（pre－test）对测量工具的有效性进行检验，再应用到主实验当中。在下文当中，我们将依次展开上述三个研究内容。

4.1 质性研究

质性研究部分主要采用两种研究方法：以顾客（即旅游者）为研究对象的焦点团体讨论和以定制游服务人员（即定制师）为研究对象的深度访谈（Rook et al.，2007）。在焦点团体讨论当中，以具有定制游经历的游客为参与者，以定制游服务经历和服务体验为主题进行。以本书研究模型中的变量为关键词（如顾客参与定制、服务互动行为等）引导焦点团体的讨论方向和讨论内容，搜集和挖掘有定制经验的旅游者对定制游的认知和评价以及影响其购买意愿的关键因素。

在深度访谈当中，我们结合研究模型制定了访谈提纲，以提供定制服务的旅行社的定制师为访谈对象进行。通过一线服务人员的视角，探索定制游服务当中顾客参与、顾客心理体验（包括心理需求满足和情感反应等）对顾客购买定制游意愿的影响作用。通过焦点团体讨论和深度访谈，一方面对本书的研究模型进行初步的验证，另一方面为本书实验情景的构建搜集更多的素材，进一步用于构建实验场景、设计实验刺激物。

4.1.1 定制旅游者的焦点团体讨论

以有定制游经验的旅游者为研究对象，本书首先进行了焦点团体讨论。焦点团体讨论是“和一个小规模人群以一种非结构式的、自由流畅的方式进行的会谈”（Zikmund et al.，2003）。焦点团体讨论并不是一种完全结构化的、“问题+答案”式的会谈方式，而是一种充满了弹性的会谈方式，它鼓励参与者对研究关注的概念、主题和对象进行充分的讨论。在访谈过程中，参与者可以讨论他们的真实感受和体验、焦虑和疑惑，他们可以用自己的方式发表观点和看法。因此，焦点团体讨论在消费者行为、服务营销和旅游接待业研究领域得到了广泛的使用（Dong & Siu，2013；Kim et al.，2012；Shaffer & Sherrell，1997）。

4.1.1.1 焦点团体讨论的实施过程

在实施焦点团体讨论的过程中，本书得到了定制旅游企业的配合和支持（主要是开展了定制游业务的旅行社和某在线旅游平台的定制团队）。在定制游企业的帮助下，我们接触了有定制游经历的旅游者41名，其中有16名旅游者正在定制游的行程当中。其中男性14位，平均年龄35.4岁。考虑到旅游者的时间限制和会谈地点的限制，笔者邀请了两名研究助理并进行了相应的培训。在确保研究助理对本书的研究主题、研究内容和小组讨论的实施方法有足够清晰的理解之后，本书分批次、多地点地进行了定制游游客的焦点团体讨论。最终，本书共形成了7个焦点团体，小组的规模从4人到11人不等。每组会谈的时间在25~45分钟。

在每一个小组讨论正式开始之前，研究助理向参与者简单地介绍本研究的目的和意义，并对小组讨论收集的信息做出保密承诺（比如无第三方可以获得参与者的个人信息，研究数据仅用于学术研究等）。在焦点团体讨论开始之后，研究助理对本书的研究主题和研究变量进行更加具体、清晰的解释，以帮助参与者准确理解本书的研究问题。在焦点团体讨论的过程中，研究助理鼓励参与者表达自己的真实想法、体验，并以举例的方式尽可能提供更加丰富、具体的信息。此外，研究助理全程引导着焦点团体的谈论方向，避免讨论的内容超出本书的研究范围（Li & Huang，2019）。小组讨论的内容全程录音，每次会谈结束后进行存档。

焦点团体讨论围绕五个核心问题展开（见表4-1）。第一个问题要求参与者讨论影响旅游者购买定制游的因素。该问题旨在更为宏观地了解旅游者购买定制游的前置影响因素，并没有受限于本书的研究模型。开放式的提问方式可以帮助我们挖掘本书未涉及的解释变量，并初步检验研究模型的解释力（MacKenzie et al.，2011）。第二个问题要求旅游者讨论自己在定制过程中的参与行为。该问题要求旅游者描述他们参与定制的行为和方式，他们在定制过程中的贡献（比如时间、精力、描述旅游需求的详细程度、对定制游方案的涉入程度等）。作为本书的核心自变量，我们鼓励旅游者尽可能详细地还原顾客参与定制的场景和细节，以此来获得更为丰富的文本信息。第三个问题要求参与者分享他们在定制游服务过程中的情绪情感体验。本书并未限定讨论的方向并且鼓励旅游者用自己的语言进行讨论。因此，旅游者在定制过程中体验到的积极的和消极的情绪情感体验都可以进行分享和讨论。第四个问题要求参与者分享定制过程中定制师的服务互动行为。Rust 和 Oliver（2000）认为新服务开发（new service development，NSD）过程当中消费者难忘的服务体验对消费者行为具有重要的影响作用。因此，该环节关注旅游者印象深刻的、难忘的服务互动行为，并要求参与者尽可能地还原服务互动的细节。第五个问题要求参与者对定制师的服务互动行为的重要性和影响力进行讨论。该问题旨在进一步厘清服务互动行为对定制游消费行为之间的关系和影响机制。

表4-1　焦点团体讨论的问题汇总

在定制旅游行程和服务的过程中
• 哪些因素让您最终决定购买定制游？ • 您是否积极地参与到了定制的过程中？ • 您有哪些情感或情绪体验？比如愉快、开心、惊喜等 • 定制师的哪些服务行为让您印象深刻？ • 您认为定制师的这些服务互动行为重要吗？为什么？

笔者不断地邀请新的旅游者加入到焦点团体讨论当中，直到新的参与者不再能够提供新的主题、想法和观点，即理论饱和的出现。理论饱和（theoretical saturation）是质性研究中的一种现象，即当新的参与者无法带来新的与研究主题相关的数据时，研究就达到了理论饱和的临界点（Strauss & Corbin，1998）。在理论饱和出现以后，我们结束了焦点团体讨论的部分并对已收集的数据进行了整理

和分析。本书对每一个焦点团体讨论的录音文件进行了整理，并将录音的数据文件进行文本转写。在这一环节当中，本书使用了在线的语音识别服务。该服务将音频数据转换成文本数据，为文本信息处理和数据挖掘提供基础。在获得文本数据之后，我们采用 Ding 和 Keh（2016）在其定制研究当中使用的方法和步骤进行了文本分析。

4.1.1.2 内容分析和结果

在获得完整的文本数据之后，我们对整个文本进行了逐行的检查，之后进入编码过程。正式的编码过程包括开放编码、分类和主轴编码（Charmaz，2006）。在开放编码（open coding）过程中，本书对原始文本中的信息进行了概念化操作（conceptualization）。比如，旅游者（ID－604①）谈道："定制师根据我们的要求做了（定制游）方案，帮我们节约了大量（挑选景区和酒店）的精力和时间"，本书会将其界定为"省心省力"。按照这一操作方式，本书对全部的原始数据进行了分析并最终确定了 25 个概念（见表 4－2）。其中，被旅游者提及频率最高的 5 个概念是：自己做主或自主（n＝37）、参与感（n＝29）、专业（n＝23）、个性化（n＝19）和愉快（n＝16）。在分类（categorization）的过程中，本书根据含义的相似性对所有的概念进行分组并为它们确定一个统一的标签（unified label）。比如，我们将"开心""愉快""惊喜""轻松"等概念统一为"情绪情感相关因素"。最终，本书确定了 6 个类别（categories），它们分别是顾客知觉和情绪情感相关的因素、服务人员和服务体验相关的因素以及定制游产品和价格相关的因素。本书采用主轴编码（axial coding）来梳理并建立不同类别之间的关系。通过对 6 个类别的分析和梳理，本书发现它们可以被缩减到 3 个核心方面（core aspects）（Zheng et al.，2015）。其中，顾客知觉和情绪情感相关因素被划分为顾客相关方面；服务人员和服务体验相关因素被划分为服务相关方面；定制游产品和价格相关因素被划分为产品相关方面。

（1）旅游定制中的顾客参与。焦点团体讨论发现 70.7% 的旅游者（n＝29）在服务当中体验到了参与感。他们认为自己参与到了旅游定制的过程当中，他们和定制师分享自己的"需要""特殊要求"和"个人习惯"等信息，还有部分旅游者明确地告诉定制师他们想要入住"酒店的位置、规格和级别"等具体信息。此外，部分旅游者说最终成行的方案是"经过多次修改的"，而且大多数的修改建议是旅游者自己提出的。也就是说，尽管不同旅游者参与定制的方式不同，但是始终在一个区间内变化：从被动到主动、从模糊到具体、从低水平到高水平。

① 代码 ID－XXX 是按照组别和参与者进行设定的，其中第一个 X 是焦点团体的编号，后面两个 XX 是参与者编号。比如 ID－604 即为第六个焦点团体的第四位参与者（即旅游者）。

表 4－2　焦点团体讨论内容的编码结果

核心方面	类别	概念
顾客方面	知觉相关因素	自己做主或自主、参与感、话语权、控制感、认同感
	情绪情感相关因素	愉快、开心、惊喜、轻松、兴奋
服务方面	服务人员相关因素	专业、贴心、省心省力、服务细致、考虑周全
	服务体验相关因素	服务满意、服务体验好、一对一服务
产品方面	定制游产品相关因素	个性化、行程或线路有特色、独一无二
	定制游价格相关因素	价格不贵、价格合理、性价比还不错、实惠

内容分析的结果还指出，顾客参与定制影响着顾客购买定制游的意愿。首先，顾客参与定制提高了需求满足的程度和个性化的程度，进而增强了顾客的购买意愿。有旅游者（ID－402）说道："我跟小吴（定制师）说了很多我的想法，既然是定制游就要体现个性化嘛……出来的方案也确实符合我的预期，当时就和小吴签了（合同）……"该研究发现与现有研究是一致的，即顾客参与产品和服务设计可以提升价值评判（Dong，2015）和支付意愿（Franke et al.，2010）。其次，顾客参与定制为旅游者带来了自主权和话语权等体验，这些顾客感知因素也影响着顾客的购买决策。比如，旅游者（ID－102）说道："（和跟团游）感觉很不一样，我可以按照自己的节奏来安排行程……我跟定制师沟通的东西也都在（最终的）方案上……"也有游客使用"自由""掌控"和"话语权"等词语来描述自己在定制过程中的体验。此外，现有研究已经证实了顾客授权（如自主权和话语权）对顾客购买意愿的影响作用（Fuchs et al.，2010）。再次，当旅游者看到自己投入的时间、精力和想法最终转化为定制的旅游方案时，他们会感觉自己的个人潜能得到充分的发挥，并体会到更高的自我价值和更丰富的愉悦体验。比如，旅游者（ID－502）说道："我（之前）没想到旅游可以定制，这次（定制的经历）改变了我的认识。我感觉我可以按照自己的想法旅行，想怎么玩就怎么玩……这种快乐只有体验过才会懂……"综上所述，文本分析的结果表明，顾客参与定制通过多种内在机制影响着顾客购买定制游的意愿。

（2）旅游定制中的服务互动行为。针对旅游者的焦点团体讨论发现，定制师的服务互动行为对顾客的购买决策具有重要的影响作用。大多数的定制游服务都是一对一的形式，即一位定制师为一位旅游者提供定制服务。因此，定制师在整个定制的过程中扮演者重要的角色，他们通过各种形式的服务互动影响着旅游者的定制体验和最终的购买决策。

首先，授权型互动行为正向影响着旅游者的服务体验和购买决策。比如，旅游者（ID－205）说道："小赵（定制师）很贴心，他一直在努力了解我的想法，让我自己拿主意，像（预）定酒店的时候，他推荐了三家酒店，位置和价位都差不多，就是酒店的主题和服务不大一样……最后我（自己）决定住QJ酒店……"此外，旅游者（ID－703）说道："我是处女座，要求就比较多嘛……小马（定制师）很有耐心，那次出来的方案他给我留了很多选择的空间，让我自己敲定一些行程和项目……我感觉挺好的……"这与已有的研究发现相一致，企业或服务人员的授权行为让顾客产生心理授权体验，这种体验转化为话语权、选择权、效能感和信任感（Füller et al.，2009；Ouschan et al.，2006），进而增强了顾客积极态度和行为意向。

其次，定制师的发展型互动行为帮助旅游者更加有效地参与到定制过程当中，提高了他们的购买信心和购买意愿。比如，旅游者（ID－404）说道："其实我对三亚没那么熟（悉）啦，所以我有点拿不定主意，怕家人去了玩得不开心……她（定制师）很专业，跟我说了很多关于景点的信息，比如蜈支洲岛有什么特色、亚龙湾热带天堂森林公园和南山文化苑之间怎么安排行程……我觉得很有用，让我有了参考，也让我对最后的方案更有信心……"这一研究发现与之前的研究保持一致，即定制师向顾客传递与旅游服务有关的知识和信息，降低了旅游者感知风险和不确定性，让他们形成了对定制游更加肯定的态度和更强的购买意愿（Carlson et al.，2008；Parasuraman et al.，1985）。

最后，定制师的关系型互动行为有利于和顾客形成更好的人际关系（比如细心和贴心）、增强顾客对定制师的信任感，进而加强了顾客购买定制游的意愿。比如，旅游者（ID－306）说道："……（定制师）给我的感觉就像朋友，考虑得非常细致，我当时只是提了一下小孩子喜欢玩沙子……她后面就帮我们安排了有专属沙滩的酒店……"此外，旅游者（ID－501）说道："其实我的要求挺简单的，因为主要是陪老年人嘛……景区不能太累（消耗体力），住的地方要安静……小向（定制师）很有经验，帮我们预定的酒店就在普陀寺旁边，晚上特别安静……他还说如果爸妈早起，可以去寺里烧香，因为凌晨三点钟内山门就开了……真的很贴心。"该研究发现与学界相一致，即服务人员为增进人际关系、增强情感联结和归属感的服务行为强化了企业和顾客间的关系质量、亲密程度（Gwinner et al.，2005），进而提升他们购买服务产品的行为意愿（De Wulf et al.，2001）。

4.1.2 服务人员的深度访谈

在质性研究的过程中，针对服务人员的访谈和针对旅游者的焦点团体讨论是交叉进行的。得益于定制旅游企业的支持，笔者接触了线上和线下两种渠道的定制师。线下定制师主要在旅行社的门店工作，他们可以面对面地为旅游者提供定制服务。线上定制师主要通过网络即时通信的方式为旅游者提供定制服务。尽管服务形式有所差异，本书在进行深度访谈时重点发掘了两者在服务互动（授权型、发展型和关系型服务互动）和顾客参与等方面存在的共性特征。因此，本书在半结构化的深度访谈中采用了相同的访谈提纲（interview guide）（Rook et al.，2007）。笔者共采访了13名定制师，其中男性5名，平均年龄为31.1岁。有3名定制师具有10年以上的旅游从业经历（work experience），平均从业经历为7年；旅游定制的工作经历最高为4年，平均工作经历为2.3年。此外，本书的访谈提纲主要由三个方面的内容构成，它们分别探索定制师视角下顾客的参与行为、服务体验、情绪情感反应对顾客购买决策的影响作用。

在顾客参与定制方面。首先，深度访谈发现顾客参与定制在游客间存在明显的个体间差异，从被动的参与到主动的参与，从简单的需求沟通到详细具体的信息提供。比如有定制师（男，26岁）提道："有的顾客没有很清晰的规划……有次客人想定制（游）去丽江，他们也没有（提前）做功课，只是简单地说了几个人，去几天，预算是多少，然后就让我出方案……我只能根据有限的信息去猜（做方案），感觉效果并不好，他们最后也没成行……"也有旅游者对定制过程的参与度很高，其中一位定制师（女，29岁）说道："那位客人有很明确的想法，我几乎是按照他的想法把方案做出来的……当然也做了一些调整，比如从JDHY公园和PD基地，一个在靠南边一个在北边，放在一天的行程里有点不合理……他看了我出的（修改）方案之后很满意，就签了（合同）……"这一研究发现与焦点团体讨论的结论相一致，顾客（旅游者）参与定制的方式和水平在个体之间存在明显差异。同时也说明部分旅游者希望在定制服务过程中有参与感，希望自己能够参与到定制（行程、项目等）的过程当中（邓杨民，2018）。其次，定制师们认为顾客参与定制的程度是一个可以预测顾客购买决策的指标。比如其中一位定制师（女，39岁）说道："……但是很明显，顾客跟我们沟通的越多、描述的信息越具体，我们出来的方案就（会）越对他们胃口……他们（会）更认（同）我们的方案，也更愿意买单……"

在顾客服务体验方面。本书重点探索了服务互动行为、旅游者心理需求满足和购买决策之间的相互关系。首先，定制师们认为旅游者在定制过程中的服务体验至关重要。他们认为"定制游的游客更注重体验"，所以"沟通和服务的过程很重要"。其中，有位成单率较高的定制师（男，32岁）提道："我们非常重视客人的每一个想法和意见，尽可能落实在我们的（定制游）方案中……让顾客有参与感，让他们感觉自己可以规划自己的旅程，而我们主要起辅助作用……"也就是说，定制师的授权型互动、关系型互动强化了旅游者的参与体验和自主体验，同时影响着他们的购买决策。其次，定制过程中的服务互动有利于形成更好的顾客关系，进而提高旅游者的购买意愿。比如，一位定制师（女，34）说道："虽然有的时候一个单子要跟客人做很多次的沟通和调整，但是这个过程让我们更了解客人，更清楚他们真正需要的是什么，（同时）也拉近我们之间的（心理）距离……我们的关系近了，他们也更（相）信我，对我出的方案也更放心……"由此可见，定制师的服务互动行为和顾客的服务体验共同影响着顾客购买定制游的消费决策。

在顾客的情绪情感方面。本书在深度访谈的过程中发现，定制师们对顾客的情绪情感体验都有自己的观察和理解。一对一的服务方式让定制师们具备了绝佳的位置来观察顾客的面部表情、言语表情和动画表情（如 emoji）等。比如，其中一位定制师（女，33 岁）说道："感觉他很享受这个（定制的）过程，我们一起商量定下的方案，他很满意，因为既考虑了他父母的需求也照顾到了孩子……这是专属于他（家庭）的旅游计划，还没有出行他就已经很期待……"定制师们使用了"满意""惊喜""开心""高兴""兴奋""愉快"等词语来描述顾客在定制过程中的积极情感展示。此外，定制师们认为顾客的正面情绪情感流露得越多，他们对于定制游的态度也就越积极，最终购买的可能性也就越大。

除此之外，笔者还访谈了部分定制游企业的管理人员（n = 6），并且发掘出一些管理视角下的观点和见解。定制游企业管理层相对一致的观点指出：大众化的定制游是"未来的趋势和潮流"。比如，旅行社门店经理（女，41 岁）说道："……客人们（游客）对定制旅游还是蛮感兴趣的……18、19 这两年定制的单子（订单）明显越来越多。"此外，还有位营销经理（男，37）认为："……传统的跟团（方式）要转换升级，也可能在以后服务一些细分市场，比如银发市场和出境游学……"由此可见，管理层的观点认为定制游在未来旅游市场的前景可期。尽管如此，本书也发现很多的定制游企业在经营过程中面临着两难的境遇：一方面是企业获客难，成单率低，企业缺乏稳定的、高净值客源的支撑；另一方面是旅游资源储备的匮乏，如果游客数量快速增长，企业所掌握的资源又很难满足需求。这些发现与本书在前期行业观察当中掌握的情况是基本一致的，也反映出了未来定制游企业发展过程中亟待解决的重点问题。

4.1.3 结果与讨论

在质性研究的阶段，本书分别进行了焦点团体讨论和深度访谈两个研究。我们分别从定制游游客、一线工作人员（定制师）和定制游企业管理人员三个来源采集了大量的访谈数据。通过对访谈数的分析，本书发现顾客参与在定制游服务当中有着多样化的表现形式和明显的顾客差异，同时它对顾客服务体验、情绪情感和购买决策也有着不同的影响方式和影响作用。此外，作为一线服务人员，定制师也通过不同类型的服务互动行为影响着顾客的服务体验和购买决策。

质性研究部分在本书当中的作用主要有两个方面：一方面，它初步回答了本书的研究问题，加深了我们对于定制游消费行为的理解。具体来说，顾客参与定制的程度越高，他们在定制过程中的积极体验越多（如选择权、效能感、信任感和情绪情感等），购买意愿也越强。此外，一线服务人员的服务互动行为对顾客服务体验和购买意愿的影响作用也得到了证实。定制师的顾客授权行为、关系增进行为和知识分享行为增强了顾客的积极服务体验和购买定制游的意愿。也就是说，来自服务接触（service encounter）双方——顾客和服务人员——的访谈证据形成了相互的呼应和支持。接下来，我们将通过实验研究进一步检验本书的研究假设，通过三角互证（triangulation）来增强研究结论的稳健性（Decrop，1999）。另一方面，质性研究收集了大量的、真实的定制旅消费经历和服务体验。这些来自真实消费经历的信息可以帮助我们开发出真实性更高、更贴近服务实践的实验情景（experimental scenarios）和刺激物（stimuli），为本书接下来的实验研究做好前期准备。

4.2 实验情景的设计和预实验

本书采用混合式的研究设计对研究模型进行实证检验。在质性研究结束之后，本书将进行实验研究的部分。为了增加实验研究的合理性、严谨性和规范性，本书将在探索性研究阶段开发和设计应用于实验研究的实验情景，并通过预实验（preliminary experiment）的方式进行检验，以保证实验情景的真实性和变量操控的有效性。

4.2.1 实验情景的设计

在开发和设计实验情景时，本书从质性研究积累的素材当中提取了实验刺激物，主要包括实验情景和四个实验变量（即顾客参与定制、授权型互动、发展型互动和关系型互动）的操控。来自真实消费经历（actual consumption experience）的实验场景和刺激物可以提升实验的真实性（realism）和研究结论的外部效度（external validity）（Li & Huang，2019）。

为了开发和设计实验情景，本书再次对质性研究产生的文本数据进行了梳理和分析。在实验情景方面，本书发现一半以上定制游的消费经历是在旅行社的门店当中发生的（n = 27）。这一发现也符合当下的市场情况，中国旅游研究院

《2019 中国定制旅行发展报告》指出，传统的旅行服务商是定制的主力军。因此，我们选择将“旅行社门店的定制游服务经历”作为本书的实验场景。在实验刺激物方面，质性访谈的数据指出游客选择频次最高的旅游目的地（前五名）分别为：厦门（11）、三亚（9）、泰国（5）、丽江（4）、北京（2）和日本（2）。考虑到境内旅游更容易被实验对象接受，而且焦点团体访谈提供了大量厦门定制游的信息，本书最终选择厦门作为定制游的目的地城市。此外，艾瑞咨询（2018）指出家庭游是定制游市场当中出游的重要客群。综合以上因素，本书最终将实验情景设定为：旅游者在旅行社门店定制厦门家庭游的服务场景。

采用 Li 和 Huang（2019）推荐的方法和步骤，本书分别完成了对顾客参与定制和定制师服务互动行为的操控。首先，本书从访谈内容当中提取了出现频率较高的关键词（比如“要求”“修改”“选择”“耐心”等），并按照频次进行排序。其次，我们对每一个关键词进行内部信度（inter - rater reliability）评价。在这一阶段，笔者邀请了两名熟悉该研究领域的学者参与了内部信度评审。只有两位评审一致认定的指标才会被使用于实验变量的操控当中，比如定制师“鼓励顾客选择”的行为作为授权型互动的指标。最后，本书将这些指标分别按照不同的水平分配到实验情景当中并进行组合，以实现对各实验变量的操控。

在顾客参与定制的实验操控中，本书从访谈的内容当中选择了两个最具有代表性的指标：需求信息分享和定制游方案涉入。需求信息分享是指顾客分享旅游需求的信息量和具体程度，分为低水平需求信息分享和高水平需求信息分享。顾客参与研究认为信息分享（information sharing）是一种重要的顾客参与形式（Yi & Gong，2013），顾客向服务人员提供的需求信息越多、越具体，顾客参与的水平就越高。定制游方案涉入是指顾客对定制游方案的修改程度，分为低水平涉入和高水平涉入。本书的质性研究发现，顾客对定制游方案的修改存在程度上的差异。部分游客对定制方案的改动较少，而有些游客对方案的修改较多、程度较深。在低水平的顾客参与定制当中，顾客提出模糊要求，比如“景点不要安排太多”“酒店要安静卫生”“餐厅口味要清淡”；顾客直接从定制师的方案中对比选择，没有对方案进行改动。在高水平的顾客参与定制当中，顾客提出具体要求，比如“鼓浪屿一定要去……”“每天只安排一个景点……”“酒店……离景区不要太远”“餐厅要以当地中餐为主，口味要清淡……”等；顾客在查看定制方案后可以提出自己的修改建议（详见各特定实验情景）。

在授权型互动行为的实验操控中，本书从访谈的内容当中选择了两个最具有代表性的指标：鼓励共创和顾客授权。鼓励共创是指定制师为了提高顾客定制方案的参与度而产生的一系列服务沟通行为。定制师鼓励顾客共创的行为越多，他们能够获取的关于顾客需求的信息就越详细、越准确，同时顾客对于服务的控制感越强（Karpen et al.，2012）。此外，顾客授权是指定制师向顾客赋权去选择和调整定制旅游服务内容的一系列服务行为（Ouschan et al.，2006）。顾客授权的水平越高，顾客对服务的塑造力度越大，选择和调整服务的空间也越大。因此，在低水平的授权互动当中，定制师在了解了顾客的基本需求之后“根据他以往的经验”制定了定制游方案，并没有更多鼓励共创和顾客授权的行为。在高水平的授权型互动行为当中，定制师“鼓励你用你的方式告诉他更多关于这次旅行的想法，更多更具体的要求……”。此外，定制师设计了更多的定制游方案，并且说“如果对方案的安排不满意，还可以对项目进行调整”。（详细实验情景见表4－3）。

表4－3　实验研究一的特定实验情景（specific scenarios）

低水平顾客参与定制（CPC_{low}）＋低水平授权型互动（EI_{low}）	高水平顾客参与定制（CPC_{high}）＋低水平授权型互动（EI_{low}）
你告诉小王“景点不要安排太多”“酒店要安静卫生”“餐厅口味要清淡”，大概就是这些。在了解了你的基本需求之后，小王根据他以往的经验为你制定了一套定制游方案。之后，你认真地查看了这套定制游的方案	你告诉小王“鼓浪屿一定要去，其他的景点你们推荐，但是不要太累”“每天只安排一个景点，景区逛完就回酒店休息，晚上自由活动”“酒店要安静卫生，距离几个景区的距离都不要太远，交通要方便，早餐最好在酒店吃”“餐厅要以当地中餐为主，口味要清淡。可以订特色的海鲜餐厅，但是不要太多”。在了解了你的基本需求之后，小王根据他以往的经验为你制定了一套定制游方案。之后，你认真地查看了这套定制游方案，并且告诉小王方案的部分项目和时间安排可能还需要调整
低水平顾客参与定制（CPC_{low}）＋高水平授权型互动（EI_{high}）	高水平顾客参与定制（CPC_{high}）＋高水平授权型互动（EI_{high}）
你告诉小王“景点不要安排太多”“酒店要安静卫生”“餐厅口味要清淡”，大概就是这些。在了解了你的基本需求之后，小王鼓励你用你的方式告诉他更多关于这次旅行的想法，更多更具体的要求。小王希望你能够主导这次的行程安排，包括景区、酒店和餐饮等旅游项目。小王根据你的要求制定了两套定制游方案，并且说如果你对方案的安排不满意，你还可以对项目进行调整。之后，你认真地查看了这些定制游的方案	你告诉小王“鼓浪屿一定要去，其他的景点你们推荐，但是不要太累”“每天只安排一个景点，景区逛完就回酒店休息，晚上自由活动”“酒店要安静卫生，距离几个景区的距离都不要太远，交通要方便，早餐最好在酒店吃”“餐厅要以当地中餐为主，口味要清淡。可以订特色的海鲜餐厅，但是不要太多”。在了解了你的基本需求之后，小王鼓励你用你的方式告诉他更多关于这次旅行的想法，更多更具体的要求。小王希望你能够主导这次的行程安排，包括景区、酒店和餐饮等旅游项目。小王根据你的要求制定了两套定制游方案，并且说如果你对方案的安排不满意，你还可以对项目进行调整。之后，你认真地查看了这些定制游方案，并且告诉小王方案的部分项目和时间安排可能还需要调整

在发展型互动行为的实验操控中，本书从访谈的内容当中选择了两个最具有代表性的指标：产品信息分享和顾客建议。产品信息分享是指定制师向顾客分享了有用的旅游产品信息，增进了对旅游产品的了解（Karpen et al.，2012）。顾客建议是指定制师向顾客提供了帮助他们成功使用旅游产品和服务所需的建议，它让旅游者收获更多有益的旅游信息和旅游知识。在低水平的发展型互动行为当中，定制师只是“简单地介绍了定制游方案内容……”。在高水平的发展型互动行为当中，定制师为顾客提供了更为详尽的旅游产品信息和建议，比如“逐一介绍了方案中的景区、酒店和餐厅等内容。景区方面……酒店方面……在餐饮服务方面……”。此外，定制师还为顾客建议了最佳游览时间和口碑餐厅等，比如“中山路步行街夜景很漂亮，还有很多特色的小吃，可以考虑晚上去”“海鲜餐厅的话，推荐你考虑亚珠海鲜酒楼和小眼镜海鲜大排档……”。（详细实验情景见表4－4）

在关系型互动行为的实验操控中，本书从访谈的内容当中选择了两个最具有代表性的指标：双向沟通和适应性服务。双向沟通是指定制师为了加深对顾客信息的把握和顾客需求的理解而产生的一系列服务行为。重视双向沟通的定制师可以获得更多、更具体的顾客需求信息，比如家庭成员构成、年龄、健康情况、饮食忌口或个人生活习惯等。因此，他们也容易和顾客建立强度更高的心理联结（psychological connection）（Karpen et al.，2015）。适应性服务是指定制师为最大化满足顾客需求而产生的一系列服务行为（Gwinner et al.，2005），比如定制师根据顾客家庭成员的构成对旅游项目的调整和优化。在低水平的关系型互动当中，定制师只是“询问了家庭成员的构成”就制定了旅游方案。在高水平的关系型互动当中，定制师不仅“非常耐心地询问了你的家庭成员构成、年龄和各自的需求……还特别问了家人有没有什么需要特别关注的情况……更准确地推荐和安排旅游项目”，还适应性地调整了旅游行程，“鼓浪屿景点多，费体力，可以考虑放在第一天去，然后第二天上午可以安排休息……这样安排老人或者小孩体力才能跟得上”。详细实验情景见表4－5。

4.2.2 预实验

在预实验的阶段，本书主要进行真实性检验（realism check）和操控检验（manipulation check）两个研究内容。因为本书采用了基于情景的组间实验，所以被试需要将自己沉浸到实验的设定场景中完成实验刺激。尽管本书在设计实验情景时使用了从真实定制旅游经历中提取的素材，但是对于实验情景的真实性检验有助于进一步提高实验结论的严谨性。此外，针对实验变量（顾客参与定制和服务互动行为）的操控检验也可以确保实验操控的有效性和实验结果的可信度。

表 4－4　实验研究二的特定实验情景（specific scenarios）

低水平顾客参与定制（CPC_{low}）＋低水平发展型互动（DI_{low}）	高水平顾客参与定制（CPC_{high}）＋低水平发展型互动（DI_{low}）
你告诉小王“景点不要安排太多”“酒店要安静卫生”“餐厅口味要清淡”，大概就是这些。在了解了你的基本需求之后，小王制定了一套定制游方案，并向你简单地介绍了这套方案的内容和行程安排。之后，你认真地查看了这套定制游的方案	你告诉小王“鼓浪屿一定要去，其他的景点你们推荐，但是不要太累”“每天只安排一个景点，景区逛完就回酒店休息，晚上自由活动”“酒店要安静卫生，距离几个景区的距离都不要太远，交通要方便，早餐最好在酒店吃”“餐厅要以当地中餐为主，口味要清淡。可以订特色的海鲜餐厅，但是不要太多”。在了解了你的基本需求之后，小王制定了一套定制游方案，并向你简单地介绍了这套方案的内容和行程安排。之后，你认真地查看了这套定制游方案，并且告诉小王方案的部分项目和时间安排可能还需要调整
低水平顾客参与定制（CPC_{low}）＋高水平发展型互动（DI_{high}）	高水平顾客参与定制（CPC_{high}）＋高水平发展型互动（DI_{high}）
你告诉小王“景点不要安排太多”“酒店要安静卫生”“餐厅口味要清淡”，大概就是这些。在了解了你的基本需求之后，小王制定了一套定制游的方案，并逐一介绍了方案中的景区、酒店和餐厅等内容。景区方面，小王说南普陀寺离厦门大学很近，可以安排在一天去逛。中山路步行街夜景很漂亮，还有很多特色的小吃，可以考虑晚上去等。酒店方面，小王考虑在思明南路与镇海路和成功大道之间的区域内预订酒店。这样去往各个景区的道路交通都会比较方便。在餐饮服务方面，小王还说厦门当地主要是闽菜的闽南菜系，人气比较高的有潮福城大酒楼和海天楼中餐厅。还有邵公馆的佛跳墙很出名，值得一试。然后海鲜餐厅的话，推荐你考虑亚珠海鲜酒楼和小眼镜海鲜大排档，这两家都是老字号海鲜店，干净卫生放心，而且小眼镜海鲜性价比更高。之后，你认真地查看了这套定制游的方案	你告诉小王“鼓浪屿一定要去，其他的景点你们推荐，但是不要太累”“每天只安排一个景点，景区逛完就回酒店休息，晚上自由活动”“酒店要安静卫生，距离几个景区的距离都不要太远，交通要方便，早餐最好在酒店吃”“餐厅要以当地中餐为主，口味要清淡。可以订特色的海鲜餐厅，但是不要太多”。在了解了你的基本需求之后，小王制定了一套定制游的方案，并逐一介绍了方案中的景区、酒店和餐厅等内容。景区方面，小王说南普陀寺离厦门大学很近，可以安排在一天去逛。中山路步行街夜景很漂亮，还有很多特色的小吃。可以考虑晚上去等。酒店方面，小王考虑在思明南路与镇海路和成功大道之间的区域内预订酒店。这样去往各个景区的道路交通都会比较方便。在餐饮服务方面，小王还说厦门当地主要是闽菜的闽南菜系，人气比较高的有潮福城大酒楼和海天楼中餐厅。还有邵公馆的佛跳墙很出名，值得一试。然后海鲜餐厅的话，推荐你考虑亚珠海鲜酒楼和小眼镜海鲜大排档，这两家都是老字号海鲜店，干净卫生放心，而且小眼镜海鲜性价比更高。之后，你认真地查看了这套定制游方案，并且告诉小王方案的部分项目和时间安排可能还需要调整

表 4-5 实验研究三的特定实验情景（specific scenarios）

低水平顾客参与定制（CPC_{low}）+低水平关系型互动（RI_{low}）	高水平顾客参与定制（CPC_{high}）+低水平关系型互动（RI_{low}）
你告诉小王“景点不要安排太多”“酒店要安静卫生”“餐厅口味要清淡”，大概就是这些。在了解了你的基本需求之后，小王询问了家庭成员的构成，然后很快制定了一套定制游方案。之后，你认真地查看了这套定制游的方案	你告诉小王“鼓浪屿一定要去，其他的景点你们推荐，但是不要太累”“每天只安排一个景点，景区逛完就回酒店休息，晚上自由活动”“酒店要安静卫生，距离几个景区的距离都不要太远，交通要方便，早餐最好在酒店吃”“餐厅要以当地中餐为主，口味要清淡。可以订特色的海鲜餐厅，但是不要太多”。在了解了你的基本需求之后，小王询问了家庭成员的构成，然后很快制定了一套定制游方案。之后，你认真地查看了这套定制游方案，并且告诉小王方案的部分项目和时间安排可能还需要调整
低水平顾客参与定制（CPC_{low}）+高水平关系型互动（RI_{high}）	高水平顾客参与定制（CPC_{high}）+高水平关系型互动（RI_{high}）
你告诉小王“景点不要安排太多”“酒店要安静卫生”“餐厅口味要清淡”，大概就是这些。在了解了你的基本需求之后，小王非常耐心地询问了你的家庭成员构成、年龄和各自的需求，然后说尽可能地为你推荐了更适合你家人的景点、酒店和餐厅。而且小王还特别问了家人有没有什么需要特别关注的情况（比如健康情况、饮食忌口或个人生活习惯），便于他更准确地推荐和安排旅游项目。小王说鼓浪屿景点多，费体力，可以考虑放在第一天去，然后第二天上午可以安排休息。中山路步行街最好晚上去逛。这样安排老人或者小孩体力才能跟得上。他还说南普陀寺离厦门大学很近，如果有小孩的话可以去感受下一流学府的教育氛围。小王说酒店的选择会更多地考虑了老年人和小孩的需求，安排在靠近思明南路的部分街区。这样既可以保证安静，也方便出行。小王还说闽菜注重调汤，所以有厦门菜系有很多汤菜会适合老人和小孩的口味。经过一系列的沟通，小王对你这次家庭游的需求有了更深入了解，并针对性地制定了一套定制游方案。之后，你认真地查看了这套定制游的方案	你告诉小王“鼓浪屿一定要去，其他的景点你们推荐，但是不要太累”“每天只安排一个景点，景区逛完就回酒店休息，晚上自由活动”“酒店要安静卫生，距离几个景区的距离都不要太远，交通要方便，早餐最好在酒店吃”“餐厅要以当地中餐为主，口味要清淡。可以订特色的海鲜餐厅，但是不要太多”。在了解了你的基本需求之后，小王非常耐心地询问了你的家庭成员构成、年龄和各自的需求，然后说尽可能地为你推荐了更适合你家人的景点、酒店和餐厅。而且小王还特别问了家人有没有什么需要特别关注的情况（比如健康情况、饮食忌口或个人生活习惯），便于他更准确地推荐和安排旅游项目。小王说鼓浪屿景点多，费体力，可以考虑放在第一天去，然后第二天上午可以安排休息。中山路步行街最好晚上去逛。这样安排老人或者小孩体力才能跟得上。他还说南普陀寺离厦门大学很近，如果有小孩的话可以去感受下一流学府的教育氛围。小王说酒店的选择会更多地考虑了老年人和小孩的需求，安排在靠近思明南路的部分街区。这样既可以保证安静，也方便出行。小王还说闽菜注重调汤，所以有厦门菜系有很多汤菜会适合老人和小孩的口味。经过一系列的沟通，小王对你这次家庭游的需求有了更深入了解，并针对性地制定了一套定制游方案。之后，你认真地查看了这套定制游方案，并且告诉小王方案的部分项目和时间安排可能还需要调整

在合作的旅行社的配合下，本书邀请游客参与了预实验（由两名导游完成）。共有 107 名游客参与了预实验，其中男性 38 人，平均年龄 41.3 岁。预实验分为六个步骤完成。第一步，参加预实验的被试（subjects）被随机分为三组，每组的规模分别为 34 人、35 人和 38 人。第二步，每组被试再被随机分配至四个小组当中。本书采用了一个 2×2 的因子实验设计（factorial experimental design），即顾客参与定制（低水平 V.S. 高水平）×服务互动行为（低水平 V.S. 高水平）。其中，低水平顾客参与定制组有 53 人，高水平组有 54 人（见表 4－6）。

表 4－6　预实验被试的分组情况

组规模 Group size	小组规模 Cell sizes			
35	$CPC_{low}+EI_{low}$	9	$CPC_{low}+EI_{high}$	8
	$CPC_{high}+EI_{low}$	9	$CPC_{high}+EI_{high}$	9
34	$CPC_{low}+DI_{low}$	8	$CPC_{low}+DI_{high}$	9
	$CPC_{high}+DI_{low}$	9	$CPC_{high}+DI_{high}$	8
38	$CPC_{low}+RI_{low}$	9	$CPC_{low}+RI_{high}$	10
	$CPC_{high}+RI_{low}$	10	$CPC_{high}+RI_{high}$	9

注：CPC 代表顾客参与定制；EI 代表授权型互动；DI 代表发展型互动；RI 代表关系型互动。

第三步，被试阅读研究介绍和要求，正式进入实验过程。被试首先会阅读一段基准情景（base scenario），主要用于引导被试沉浸到实验设定的虚拟情景当中（Dabholkar & Bagozzi，2002）。基准情景在所有的小组当中是一致的，主要内容介绍了顾客光顾旅行社的原因和定制游的服务经历（详见表 4－7）。之后，被试阅读特定情景（specific scenarios）。特定情景主要用于完成实验变量的操控。再之后，被试回答感知真实性（perceived realism）检验和操控检验。在进行真实性检验时本书采用了 Dong 等（2016）的两个问题，分别为"上文描述的服务情景是真实的""很容易想象自己处于这一服务情景当中"。

在进行操控检验时，本书采用了四个问题分别检验顾客参与定制（"我在定制的过程中，贡献了大量的时间、精力、知识和信息"）（Yim et al.，2012）、授权型互动行为（"定制师鼓励我去塑造我即将要接受的旅游服务"）、发展型互动行为（"定制师和我分享了有用的旅游产品信息"）、关系型互动行为（"定制师试着与我建立融洽的关系"）（Karpen et al.，2015）的实验操控是否成功。以上操控检验的问题均采用 7 点李克特量表，1 代表"完全不赞同"，7 代表"完全赞同"。最后，被试回答性别、年龄和旅游经历等问题。

表 4－7 本书的实验研究采用的基准实验情景

基准实验情景（base scenario）
今年春节，家人们在吃饭时聊起厦门。大家都觉得厦门是个不错的旅游城市，希望有时间能一起去旅游。最近你刚好有一个假期，家人们的时间也都方便，所以你计划和家人一起去厦门旅游。 今天你来到一家旅行社，准备进去了解一下去厦门旅游现在有哪些线路和产品。走进旅行社之后，旅行社的服务人员接待了你。你告诉他这次旅行是计划和家人一起去厦门。这位服务人员向你推荐了定制游，他说现在很多家庭出游会选择定制旅游的方式，定制游的行程方案更加灵活，而且性价比也不错。然后他向你推荐了对厦门这条旅游线路比较熟悉的定制师小王。 落座后，小王问你对这次旅行有没有什么想法和要求

注：基准实验情景在所有的实验分组当中保持一致（Li & Huang，2019）。

4.2.3 结果与讨论

在预实验结束之后，本书对实验数据进行了分析。数据分析的结果指出，真实性检验问题的平均得分为 5.52 分（7 分李克特量表）。也就是说，被试们认为本书构建的实验情景具有较高的真实性。

在操控检验部分，预实验发现本书对顾客参与定制的操控是符合预期的。方差分析（analysis of variance，ANOVA）的结果指出，高水平顾客参与定制组的平均值（$M_{CPC\ high}=5.93$）显著地高于低水平组的平均值（$M_{CPC\ low}=3.70$，$p<0.01$）。具体来说，每一个小组的操控检验也都符合预期。在第一组当中，高水平顾客参与定制组的平均值（$M_{CPC\ high}=5.78$）显著地高于低水平组的平均值（$M_{CPC\ low}=4.12$，$p<0.01$）。在第二组当中，高水平顾客参与定制组的平均值（$M_{CPC\ high}=5.82$）显著地高于低水平组的平均值（$M_{CPC\ low}=3.59$，$p<0.01$）。在第三组当中，高水平顾客参与定制组的平均值（$M_{CPC\ high}=6.16$）显著地高于低水平组的平均值（$M_{CPC\ low}=3.42$，$p<0.01$）。

此外，预实验指出本书对互动行为的操控是符合预期的。首先，本书对于授权型互动行为的操控是成功的，高水平授权型互动组的平均值（$M_{EI\ high}=5.53$）显著地高于低水平授权型互动组的平均值（$M_{EI\ low}=3.33$，$p<0.01$）。其次，本书对于发展型互动行为的操控是成功的，高水平发展型互动组的平均值（$M_{DI\ high}=5.35$）显著地高于低水平发展型互动组的平均值（$M_{DI\ low}=3.47$，$p<0.01$）。最后，本书对于关系型互动行为的操控是成功的，高水平关系型互动组的平均值（$M_{RI\ high}=5.68$）显著地高于低水平关系型互动组的平均值（$M_{RI\ low}=4.11$，$p<0.01$）。

在本节当中，我们分别完成了实验情景的设计和预实验。在设计实验情景的过程中，本书从质性研究积累的素材中提取了旅游者的真实旅游经历，设计了主实验使用的实验场景、实验刺激物和实验流程。此外，本书还通过了一个小规模的游客样本对实验情景的真实性和实验变量的操控进行了检验。通过以上两个部分的研究，本书构建了具有较高真实性的实验情景，并通过基于情景的组间实验进行了预实验。预实验结果指出，本书对于顾客参与定制、服务互动行为（授权型互动行为、发展型互动行为和关系型互动行为）的实验操控是符合预期的。基于以上研究结果，本书将在主实验当中使用这些实验情景和实验刺激物，对本书的研究假设进行进一步的检验，以回答本书核心的研究问题。

4.3 测量量表的选择和前测

探索性研究另外一个重要的研究内容就是确定各变量的测量工具，并对其有效性进行检验。这一环节主要通过三个步骤来完成。首先，从学界当中提取成熟的量表，根据本书的研究情境进行适应性调整。其次，邀请旅行社的工作人员对量表进行表面效度检验，并根据反馈意见进行修改。最后，采用小规模样本对测量工具进行信度和效度检验，以确保量表具有足够的信效度，为主实验做好前期准备。

4.3.1 测量量表的选择

本书的研究变量共有七个，其中顾客参与定制和一线服务人员的服务互动行为（三种类型）为实验变量，其余研究变量为连续型变量。它们分别为顾客的心理需求满足、积极情感反应和购买定制游的意愿。学界的普遍观点认为，在研究当中使用已经发表且被广泛引用的量表可以提高测量的有效性和准确性（罗胜强、姜嬿，2014），因此本书主要从旅游学界、服务营销学界、消费者行为和顾客参与等研究领域筛选各变量的测量工具。

心理需求满足采用了 Hsieh 和 Chang（2016）的价值共创中顾客的心理需求满足量表进行测量。尽管学界存在诸多版本的心理需求满足量表（PNS scales），但是 Johnston 和 Finney（2010）认为学者们应该在特殊的研究情境当中使用针对性的测量工具。Hsieh 和 Chang（2016）在其品牌创新（brand innovation）的研究情境当中探索价值共创的心理机制，该研究发现顾客感受到的品牌共创收益（perceived benefits）驱动着他们参与到企业的品牌共创活动当中。此外，该研究

构建了顾客的心理需求满足量表，量表包含了顾客感知自主权、感知能力和感知关联度三个部分。考虑到本书的研究情境，我们对原始量表进行了适应性修改，比如将原始量表中的“品牌竞赛”修改为“定制游服务”。最终形成的量表共九个题目，其中感知自主权、感知能力和感知关联度各三个题目。

积极情感反应的测量采用了 Busser 和 Shulga（2018）、Mano 和 Oliver（1993）的情感反应量表（affective responses scale）中的积极情感部分。情感反应量表（positive and negative affects scale，PANAS）在消费者行为研究当中有诸多的版本（Xia & Suri，2014），本书采用该测量工具主要考虑两个方面的原因。首先，本书重点关注顾客参与服务定制时体验到的积极情感部分，并不需要对整体情感反应和情感状态进行测量。其次，本书最终形成的测量量表兼具了 Busser 和 Shulga（2018）版本量表的情境适应性（旅游研究情境）与 Mano 和 Oliver（1993）版本量表的核心要素。基于以上讨论，本书最终形成的量表包含 7 个题目，它们分别是充满热情的（enthusiastic）、兴奋的（exciting）、享受其中的（enjoyed）、受启发的（inspired）、有趣的（interesting）、快乐的（happy）、高兴的（pleased）。

购买定制游意愿采用 Lee 等（2014）的购买意愿量表。原版量表共有三个题目，分别采用不同的描述方式了解顾客的购买意愿。考虑到研究情境的不同，本书将原始量表中的目标商品转换为定制游，并最终形成了顾客购买定制游意愿的测量量表。

为了保证本书采用的中文量表能准确地反映原版量表的语义，本书采用了还原翻译（back translation）的方法和步骤（Brislin，1980）。首先，本书将经过修改的英文量表翻译为中文版本。这一过程由本书作者和另外一名具备双语能力的研究人员各自独立完成，之后对两者进行比较、讨论和调整，并形成一个中文版量表。其次，本书将中文版量表交由一个专业的英文翻译人员来完成回译的过程，这一过程会产生一个英文版量表。最后，本书作者和两位翻译人员共同对两个英文版本的量表进行比较和讨论，并将所有的意见反映在最终形成的中文量表当中。本书采用的还原翻译方法可以最大化地保证翻译的准确性，使得中文量表在语义上同原始版本的量表保持一致。此外，心理需求满足和积极情感反应采用 7 点李克特量表（Likert scale）进行测量，两个变量的题目均锚定在一个从 1 ~7 的量表上。其中，1 代表“完全不赞同”，7 代表“完全赞同”。购买定制游意愿的三个题目均采用 7 点语义区分量表，量表的两端均采用“非常低”和“非常高”进行锚定。

在中文版量表形成之后，笔者将其交由定制游的服务人员进行了表面效度（face validity）测试（Anderson & Gerbing，1991）。共有五名定制师和两名旅行社的管理人员完成了这一测试环节。本书要求参与者认真阅读量表的每一个题目，检查是否和定制游的服务实践存在不符的情况，是否存在歧义、误解和语句不通顺的地方。根据定制师和旅行社工作人员反馈的意见和建议，本书对量表进行了小幅度的调整和修改。

4.3.2 前测、结果与讨论

4.3.2.1 前测样本和过程

在确定了本书各变量的测量工具之后，本书通过一个小规模样本对各量表进行了前测。前测样本为在校大学生，主修专业集中在国际贸易、旅游管理和市场营销等专业，年级主要集中在大二和大三。前测采用在线问卷的方式进行，参与者通过识别问卷二维码进入在线问卷平台作答。问卷内容主要为各变量的测量和简单的个人信息（如性别、年龄和专业等）。在进行前测时，笔者将问卷二维码生成图片并转发至各年级和班级的 QQ 群和微信群中，由学生自主完成问卷填写。在排除了无效问卷之后，最终形成的有效样本量为 97 人。其中男性 39 人，平均年龄为 20.8 岁。具体量表和题目如表 4－8 所示。

表 4－8 各变量采用的量表和题目

变量	量表及题目	缩写
心理需求满足	Hsieh 和 Chang（2016）	PNS
	感知自主权	PA
	• 在定制游的服务过程中，我感觉我可以做我自己	PA1
	• 在定制游的服务过程中，我做的事情是我真正想做的	PA2
	• 在定制游的服务过程中，我感觉自己被强迫做了我不想做的事情[R]	PA3
	感知能力	PC
	• 我真的很精通我在定制游服务过程中做的事情	PC1
	• 我擅长在定制游服务过程中做的事情	PC2
	• 我感到自己甚至可以完成定制游服务过程当中最困难的任务	PC3
	感知关联度	PR
	• 在定制游的服务过程中，我感觉自己是定制游团队的一员	PR1
	• 在定制游的服务过程中，我可以和服务人员谈论对我来说真正重要的事情	PR2
	• 在定制游的服务过程中，我接触到的服务人员是我亲密的朋友	PR3

续表

变量	量表及题目	缩写
积极情感反应	Busser 和 Shulga（2018）和 Mano 和 Oliver（1993）	PAR
	• 充满热情	PAR1
	• 兴奋	PAR2
	• 享受	PAR3
	• 受启发	PAR *
	• 有趣	PAR4
	• 快乐	PAR5
	• 高兴	PAR6
购买意愿	Lee 等（2014）	PI
	• 我购买该定制游的可能性	PI1
	• 我会考虑购买该定制游的概率	PI2
	• 我购买该定制游的意愿	PI3

注：R 为反向题目（reversed item），在数据分析时会进行反向编码；＊为前测后删除项。

4.3.2.2 前测结果与讨论

信度和效度检验不仅可以保证问卷题目充分地表达研究问题，同时还可以检验问卷题目的准确性和预测能力。为了评价各变量的信度和效度，本书构建了一个测量模型（measurement model）。该模型包括心理需求满足、积极情感反应和购买意愿三个变量。其中，心理需求满足共包含三个子量表（subscales）。

本书在运行测量模型时将其视为心理需求满足的三个维度（dimensionalities）进行独立检验，采用这一处理方式有两方面的原因：首先，本书研究核心关注顾客在定制服务过程中的整体心理需求满足（General Psychological Need Satisfaction，GPNS）。采用整体心理需求一方面更加符合自我决定理论的研究传统（Deci et al.，2001；Gagné，2003），另一方面可以提高研究模型的简约性（parsimony）。其次，很多研究在测量心理需求满足时会首先从三个维度进行测量，之后整合为一个单一变量（Baard et al.，2004）。比如，Gagné（2003）在研究心理需求满足对个体亲社会行为的影响力时，先采用三个子量表进行独立测量，之后使用它们的均值作为心理需求满足的测量（维度间相关系数在 0.6～0.7）。此外，当前心理学界和组织行为学界的诸多研究都采用了这一操作方式（Anja et al.，2008；Deci et al.，2001；Sheldon & Hilpert，2012；Wei et al.，2005），因此本书的实验研究也沿用这一处理方法。

本书使用 IBM 公司的 SPSS Statistics 23 统计分析软件和 AMOS 23 结构方程软

件执行了整个数据分析过程（Mooi & Sarstedt，2011）。在正式运行测量模型之前，本书对数据进行了排查（如缺失值和异常值）和正态性检验（normality check）。正态性是结构方程模型（Structural Equation Modelling，SEM）分析的基本假设之一。根据学界的标准，各观察变量的峰度（kurtosis）和偏度（skewness）应该在 -1 和 +1 之间（Bollen，1989）。正态性检验的结果显示，没有任何变量的峰度和偏度的绝对值大于1（见表4-9）。这说明前测数据并未打破正态性的基本假设，因此可以用于验证性因子分析（confirmatory factorial analysis，CFA）。

表4-9　各观察变量的正态性检验结果

Variable	min	max	skew	c. r.	kurtosis	c. r.
PA1	2	7	-0.065	-0.259	-0.545	-1.096
PA2	3	7	-0.225	-0.904	-0.739	-1.486
PA3	3	7	-0.161	-0.648	-0.788	-1.584
PC1	3	7	-0.247	-0.994	0.049	0.099
PC2	2	7	-0.242	-0.973	0.284	0.571
PC3	3	7	-0.125	-0.503	-0.133	-0.267
PR1	3	7	-0.076	-0.305	0.403	0.811
PR2	3	7	-0.134	-0.539	0.098	0.197
PR3	3	7	0.010	0.038	-0.232	-0.466
PAR1	3	7	-0.250	-1.007	-0.106	-0.212
PAR2	3	7	0.063	0.252	0.537	1.080
PAR3	3	7	-0.198	-0.797	-0.118	-0.237
PAR4	3	7	-0.196	-0.787	-0.383	-0.770
PAR5	3	7	-0.540	-2.170	0.158	0.318
PAR6	3	7	-0.429	-1.723	0.508	1.020
PI1	4	7	-0.488	-1.962	-0.360	-0.723
PI2	4	7	-0.426	-1.712	-0.433	-0.870
PI3	4	7	-0.403	-1.620	-0.631	-1.269

根据结构方程模型拟合的评价指标，模型拟合指数（model fit indexes）应该大于0.9，RMSEA应该小于0.05（Bagozzi & Yi，2012），卡方自由度比（χ^2/df）小于临界值3（Bagozzi & Yi，1988）。CFA的分析结果展示了充分的模型拟合，CFI = 0.982，TLI = 0.977，IFI = 0.982，RMSEA = 0.040。此外，χ^2 =

144.26，df = 125，p = 0.115。所有的模型拟合指数均大于 0.9 的推荐值，RMSEA 小于 0.05，而且 χ^2/ df = 1.154（< 3）。由此可见，数据和本书的测量模型具有较高的匹配度。

在进行信度检验时，本书采用克朗巴哈系数（Cronbach's α）和组合信度（Composite Reliability，CR）等指标对测量模型进行评价。数据分析结果指出，各量表的 Cronbach's α 值均高于 0.7，在 0.748 ~ 0.920（见表 4 - 10）。根据学界的普遍共识，当 Cronbach's α 的值大于 0.7 时一般认为该量表的所有题目在测量同一个变量（Hair et al.，2006；Nunnally，1978）。考虑到积极情感反应的信度系数低于管理学界推荐的 0.8（罗胜强、姜嬿，2014），本书对其进行了追加分析。我们首先对其进行了主成分分析（KMO = 0.869），分析结果发现 PAR* 和其他题目之间的共同因子很低。此外，信度分析结果发现在删除该题目之后，量表的 Cronbach's α 值从 0.721 提高到了 0.883。基于以上原因，本书删除了积极情感反应量表中的一个题目（PAR*），缩减后的量表有六个题目。此外，组合信度是指用于测量某构面的一组观察变量之间共享的方差（shared variance）（Fornell & Larcker，1981）。一般来说，组合信度的值应该在 0.6 以上才可以接受（Bagozzi & Yi，1988）。前测中各构面的组合信度（CR）在 0.868 ~ 0.921，均超过了学界推荐的门槛值。

聚合效度（convergent validity）用于检验每一个指标（indicator）是否显著地载入它们代表的构面当中。本书通过标准化因子载荷（standardized factor loading）和平均方差抽取量（Average Variance Attracted，AVE）对聚合效度进行检验。CFA 的分析结果显示，所有的因子载荷都在 0.001 水平上显著，而且均超过了 0.5 的门槛值（0.720 ~ 0.946）。平均方差抽取量的值在 0.562 ~ 0.796，超过了学界推荐的门槛值 0.5（Fornell & Larcker，1981）。这些结果意味着组成一个量表的所有题目（items）共同解释了超过 50% 以上的方差并且聚合在唯一的构面上，即测量工具具有理想的聚合效度。

表 4 - 10　测量模型分析结果汇总表

构面	题目	标准化因子载荷 Std. factor loadings	Cronbach's α	AVE	CR
感知自主权	PA1	0.908	0.915	0.783	0.915
	PA2	0.880			
	PA3	0.866			

续表

构面	题目	标准化因子载荷 Std. factor loadings	Cronbach's α	AVE	CR
感知能力	PC1	0. 760	0. 865	0. 689	0. 868
	PC2	0. 946			
	PC3	0. 771			
感知关联度	PR1	0. 862	0. 887	0. 725	0. 888
	PR2	0. 854			
	PR3	0. 839			
积极情感反应	PAR1	0. 761	0. 883	0. 562	0. 885
	PAR2	0. 828			
	PAR3	0. 722			
	PAR4	0. 724			
	PAR5	0. 737			
	PAR6	0. 720			
购买意愿	PI1	0. 921	0. 920	0. 796	0. 921
	PI2	0. 859			
	PI3	0. 895			
χ^2, df	144. 258, 125				
IFI	0. 982				
TLI	0. 977				
CFI	0. 982				
RMSEA	0. 040				

本书采用 Fornell 和 Larcker（1981）的方法对各构面的区分效度（discriminant validity）进行了评价。我们首先检查了因子载荷。学界的普遍观点认为当因子载荷大于 0. 5，或者该题目在所测构面上的载荷均大于其在其他构面上的载荷时，都可以说明区分效度确实存在（Fornell & Larcker，1981）。分析结果显示，所有题目在所测构面上的载荷均大于其在其他构面上的载荷。其次，我们对比了各变量的 AVE 值的平方根和各变量间的相关系数。根据 Fornell 和 Larcker（1981）的标准，当 AVE 的平方根大于各构面间相关系数时，就意味着该构面与其他构面存在区分效度。在表 4 – 11 当中，对角线当中所示的加粗字体为各构面 AVE 值的平方根，而对角线左下方区域内的值均为变量间的相关系数。根据对比结果，本书发现所有变量的 AVE 值均大于它和其他变量间的相关系数，进一

步证明了区分效度。

综上所述，本书选择的测量工具拥有较高的信度、聚合效度和区分效度，在之后的主实验研究当中将使用这些检验过的量表对本书的研究变量进行测量。测量模型见图 4 –1。

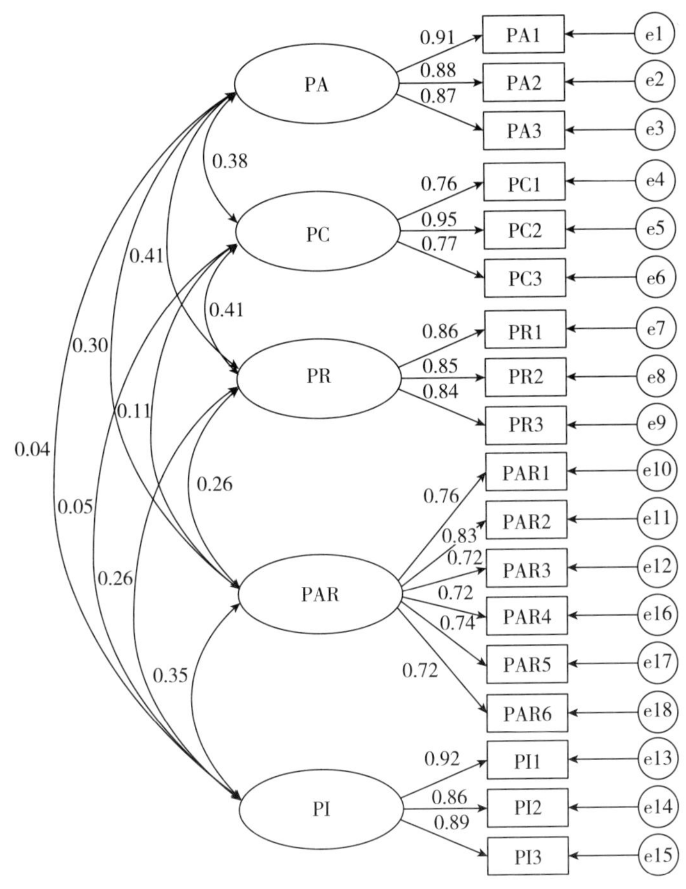

图 4 –1　本书的测量模型

表 4 –11　各变量的均值、方差和相关系数矩阵

变量	Mean	SD	AGE	GEN	PA	PC	PR	PNS	PAR	PI
AGE	20. 87	1. 086	N. A.							
GEN	0. 40	0. 493	0. 063	N. A.						
PA	5. 38	0. 873	0. 113	0. 051	**0. 885**					

续表

变量	Mean	SD	AGE	GEN	PA	PC	PR	PNS	PAR	PI
PC	5. 32	0. 747	-0. 221 *	-0. 089	0. 301 **	**0. 830**				
PR	5. 20	0. 837	-0. 032	-0. 075	0. 369 ***	0. 364 ***	**0. 851**			
PNS	5. 30	0. 615	-0. 050	-0. 046	0. 762 ***	0. 712 ***	0. 775 ***	N. A.		
PAR	5. 57	0. 656	-0. 035	0. 044	0. 279 **	0. 047	0. 218 *	0. 250 *	**0. 749**	
PI	5. 78	0. 818	-0. 022	-0. 037	0. 043	0. 071	0. 233 *	0. 154	0. 309 **	**0. 892**

注：*** 代表在 0. 001 水平（双侧）上显著相关；** 代表在 0. 01 水平（双侧）上显著相关；* 代表在 0. 05 水平（双侧）上显著相关；对角线上加粗字体为平均方差抽取量（AVE）的平方根；N. A. 代表不存在。

4.4 本章小结

在探索性研究部分，本书主要进行了三个研究内容，分别是质性研究、实验情景的设计和预实验以及量表的选择和前测。通过探索性研究，我们初步回答了本书的研究问题并为之后的主实验提供了一定的研究基础，在本书当中起到了承上启下的作用。具体来说，探索性研究主要有以下几个方面的作用：

首先，质性研究为本书提供了更为透彻、更加具体的理论观点，进一步明确了本书的研究方向和研究问题。通过针对顾客（定制游游客）的焦点团体讨论和针对服务人员的深度访谈，初步回答了本书的研究问题，加深了我们对于定制游消费行为的理解。比如顾客参与定制的程度越高，他们在定制过程中体验到的积极体验越多，购买意愿也越强；定制师的顾客授权行为、关系增进行为和知识分享行为增强了顾客的积极服务体验和购买定制游的意愿。此外，质性研究收集了大量、真实的定制游消费经历和服务体验，帮助本书开发了真实性更高、更贴近服务实践的实验情景和刺激物。

其次，探索性研究设计了主实验使用的实验场景、实验刺激物和实验流程，并通过了一个小规模的游客样本对实验情景的真实性和实验变量的操控进行了检验。通过以上两个部分的研究，本书构建了具有较高真实性的实验情景，并通过基于情景的组间实验进行了预实验。预实验的结果指出，本书对于顾客参与定制、服务互动行为（授权型互动行为、发展型互动行为和关系型互动行为）的实验操控是成功的。基于以上研究结果，本书将在主实验当中使用这些实验情景

和实验刺激物，对本书的研究假设进行进一步的检验，以回答本书核心的研究问题。

最后，探索性研究确定了本书各研究变量的测量工具，并对其有效性进行检验。本书从相关学界和研究领域提取了成熟的测量量表，并根据本书的研究情境进行适应性调整。之后邀请旅行社的工作人员对量表进行表面效度检验，并根据反馈意见进行修改。最后采用小规模的大学生样本对测量工具进行信度和效度检验，确保了量表的信度、聚合效度和区分效度。

总体来说，探索性研究衔接了研究假设（第3章）和实验研究（第5、6、7章）两个研究部分，在本书当中起到了承上启下的作用。它一方面证实了本书研究方向的正确性和研究问题的重要性；另一方面通过质性研究结论、预实验和前测，为本书之后的主实验研究提供了坚实的研究基础。因此，在接下来的内容当中，本书将通过三个独立的基于情景的组间实验对我们的研究模型进行更为深入的实证检验。

5 实验研究一：顾客参与定制、服务人员的授权型互动行为对购买意愿的影响

尽管当前有少量研究探索了企业的顾客授权策略对顾客购买定制产品/服务的影响作用（Fuchs et al.，2010；Fuchs & Schreier，2011），但是没有研究探索定制过程中的顾客参与是否以及如何影响着顾客的购买意愿。此外，不管是在定制研究领域还是在旅游研究领域，并无研究同时探索顾客参与定制和服务人员的授权行为对顾客购买意愿的影响作用和影响机制。因此，实验研究一将在定制游服务的研究情境（research context）当中对本书的研究模型进行检验，即顾客参与定制和服务人员的授权型互动行为对顾客购买定制游意愿的直接和间接影响作用以及授权型互动行为的调节作用。

5.1 研究设计

本书选择基于情景的组间实验作为主要的研究方法。此研究设计要求参与者假设、想象自己的角色（role－playing），并通过虚拟的服务场景和服务经历来完成对实验变量的操控（Antonetti et al.，2018）。基于情景的研究方法在服务营销、顾客参与和定制研究领域有着广泛的应用，Busser 和 Shulga（2018）认为基于情景的研究方法为当前的价值共创研究提供了一个和真实服务接触（real service encounter）非常近似的替代选择。此外，基于情景的实验设计不仅可以增强研究人员对于外部变量（extraneous variables）的控制，还规避了横截面研究可能存在的一些缺点（比如共同方法变异、参与者的记忆缺失和合理化倾向等）（Dong，Evans & Zou，2008）。因此，我们认为基于情景的组间实验适用于在本书的研究情境中探索顾客选择定制游服务的内在心理机制和理论

边界。

在实验研究一当中，顾客参与定制（CPC）和服务人员的授权型互动行为（EI）均被操控在两个水平上，因此形成了一个2（CPC_{low} V. S. CPC_{high}）×2（EI_{low} V. S. EI_{high}）的因子实验。在低水平的顾客参与定制当中，顾客提出模糊要求并直接从定制师的方案中对比选择，没有对方案进行改动。在高水平的顾客参与定制当中，顾客提出具体要求，并且在查看定制游方案后提出了自己的修改建议（操控细节见表4－3）。此外，在低水平的授权型互动行为当中，定制师"根据他以往的经验"制定了方案，而在高水平的授权型互动行为当中，定制师鼓励顾客表达更多"关于这次旅行的想法，更多更具体的要求……"。此外，定制师设计了更多的定制游方案并且授权顾客可以对项目进行调整（操控细节见表4－3）。

5.1.1 样本

本书选择旅游市场中的游客作为实验研究的主要参与者，主要有两个方面的原因：一方面，真实的消费者（actual consumers）作为被试可以提高实验结果的外部效度（external validity）。另一方面，旅游市场当中的游客可以帮助本书降低样本选择偏差（sample selection bias），获得更具有代表性的样本（地域分布更广），进而提高研究结论的稳健性。

在合作旅游企业的支持下，我们邀请了19位导游作为研究助理（research assistant）帮助本书搜集实验数据，并通过在线问卷的方式完成了主实验数据的搜集。为了保证在线问卷实验的效果，本书对研究助理们进行了前期的培训。在这个过程中，我们向各位研究助理介绍了本书的研究目的、研究问题和研究方法，并重点讲解了实验研究的实施步骤和注意事项。在确保各研究助理对本研究有了充分的理解之后，我们向他们发放了研究注意事项和在线情景实验问卷平台的入口（含图片二维码）。因为本书的三个主实验研究是交叉进行的，为了尽可能地避免各研究间的样本重叠（overlap），本书将所有的研究助理分为三组，分别负责不同实验研究的数据搜集。

研究助理通过线下和线上两种方式邀请旅游者参与本书的三个实验研究，整个数据搜集的过程持续了两个月。根据研究助理们的反馈，他们邀请的部分参与者为正在接待的游客，大多数参与者是之前服务过的游客。其中，之前服务过的游客主要通过微信群和发布朋友圈的方式推送研究邀请（含图片二维码）。参与者（游客们）在接到邀请后，通过手机端App（如社交软件和浏览器等）的图片识别功能（扫一扫）进入在线问卷平台，并完成实验过程。

最终，共有207名游客参加了实验研究一（见表5－1）。其中男性99人

（47.8%）、女性108人（52.2%）。年龄跨度从18~62岁，平均年龄为34.2岁。其中，18~25岁占17.39%、26~30岁占15.46%、31~40岁占46.38%、41~50岁占18.39%、50岁及以上占2.42%。根据携程旅行网公布的定制游客群特征，“80后”和“90后”是当前我国定制游的主要客群（占比为61.47%）（携程旅行网，2018）。因此，样本的年龄特征与当前市场特征基本相符。参与者当中高中及以下教育经历的占50.7%，大专及本科教育经历的占42.1%，硕士研究生及以上教育经历的占7.2%。总体来看，参与者的受教育程度高于总体人口受教育程度（对比国家统计局第六次人口普查），因此本书会在之后的数据分析当中对教育程度这一变量进行控制。参与者从事的职业有生产人员（12.1%）、销售人员（11.6%）、行政/后勤人员（11.1%）、专业人士（10.6%）、顾问/咨询（7.2%）、客服人员（3.9%）、教师（4.3%）、管理人员（8.7%）、全日制学生（7.7%）和其他（22.7%）等。参与者的月收入集中在3500~10000元（68.1%），其中月收入在3500~7000元的参与者占总样本的45.4%，月收入在7000~10000元的占22.7%。此外，参与者来自四川、重庆、湖北、河南、湖南、浙江、陕西等省份，上述七省的参与者占总样本的63.8%。

表5-1　实验研究一的样本特征

变量/类别		数量（人）	备注
性别	男	99	
	女	108	
年龄（岁）	18~25	36	
	26~30	32	
	31~40	96	
	41~50	38	
	51~60	3	
	>60	2	
教育经历	高中及以下	105	
	大专及本科	87	
	硕士研究生	14	
	博士研究生	1	

续表

变量/类别		数量（人）	备注
职业	生产人员	25	如会计师、律师、建筑师、医护人员、记者等
	销售人员	24	
	行政/后勤人员	23	
	专业人士	22	
	顾问/咨询	15	
	客服人员	8	
	教师	9	
	管理人员	18	
	全日制学生	16	
	其他	47	
月收入（元）	≤3500	55	
	3500~7000	94	
	7000~10000	47	
	≥10000	11	

5.1.2 实验过程

在进入实验后，参与者通过六个环节完成全部的实验流程。第一步，被试阅读问卷首页的内容，包括问卷标题和问卷说明。因为情景实验需要被试沉浸到虚拟的情景当中，所以在实验说明当中本书要求被试认真阅读问卷情景并将自己代入其中，回答相关问题。本书采用三个措施来降低需求效应（demand effect）。首先，本书使用了较为宽泛的问卷标题（“旅行社服务问卷调查”）。其次，我们在问卷当中加入了与本研究无关的填充物（filler）问题。最后，我们对问卷当中各研究变量的量表题目进行了随机排序（Thirumalai & Sinha，2009）。除此之外，组间实验设计也可以降低可能存在的需求效应（Bitner，1990）。

第二步，被试阅读基准实验情景（base scenario）。基准情景介绍了被试为什么会来到旅行社、与旅行社的接待人员和定制师有哪些服务接触。该环节主要用于模拟实验情景，帮助被试更快地进入角色扮演的状态当中。此时，所有被试阅读到的实验情景是一致的（见表4-7）。

第三步，本书通过一个跳转题对被试进行了随机分组。在这个跳转题当中，所有选项的图片和文字描述完全相同，本书要求被试在其中任意选择一个进入下阶段的问卷内容（见附录）。为了避免被试集中选择某一个选项（如排序第一的选项），我们设置了选项的随机排序。通过这一环节，所有被试被随机分配到了四个实验组，实验组的被试人数从 49 ~ 53（M = 52，SD = 1. 15）。各实验组规模如表 5 – 2 所示。

表 5 – 2　实验研究一各实验组规模

分组规模（Cell sizes）	低水平顾客参与定制（CPC_{low}）	高水平顾客参与定制（CPC_{high}）	共计
低水平授权型互动（EI_{low}）	53	52	105
高水平授权型互动（EI_{high}）	49	53	102
共计	102	105	207

第四步，被试阅读特定实验情景，完成实验操控（experimental manipulation）。在特定的实验情景当中，我们分别将顾客参与定制（CPC）和定制师的授权型互动（EI）控制在两个水平当中（见表 4 – 3）。因此，被试在不同的实验组当中完成实验操控，分别为低水平顾客参与定制和低水平授权型互动（CPC_{low} + EI_{low}）、高水平顾客参与定制和低水平授权型互动（CPC_{high} + EI_{low}）、低水平顾客参与定制和高水平授权型互动（CPC_{low} + EI_{high}）、高水平顾客参与定制和高水平授权型互动（CPC_{high} + EI_{high}）。在实验操控完成之后，被试回答操控检验的相关问题。本书采用了两个问题分别对顾客参与定制（"我在定制的过程中，贡献了大量的时间、精力、知识和信息"）（Yim et al.，2012）和授权型互动行为（"定制师鼓励我去塑造我即将要接受的旅游服务"）（Karpen et al.，2015）的实验操控进行了检验，被试在 7 点李克特量表上作答（1 代表完全不赞同，7 代表完全赞同）。

第五步，被试回答各研究变量的测量，包括心理需求满足（含感知自主权、感知能力和感知关联度）、积极情感反应、购买意愿和填充物。其中，填充物采用了顾客移情量表（customer empathy scale）（McBane，1995）。

第六步，被试回答样本特征问题和控制变量的测量。样本特征问题包括性别、年龄、教育经历、收入和职业等。本书选择的控制变量包括以往经历（previous experience）和独特性需求（need for uniqueness）。已有研究发现，顾客以往的相似经历会影响其行为意向和消费决策（Ashraf & Thongpapanl，2015）。此外，之前的定制研究指出独特性需求高的顾客会更加偏爱定制的产品或服务（Ding & Keh，2016）。为了尽可能地降低混淆效应、排除潜在的替代解释（alternative ex-

planation)，本书将性别、年龄、教育经历、收入、以往经历和独特性需求设定为控制变量，在进行假设检验时排除它们可能存在的影响作用。

5.1.3 测量

实验研究一的变量共有五个，其中顾客参与定制和服务人员的授权型互动为实验变量，其他研究变量为连续型测量变量（即顾客心理需求满足、积极情感反应和购买定制游的意愿）。在实验研究一当中，本书使用了在前测中经过信效度检验的量表。除了购买意愿采用7点语义区分量表外，其他所有变量采用7点李克特量表进行测量。

心理需求满足采用了 Hsieh 和 Chang（2016）的价值共创中顾客的心理需求满足量表进行测量，该量表包含顾客感知自主权、感知能力和感知关联度三个维度，共九个题目。感知自主权的示例题目如“在定制游的服务过程中，我感觉我可以做我自己”；感知能力的示例题目如“我真的很精通我在定制游服务过程中做的事情”；感知关联度的示例题目如“在定制游的服务过程中，我感觉自己是定制游团队的一员”。积极情感反应的测量采用了 Busser 和 Shulga（2018）和 Mano 和 Oliver（1993）的情感反应量表（affective responses scale）中的积极情感部分。最终使用的量表包含六个题目，示例题目如“在定制游的服务过程中，我感觉充满热情、兴奋、享受、有趣等”。购买定制游意愿采用 Lee 等（2014）的购买意愿量表。该量表为语义区分量表，经过修改后的量表共有三个题目。示例题目如“我购买该定制游的可能性（非常低/非常高）”。此外，以往经历的测量采用了单一题目，被试回答“您之前是否有过类似的定制游经历？（是/否）”。同样地，独特性需求也采用单一题目，“我会搜索并购买有特色的商品或服务来塑造自我的独特性”（张明立、贾薇、王宝，2011）。

5.2 分析和结果

在实验一结束之后，本书对实验数据进行了系统和深入的分析。本书使用 SPSS Statistics 23 和 Hayes（2017）开发的 PROCESS Macro V3.0 进行操控检验和假设检验，主要分析方法有信度分析（reliability analysis）、协方差分析（analysis of covariance，ANCOVA）和路径分析（path analysis）等。此外，本书使用 A-MOS 23 结构方程软件进行测量模型的检验，主要分析方法有信度分析、效度分析（validity analysis）和验证性因子分析（CFA）等（Blunch，2012）。

5.2.1 操控检验

在实验研究一中，本书对顾客参与定制和服务人员的授权型互动行为分别进行了实验操控。为了检验顾客参与定制的操控效果，本书运行了一个单因素（one - way）方差分析。在运行方差分析之前，我们检验了各组的总体方差是否相同。齐性检验的结果显示，各组方差没有显著的差异，Levene's 统计量为 0.084，$p = 0.773$。因此，两组数据并无打破方差齐性假设，可以进行方差分析。方差分析的结果显示，低水平顾客参与定制组的操控检验分值（$M_{CPC\ low} = 3.77$，$SD = 1.168$）显著低于高水平组的分值（$M_{CPC\ high} = 5.48$，$SD = 1.029$），$F(1, 205) = 123.84$，$p < 0.001$。

同样地，本书运行了一个单因素方差分析来检验服务人员授权型互动的操控效果。齐性检验的结果显示，各组方差没有显著的差异，Levene's 统计量为 0.257，$p = 0.613$。因此，两组数据并无打破方差齐性假设，可以进行方差分析。方差分析的结果显示，低水平顾客参与定制组的操控检验分值（$M_{EI\ low} = 3.37$，$SD = 1.154$）显著低于高水平组的分值（$M_{EI\ high} = 5.10$，$SD = 1.309$），$F(1,205) = 101.49$，$p < 0.001$。综上所述，本书对顾客参与定制和服务人员授权型互动的实验操控是成功的。

5.2.2 测量模型

在正式运行测量模型之前，我们对数据进行了排查（如缺失值和异常值）和正态性检验（normality check）。正态性检验的结果显示，各观察变量的峰度和偏度应该在 -1 和 +1 之间（Bollen，1989），没有任何变量的峰度和偏度的绝对值大于1（见表 5 - 3）。因此，实验研究一的数据并未打破正态性的基本假设，可以进行验证性因子分析（CFA）。

表 5 - 3 各观察变量的正态性检验结果

Variable	min	max	skew	c. r.	kurtosis	c. r.
PA1	1	7	-0.053	-0.313	-0.490	-1.440
PA2	1	7	-0.105	-0.616	-0.447	-1.313
PA3	1	7	-0.032	-0.188	-0.394	-1.156
PC1	1	7	-0.001	-0.008	-0.352	-1.033
PC2	1	7	-0.005	-0.030	-0.447	-1.312
PC3	1	7	-0.091	-0.534	-0.303	-0.889

续表

Variable	min	max	skew	c. r.	kurtosis	c. r.
PR1	1	7	-0. 145	-0. 850	-0. 238	-0. 698
PR2	1	7	-0. 185	-1. 085	-0. 159	-0. 466
PR3	1	7	-0. 111	-0. 652	-0. 201	-0. 589
PAR1	1	7	-0. 556	-3. 267	0. 313	0. 920
PAR2	1	7	-0. 492	-2. 891	-0. 210	-0. 616
PAR3	1	7	-0. 379	-2. 228	-0. 344	-1. 009
PAR4	1	7	-0. 394	-2. 317	0. 739	-2. 171
PAR5	1	7	-0. 274	-1. 608	-0. 662	-1. 944
PAR6	1	7	-0. 459	-2. 698	-0. 210	-0. 616
PI1	1	7	-0. 413	-2. 425	-0. 441	-1. 294
PI2	1	7	-0. 432	-2. 535	-0. 384	-1. 127
PI3	1	7	-0. 413	-2. 423	-0. 448	-1. 315

测量模型采用的模型拟合指标有 GFI（goodness of fit）、NFI（normed fit index）、RFI（relative fit index）、IFI（incremental fit index）、NNFI（non - normed fit index）、CFI（comparative fit index）、RMSEA（root mean square error of approximation）和卡方值自由度比（χ^2/df）（Bagozzi & Yi，1989；Bollen，1989）。CFA 的分析结果指出，$\chi^2 = 200.22$，$p < 0.001$，$\chi^2/df = 1.602$。尽管卡方值检验是显著的，但是已有学者认为卡方值容易受到未知因素和样本规模的影响（Bagozzi & Yi，1988）。此外，GFI = 0. 900，NFI = 0. 949，RFI = 0. 938，IFI = 0. 980，NNFI = 0. 976，CFI = 0. 980，RMSEA = 0. 054。所有的模型拟合指数均大于 0. 9 的门槛值，RMSEA 接近 0. 05（Bagozzi & Yi，2012）。此外，$\chi^2/df = 1.602$ 小于学界普遍接受的门槛值 3。综合以上分析结果，实验研究一的测量模型展示了充分的模型拟合，数据和模型之间具有较高的匹配度。接下来，我们将分别进行信度检验、聚合效度检验以及区分效度检验。

5. 2. 2. 1　信度和聚合效度检验

在进行信度检验时，本书采用克朗巴哈系数（Cronbach's α）和组合信度（CR）等指标对测量模型进行评价。数据分析结果指出，各构面的 Cronbach's α 值在 0. 913 ~ 0. 964（见表 5 - 4）。在计量心理学界，构面的 Cronbach's α 值应该大于 0. 7（Hair et al.，2006；Nunnally，1978）。在管理学界，也有学者认为构面的 Cronbach's α 值应该大于 0. 8（罗胜强、姜嬿，2014）。实验研究一采用的各构面的 Cronbach's α 值均超过了学界的推荐值。组合信度是指用于测量某构面的一组观察变量之间共享的方差（Fornell & Larcker，1981）。一般来说，组合信度的值应该在0.6以上才可以接受（Bagozzi & Yi，1988）。实验研究一中各构面的组合信度（CR）在0.917～0.9641，均超过了学界推荐的0.6或0.7的门槛值（Fornell & Larcker，1981）。

表5-4　实验研究一的测量模型分析结果

构面	题目	标准化因子载荷 Std. factor loadings	Cronbach's α	AVE	CR
感知自主权	PA1	0.806	0.919	0.806	0.925
	PA2	0.907			
	PA3	0.972			
感知能力	PC1	0.852	0.935	0.831	0.936
	PC2	0.937			
	PC3	0.943			
感知关联度	PR1	0.922	0.957	0.884	0.958
	PR2	0.971			
	PR3	0.927			
积极情感反应	PAR1	0.818	0.913	0.651	0.917
	PAR2	0.723			
	PAR3	0.722			
	PAR4	0.758			
	PAR5	0.861			
	PAR6	0.937			
购买意愿	PI1	0.910	0.964	0.900	0.964
	PI2	0.968			
	PI3	0.967			
χ^2/df = 200.22/125 = 1.602			IFI = 0.980		
GFI = 0.900			NNFI = 0.976		
NFI = 0.949			CFI = 0.980		
RFI = 0.938			RMSEA = 0.054		

聚合效度（convergent validity）用于检验每一个指标（indicator）是否显著地载入它们代表的构面当中。本书通过标准化因子载荷和平均方差抽取量（AVE）对聚合效度进行检验。CFA的分析结果显示，所有指标的因子载荷都在

0.001 水平上显著，而且均超过了 0.5 的门槛值（0.722 ~ 0.972）。平均方差抽取量的值在 0.651 ~ 0.900，超过了学界推荐的门槛值 0.5（Fornell & Larcker，1981）。这些结果意味着组成一个量表的所有题目共同解释了 50% 以上的方差并且聚合在唯一的构面上，即测量工具具有理想的聚合效度。

5.2.2.2　区分效度检验

本书采用 Fornell 和 Larcker（1981）的方法，对各构面的区分效度进行了评价。首先，我们检查了各指标（或题目）的因子载荷。根据学界的共识，当某一指标的因子载荷大于 0.5 时，或该指标在其所测构面上的载荷均大于其在其他构面上的载荷时，可以说明区分效度确实存在（Fornell & Larcker，1981）。根据 CFA 的分析结果，我们发现所有题目（或指标）在其代表的构面上的因子载荷在 0.722 ~ 0.972，且均大于它们在其他构面上的载荷。其次，我们对比了各变量的 AVE 值的平方根和各变量间的相关系数。根据 Fornell 和 Larcker（1981）的标准，当某构面 AVE 值的平方根大于它与其他构面间的相关系数时，就意味着该构面与其他构面存在区分效度。在表 5 - 5 当中，所有构面 AVE 值的平方根（从 0.898 ~ 0.967）均大于它和其他构面间的相关系数，进一步证明了区分效度。

为了规避多重共线性（multicollinearity）对分析结果的影响，本书进行了多重共线性检验。分析结果显示，各变量的容忍度（tolerance）和方差膨胀因子（variance inflation factor，VIF）均小于学界保守的门槛值。其中，各变量的容忍度均小于 1，方差膨胀因子最大值为 2.182（小于 5）（Hair et al.，2006；Nunnally，1994）。因此，实验研究一排除了多重共线性的影响。综上所述，实验研究一使用的测量工具拥有较高的信度、聚合效度和区分效度。

5.2.3　假设检验

实验研究一包含的研究变量共五个，分别为顾客参与定制、服务人员的授权型互动行为、顾客心理需求满足、积极情感反应和购买定制游的意愿。根据本书构建的研究模型，实验研究一需要进行检验的理论假设共有 11 个。根据研究假设的类型，本书分别对直接作用假设、中介作用（间接作用）假设和调节中介作用（有条件的间接作用）假设进行了检验。在进行假设检验时，直接作用（direct effects）假设采用协方差分析进行检验，中介作用假设（或称间接作用假设）和调节中介作用假设（或称有条件的间接作用假设）采用 Hayes（2017）推荐的方法进行检验。其中，中介作用和调节中介作用的假设检验采用了 PROCESS Macro 当中的 4 号模型、6 号模型、7 号模型和 83 号模型（见图 5 - 1）。

此外，Hayes 认为学者们在建立自变量和因变量间的因果关系时，可能无法完全排除其他变量对该因果关系的影响。尽管如此，在研究模型当中用统计学的

表 5-5 实验研究一各变量的均值、方差、相关系数和平均方差抽取量的平方根

构面		Mean	SD	1	2	3	4	5	6	7	8	9	10	11	12
1	GEN	1.48	0.501	N. A.											
2	AGE	34.15	8.425	-0.065	N. A.										
3	EDU	1.57	0.642	-0.045	-0.112	N. A.									
4	INC	2.07	0.839	-0.054	-0.055	-0.089	N. A.								
5	PREX	0.19	0.396	-0.052	0.023	-0.031	0.004	N. A.							
6	NFU	4.86	1.585	-0.090	-0.059	-0.004	0.172*	0.130	N. A.						
7	PA	4.41	1.435	-0.004	0.087	0.052	-0.063	0.048	-0.033	**0.898**					
8	PC	4.41	1.421	-0.039	0.089	-0.006	0.034	0.091	-0.006	0.638***	**0.967**				
9	PR	4.38	1.356	0.052	0.034	0.069	-0.053	0.016	-0.046	0.578***	0.603***	**0.940**			
10	PNS	4.40	1.206	0.002	0.082	0.044	-0.032	0.061	-0.033	0.864***	0.872***	0.841***	N. A.		
11	PAR	4.72	1.246	-0.018	0.023	0.047	0.037	-0.027	0.004	0.548***	0.605***	0.529***	0.653***	**0.807**	
12	PI	4.74	1.471	-0.008	-0.009	0.095	-0.049	0.029	0.075	0.368***	0.372***	0.386***	0.437***	0.553***	**0.949**

注：* 在 0.05 水平（双侧）上显著相关；*** 在 0.001 水平（双侧）上显著相关；对角线上的加粗字体为各构面平均方差抽取量的平方根；GEN 为性别；AGE 为年龄；EDU 为教育经历；INC 为收入；PREX 为以往经历；NFU 为独特性需求。

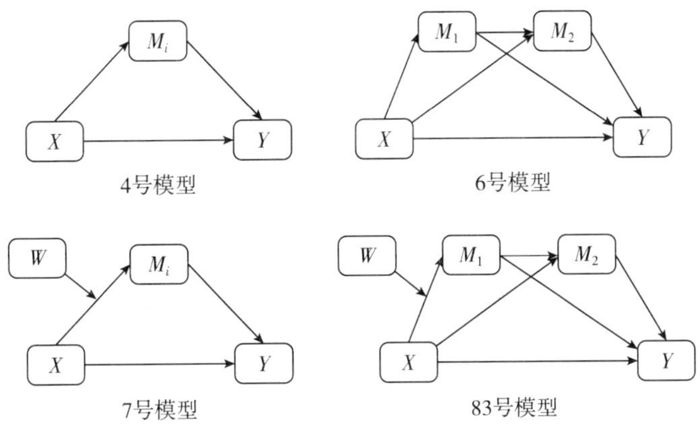

图 5-1 假设检验使用的原始模型

方式对它们进行控制，至少可以在一定程度上消除替代解释（alternative explanation）（Hayes，2017）。为了控制可能存在的混淆效应（confounding effects），本书将顾客的性别、年龄、教育、收入、以往的经历和独特性需求作为控制变量加入到了假设检验的分析过程当中（Fornell & Larcker，1981）。

5.2.3.1 直接作用假设检验

本书假设的直接影响作用主要有顾客参与定制和服务人员的授权型互动行为对顾客购买意愿、心理需求满足和积极情感反应的影响作用。我们通过一系列的协方差分析（analysis of covariance，ANCOVA）对 H1、H2、H3、H4a 和 H5a 进行了检验。

H1 假设顾客参与定制的水平正向影响其购买意愿。本书运行了一个协方差分析对该假设进行了检验。其中，自变量为顾客参与定制，因变量为顾客购买定制游的意愿，协变量为被试的性别、年龄、教育经历、收入、以往经历和独特性需求（下文将不再赘述）。我们首先检验了误差方差的均等性（equality of error variances），结果显示各组误差方差没有显著的差异（$p = 0.265$），即未打破方差齐性假设。ANCOVA 的分析结果指出，顾客参与定制对购买意愿的主效应显著，$F(1,199) = 69.681$，$p < 0.001$，偏 $\eta^2 = 0.259$。在协变量当中，仅有独特性需求（$p = 0.050$）在 0.05 的水平上影响着购买意愿，其他协变量均不显著。尽管如此，进一步的分析发现顾客参与定制和独特性需求的交互项并不显著（$p = 0.978$），并未影响顾客参与定制和购买意愿之间的关系。此外，不包含协变量的方差分析（ANOVA）也展示了显著的主效应，$F(1,205) = 67.441$，$p < 0.001$。顾客在高水平参与定制时产生的购买意愿（$M_{CPC\ high} = 5.44$，$SD = 1.315$）显著地高于低水平参与定制时产生的购买意愿（$M_{CPC\ low} = 4.01$，$SD = 1.182$）。综合以上

分析结果可以发现，顾客参与定制的水平正向影响着其购买意愿。因此，H1 得到支持。

H2 假设顾客参与定制的水平正向影响其心理需求满足。同样地，我们运行了一个协方差分析对该假设进行了检验。其中，自变量为顾客参与定制，因变量为顾客的心理需求满足，协变量同上。误差方差的均等性检验结果显示，各组误差方差没有显著的差异（$p=0.390$），即未打破方差齐性假设。ANCOVA 的分析结果指出，顾客参与定制对心理需求满足存在显著的主效应，$F(1,199)=157.329$，$p<0.001$，偏 $\eta^2=0.442$。所有协变量均未显著地影响心理需求满足。此外，不包含协变量的方差分析也展示了显著的主效应，$F(1,205)=163.148$，$p<0.001$。顾客在高水平参与定制时产生的心理需求满足（$M_{CPC\ high}=5.19$，$SD=0.962$）显著地高于低水平参与定制时产生的心理需求满足（$M_{CPC\ low}=3.59$，$SD=0.837$）。综合以上分析结果可以发现，顾客参与定制的水平正向影响着其心理需求满足。因此，H2 得到支持。

H3 假设顾客参与定制的水平正向影响其积极情感反应。同样地，我们运行了一个协方差分析对该假设进行了检验。其中，自变量为顾客参与定制，因变量为顾客的积极情感反应，协变量同上。误差方差的均等性检验结果显示，各组误差方差没有显著的差异（$p=0.913$），即未打破方差齐性假设。ANCOVA 的分析结果指出，顾客参与定制对积极情感反应存在显著的主效应，$F(1,199)=179.169$，$p<0.001$，偏 $\eta^2=0.474$。所有协变量均未显著地影响积极情感反应。此外，不包含协变量的方差分析也展示了显著的主效应，$F(1,205)=176.007$，$p<0.001$。顾客在高水平参与定制时体验到的积极情感反应（$M_{CPC\ high}=5.55$，$SD=0.820$）显著地高于低水平参与定制时体验到的积极情感反应（$M_{CPC\ low}=3.86$，$SD=1.005$）。综合以上分析结果可以发现，顾客参与定制的水平正向影响着其积极情感反应。因此，H3 得到支持。

H4a 假设服务人员的授权型互动行为正向影响顾客购买意愿。同样地，我们运行了一个协方差分析对该假设进行了检验。其中，自变量为服务人员的授权型互动行为，因变量为顾客购买定制游的意愿，协变量同上。误差方差的均等性检验结果显示，各组误差方差没有显著的差异（$p=0.117$），即未打破方差齐性假设。ANCOVA 的分析结果指出，服务人员的授权型互动行为对顾客购买意愿存在显著的主效应，$F(1,199)=25.015$，$p<0.001$，偏 $\eta^2=0.112$。所有协变量均未显著地影响顾客购买意愿。此外，不包含协变量的方差分析也展示了显著的主效应，$F(1,205)=27.524$，$p<0.001$。高水平的授权型互动行为让顾客产生的购买意愿（$M_{EI\ high}=5.25$，$SD=1.252$）显著地高于低水平授权型互动行为让顾客产生的购买意愿（$M_{EI\ low}=4.25$，$SD=1.446$）。综合以上分析结果可以发现，服务

人员的授权型互动行为正向影响着顾客购买定制游的意愿。因此，H4a 得到支持。

H5a 假设服务人员的授权型互动行为正向影响顾客心理需求满足。同样地，我们运行了一个协方差分析对该假设进行了检验。其中，自变量为服务人员的授权型互动行为，因变量为顾客心理需求满足，协变量同上。误差方差的均等性检验结果显示，各组误差方差没有显著的差异（$p=0.068$），即未打破方差齐性假设。ANCOVA 的分析结果指出，服务人员的授权型互动行为对顾客心理需求满足存在显著的主效应，$F(1,199)=30.684$，$p<0.001$，偏 $\eta^2=0.134$。所有协变量均未显著地影响顾客心理需求满足。此外，不包含协变量的方差分析也展示了显著的主效应，$F(1,205)=29.399$，$p<0.001$。高水平的授权型互动行为让顾客产生的心理需求满足（$M_{EI\ high}=4.83$，$SD=1.153$）显著地高于低水平授权型互动行为让顾客产生的心理需求满足（$M_{EI\ low}=3.98$，$SD=1.109$）。综合以上分析结果可以发现，服务人员的授权型互动行为正向影响着顾客心理需求满足的程度。因此，H5a 得到支持。

5.2.3.2 中介作用假设检验

在进行中介作用的假设检验时，本书采用了 Hayes（2017）推荐的中介作用或间接作用检验方法和步骤，通过 4 号模型和 6 号模型（见图 5－1）分别检验了 H6、H7a、H8 和 H9（Hayes，2013；Hayes，2017）。在每一个中介作用的假设检验当中，本书通过 PROCESS macro 的自举法（bootstrapping approach）进行重复抽样产生了 5000 个自举样本，并且采用了 95% 的自举置信区间（confidence intervals，CI）来检验可能存在的中介效应。这一中介作用的检验方法在管理学界、营销学界和旅游学界已经得到了普遍的应用（王海忠、闫怡，2018；Jaafar、Noor & Rasoolimanesh，2015；Sweeney、Danaher & McColl－Kennedy，2015）。

H6、H8 和 H9 这三个中介作用假设涉及顾客参与定制、心理需求满足、积极情感反应和购买意愿之间的关系。为了获得更加清晰、更易理解的中介作用分析结果，我们首先运行了 6 号模型（用于分析并行中介和串行中介作用），之后运行 4 号模型（用于分析单独中介作用）。本书首先运行了 6 号模型（serial mediation model，串行中介模型）。在该模型当中，顾客参与定制为自变量，购买意愿为因变量，心理需求满足（M_1）和积极情感反应（M_2）为中介变量，协变量的设定同上。该模型在检验 H6 和 H8 的同时，还可以检验 H9。具体如表 5－6 所示。

H6 假设顾客的心理需求满足中介了顾客参与定制的水平对购买意愿的影响。中介作用的分析结果显示，心理需求满足并没有介入了顾客参与定制对购买意愿的影响，其间接效应值（indirect effect，IE）$IE=0.094$，$SE=0.1893$，95% CI

[-0.282, 0.454] 包含0（见表5-6 Panel C Ind1）。因此，H6未得到支持。

表5-6 心理需求满足和积极情感反应的中介作用分析结果

Panel A：Total effect of CPC on PI					
Effect	SE	t	P	LLCI	ULCI
1.4714	0.1763	8.3475	0.0000	1.1238	1.8190
Panel B：Direct effect of CPC on PI					
Effect	SE	t	P	LLCI	ULCI
0.5590	0.2466	2.2665	0.0245	0.0726	1.0454
Panel C：Indirect effect（s）of CPC on PI					
	Effect	BootSE	BootLLCI	BootULCI	
TOTAL	0.9124	0.1760	0.5894	1.2627	
Ind1	0.0943	0.1893	-0.2816	0.4539	
Ind2	0.5340	0.1219	0.3171	0.7881	
Ind3	0.2841	0.1026	0.1226	0.5216	
Indirect effect key：					
Ind1：CPC→PNS→PI					
Ind2：CPC→PAR→PI					
Ind3：CPC→PNS→PAR→PI					

注：基于PROCESS macro的分析结果输出整理。

此外，本书还运行了4号模型。在该模型当中，顾客参与定制为自变量，购买意愿为因变量，顾客的心理需求满足为唯一中介变量，协变量的设定同上。分析结果显示，心理需求满足显著地中介了顾客参与定制对购买意愿的影响，其间接效应值IE=0.378，SE=0.1676，95% CI [0.064, 0.722] 不含0。该分析结果还发现，顾客参与定制正向影响着购买意愿（β=1.471，t=8.347，p<0.001，95% CI [1.124, 1.819]）和心理需求满足（β=1.609，t=12.543，p<0.001，95% CI [1.356, 1.861]），进一步支持了H1和H2。该分析过程还计算了自变量（X）对因变量（Y）的直接作用（direct effect，DE），结果发现顾客参与定制对购买意愿的直接作用仍然显著，DE=1.093，SE=0.2330，t=4.691，p<0.001，95% CI [0.634, 1.552] 不含0。也就是说，顾客心理需求满足在该模型当中起到了部分中介（partial mediation）的作用（Zhao et al.，2010），顾客参与定制对购买意愿的直接影响作用仍然显著。

H8假设积极情感反应中介了顾客参与定制的水平对购买意愿的影响。中介

作用的分析结果显示，积极情感反应在顾客参与定制和购买意愿之间的中介作用显著，IE = 0.534，SE = 0.122，95% CI［0.317，0.788］不含0（见表5－6 Panel C Ind2）。因此，H8 得到了支持。此外，我们还运行了4号模型。在该模型当中，顾客参与定制为自变量，购买意愿为因变量，积极情感反应为唯一中介变量，协变量的设定同上。分析结果显示，积极情感反应显著地中介了顾客参与定制对购买意愿的影响，其间接效应值 IE = 0.855，SE = 0.1596，95% CI［0.552，1.186］不含0。该分析结果还发现，顾客参与定制正向影响着购买意愿（β = 1.471，t = 8.347，p < 0.001，95% CI［1.124，1.819］）和积极情感反应（β = 1.729，t = 13.385，p < 0.001，95% CI［1.474，1.984］），进一步支持了 H1 和 H3。该分析过程还计算了自变量（X）对因变量（Y）的直接作用（DE），结果发现顾客参与定制对购买意愿的直接作用仍然显著，DE = 0.616，SE = 0.2270，t = 2.713，p = 0.007，95% CI［0.168，1.064］不含0。也就是说，积极情感反应在该模型当中起到了部分中介（partial mediation）的作用（Zhao et al.，2010），顾客参与定制对购买意愿的直接影响作用仍然显著。综合以上分析结果，H8 得到了支持。

H9 假设积极情感反应中介了顾客参与定制通过心理需求满足对购买意愿的影响。中介作用的分析结果显示，心理需求满足显著地介入了顾客参与定制通过心理需求满足对购买意愿的影响，其间接效应值 IE = 0.284，SE = 0.103，95% CI［0.123，0.522］不含0（见表5－6 Panel C Ind3）。因此，H9 得到支持。该分析结果还发现，顾客参与定制正向影响着心理需求满足（β = 1.609，t = 12.543，p < 0.001，95% CI［1.356，1.861］）和积极情感反应（β = 1.129，t = 7.012，p < 0.001，95% CI［0.811，1.446］），进一步支持了 H2 和 H3。但是，顾客参与定制对购买意愿的影响作用（DE）仅在 p = 0.05 的水平上显著（p = 0.025，95% CI［0.073，1.045］），详见表5－6 Panel B。也就是说，当模型同时检验心理需求满足和积极情感反应的中介作用时，该模型为部分中介模型（Zhao et al.，2010）。顾客的心理需求满足和积极情感反应传递了顾客参与定制对购买意愿的部分影响作用。综合以上分析结果，H9 得到了支持。

H7a 假设顾客的心理需求满足中介了授权型服务互动行为对购买意愿的影响。在对 H7a 进行假设检验时，本书再次运行了4号模型。在该模型当中，授权型服务互动行为为自变量，购买意愿为因变量，顾客的心理需求满足为中介变量，协变量的设定同上。分析结果显示，心理需求满足中介了授权型服务互动对顾客购买意愿的影响，其间接效应值 IE = 0.402，SE = 0.097，95% CI［0.224，0.598］不含0（见表5－7 Panel C）。此外，分析结果还发现授权型服务互动正向影响着购买意愿（β = 0.976，t = 5.002，p < 0.001，95% CI［0.591，1.361］）

和心理需求满足（β=0.895，t=5.539，p<0.001，95% CI［0.576，1.213］），进一步支持了H4a和H5a。此外，直接作用的分析结果发现，授权型互动对购买意愿的直接作用仍然显著，DE=0.574，SE=0.195，p=0.004，95% CI［0.189，0.959］不含0（见表5-7 Panel B）。也就是说，顾客心理需求满足在该模型当中只起到了部分中介的作用（Zhao et al.，2010）。综合以上分析结果，H7a得到了支持。

表5-7　H7a中介作用分析结果

Panel A：Total effect of EI on PI					
Effect	se	t	p	LLCI	ULCI
0.9763	0.1952	5.0015	0.0000	0.5913	1.3612
Panel B：Direct effect of EI on PI					
Effect	se	t	p	LLCI	ULCI
0.5741	0.1951	2.9417	0.0037	0.1892	0.9589
Panel C：Indirect effect（s）of EI on PI：					
	Effect	BootSE	BootLLCI	BootULCI	
PNS	0.4022	0.0972	0.2244	0.5982	

5.2.3.3　调节中介假设检验

在进行调节中介作用的假设检验时，我们同样采用了前文当中使用的检验方法和步骤，通过83号模型和7号模型（见图5-1）对H10a和H11a进行了检验（Hayes，2017）。同样地，在每一个调节中介作用的假设检验当中，本书使用PROCESS macro的自举法进行重复抽样产生了5000个自举样本，并且采用了95%的自举置信区间来检验可能存在的调节中介效应。考虑到83号模型能够同时检验H10a和H11a，我们首先在PROCESS macro当中运行了该模型。在模型配置方面，顾客参与定制为自变量，购买意愿为因变量，顾客的心理需求满足和积极情感反应为中介变量，服务人员的授权型互动为调节变量，协变量的设定同上。

H10a假设服务人员的授权型互动行为调节了顾客参与定制通过心理需求满足对购买意愿的间接影响。本书使用了Hayes（2015）推荐的调节中介指数（index of moderated mediation，IMM）对调节中介作用的显著性进行了检验。调节中介指数是指“调节变量在一个关于X和Y之间的间接效应大小的线性模型中的权重”，如果IMM的值不等于0且其CI不包含0，则调节中介作用存在（Hayes，

2015；Hayes，2017）。表5－8的分析结果显示，服务人员的授权型互动行为并没有调节顾客参与定制通过心理需求满足对购买意愿的间接影响。尽管IMM＝0.029，但是95%CI［－0.089，0.197］包含0（见表5－8 Panel A）。因此，H10a未得到支持。

表5－8　H10a和H11a调节中介作用分析结果

Panel A：Conditional indirect effects of CPC on PI：				
Indirect Effect：CPC→PNS→PI				
EI	Effect	BootSE	BootLLCI	BootULCI
1.0000	0.0780	0.1583	－0.2412	0.3856
2.0000	0.1072	0.2199	－0.3188	0.5562
Index of moderated mediation（difference between conditional indirect effects）：				
	Index	BootSE	BootLLCI	BootULCI
EI	0.0292	0.0694	－0.0891	0.1969
Panel B：Unconditional indirect effects of CPC on PI：				
Indirect Effect：CPC→PAR→PI				
Effect	BootSE	BootLLCI	BootULCI	
0.5340	0.1222	0.3173	0.7954	
Panel C：Conditional indirect effects of CPC on PI：				
Indirect Effect：CPC→PNS→PAR→PI				
EI	Effect	BootSE	BootLLCI	BootULCI
1.0000	0.2349	0.0842	0.1007	0.4300
2.0000	0.3227	0.1141	0.1415	0.5863
Index of moderated mediation（difference between conditional indirect effects）：				
	Index	BootSE	BootLLCI	BootULCI
EI	0.0878	0.0552	0.0094	0.2267

此外，本书还运行了7号模型。在该模型当中，顾客参与定制为自变量，购买意愿为因变量，顾客的心理需求满足为唯一的中介变量，服务人员的授权型互动为调节变量，协变量的设定同上。在分析授权型互动的调节作用时，本书通过两个步骤进行了检验。首先，我们检验了授权型互动对“顾客参与定制（CPC）→心理需求满足（PNS）”的调节作用。分析结果显示，顾客参与定制和授权型互动的交互项（CPC×EI）显著地影响着心理需求满足，$\beta=0.497$，$t=2.115$，$p=0.036$，95%CI［0.034，0.961］。为了让这一调节作用更加直观，本书绘制

了顾客参与定制与授权型互动对顾客心理需求满足的交互作用图（见图5－2）。

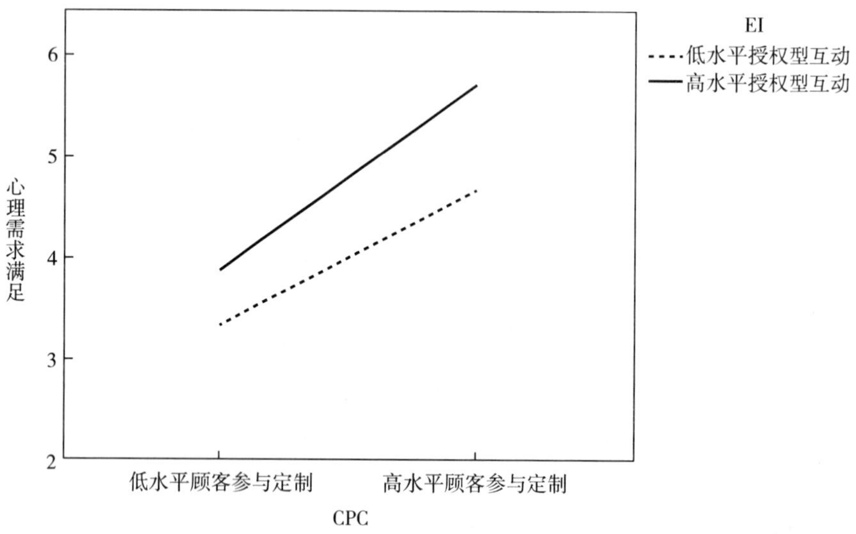

图5－2　顾客参与定制与授权型互动对顾客心理需求满足的交互作用

之后，我们检验了服务人员的授权型互动行为调节了顾客参与定制通过心理需求满足对购买意愿的间接影响。分析结果显示，服务人员的授权型互动并没有调节 CPC→PNS→PI 这一中介作用，尽管 IMM＝0.117，但是95% CI［－0.002，0.333］包含0（见表5－9 Panel B）。因此，H10a 同样没有得到支持。

表5－9　H10a 调节中介作用分析结果汇总

Panel A：Direct effect of CPC on PI					
Effect	SE	t	P	LLCI	ULCI
1.0930	0.2330	4.6913	0.0000	0.6335	1.5524
Panel B：Conditional indirect effects of X on Y：					
Indirect Effect：CPC→PNS→PI					
EI	Effect	BootSE	BootLLCI	BootULCI	
1.0000	0.3129	0.1428	0.0431	0.6075	
2.0000	0.4299	0.2020	0.0611	0.8631	
Index of moderated mediation（difference between conditional indirect effects）：					
	Index	BootSE	BootLLCI	BootULCI	
EI	0.1170	0.0871	－0.0024	0.3328	

H11a 假设服务人员的授权型互动行为调节了顾客参与定制通过心理需求满足和积极情感反应对购买意愿的间接影响。调节中介的分析结果指出，服务人员的授权型互动显著地调节了顾客参与定制通过心理需求满足和积极情感反应对购买意愿的影响作用，IMM = 0.088，SE = 0.055，95% CI [0.009，0.227] 不含 0（见表 5 – 8 Panel C）。具体来说，随着服务人员授权型互动行为的增加，顾客参与定制通过心理需求满足（M_1）和积极情感反应（M_2）对购买意愿的间接影响作用得到增强（IE 从 0.235 提高到 0.323）。

该调节中介的分析结果还发现，心理需求满足在顾客参与定制和购买意愿之间的中介作用仍然为不显著，95% CI 包含 0（见表 5 – 8 Panel A），即 H6 仍然没有得到支持。而积极情感反应在顾客参与定制和购买意愿之间的中介作用显著，IE = 0.534，SE = 0.122，95% CI [0.317，0.795] 不含 0，即 H8 再次得到支持。此外，分析结果还指出顾客参与定制对购买意愿的直接作用仅在 $p = 0.05$ 的水平上显著，DE = 0.559，$t = 2.267$，$p = 0.025$，95% CI [0.073，1.045]。也就是说，心理需求满足和积极情感反应部分中介了顾客参与定制和购买意愿之间的关系。综合以上分析结果，H11a 得到了支持。

5.3 讨论

当前的定制研究领域对影响顾客购买定制产品/服务的前置因素的理解非常有限（Franke et al.，2009；Franke et al.，2010）。其中，定制游领域中的前因研究更为匮乏（Jin et al.，2012）。此外，尽管顾客授权研究发现企业的顾客授权策略对顾客购买企业产品/服务的影响作用，但是现有研究并没有深入地探索其内在的影响机制（Fuchs et al.，2010；Fuchs & Schreier，2011）。为了进一步增进学界对于定制服务过程中消费行为的理解，本书采用自我决定理论等多个理论体系构建了顾客参与定制、服务人员的授权型互动行为和顾客购买定制游意愿的理论模型。在该研究模型当中，顾客参与定制和服务人员的授权型互动为自变量，顾客购买定制游的意愿为因变量，顾客的心理需求满足和积极情感反应为中介变量。此外，服务人员的授权型互动行为在研究模型中还同时承担着调节变量的角色。通过基于情景的组间实验设计和游客样本，实验研究一对该研究模型进行了实证检验。接下来，我们将对实验研究一的研究结论进行总结和讨论。

本书假设了顾客参与定制对购买意愿、心理需求满足和积极情感反应的正向影响作用。实验研究一的分析结果指出，这三个研究假设全部得到了实证支持。

首先，顾客参与定制的水平正向影响着顾客购买定制游的意愿。也就是说，随着顾客在定制游服务过程中参与水平的提高，他们在定制过程中对个人需求的表达就越明确、越清晰，对于定制游方案的参与度也越高，他们购买该定制游服务方案的意愿也就越强烈。这一研究发现与之前的研究相一致，即定制服务过程中的顾客参与可以增强顾客的购买意愿（汪涛等，2009；Ding & Keh，2016）。其次，顾客参与定制的水平正向影响着顾客的心理需求满足。也就是说，随着顾客在定制游服务过程中参与水平的提高，他们可以获得更高程度的心理需求满足。当顾客以更高的水平参与定制时，他们会感受到（相对于低水平顾客参与定制）更加强烈的自主权、话语权、控制感、胜任感，同时还和服务方（service provider）建立了强度更高的心理联结和关系质量，因此心理需求满足的程度得到提高。这一研究发现与之前的研究相一致（彭艳君、景奉杰，2008；望海军、汪涛，2007；姚山季、王永贵，2012；Bateson，1985；Coker & Nagpal，2013；Hsieh & Chang，2016）。最后，顾客参与定制的水平正向影响着顾客体验到的积极情感反应。随着顾客在定制游服务过程中参与水平的提高，他们会体验到更多的快乐、高兴、享受、兴奋、有趣等情感体验。这一研究发现也和现有研究相一致，比如顾客参与服务的设计、生产、传递过程的程度影响着他们在服务过程中的情感体验（彭艳君、蔡璐，2016；沙振权等，2013；Yim et al.，2012）。此外，这一研究结论也在一定程度上呼应了顾客参与对顾客满意度（服务过程满意和服务结果满意）的影响研究（Dong & Sivakumar，2017），即顾客参与正向影响着顾客满意。

本书还假设了服务人员的授权型互动行为对顾客购买定制游意愿和心理需求满足的影响作用。实验研究一的分析结果指出，这两个研究假设都得到了实证支持。首先，服务人员的授权型互动行为正向影响着顾客购买定制游的意愿。随着服务人员授权型互动行为的增多，他们更加鼓励顾客按照个人偏好去塑造服务体验和服务结果，因此顾客购买定制游的意愿也随之增强。因此，这一研究发现与已有研究相一致（Fuchs et al.，2010；Fuchs & Schreier，2011），即顾客授权提高顾客支付意愿。其次，服务人员的授权型互动行为正向影响着顾客的心理需求满足。随着服务人员授权型互动行为的增多，顾客感受到更加强烈的自主权（如话语权）、感知能力（如效能感）和感知关联度（如信任和承诺），因此心理需求满足的程度得到提高。这一研究发现进一步支持了来自于组织行为学界和顾客授权研究领域的研究结论（Chiniara & Bentein，2016；Füller et al.，2009；Ouschan et al.，2006）。

本书提出了两个关于心理需求满足的中介作用假设，其中只有一个假设在实验研究一当中得到了实证支持。首先，心理需求满足并没有中介顾客参与定制对

购买意愿的影响作用。尽管顾客参与定制显示出对心理需求满足和购买意愿显著的影响作用，但是心理需求满足并没有将顾客参与定制对其的影响作用传递给购买意愿。其次，心理需求满足中介了服务人员的授权型互动对顾客购买意愿的影响作用。随着服务人员授权型互动行为的增多，顾客的心理需求满足程度得到提高，他们体验到更加强烈的感知自主权、感知能力和感知关联度，进而提升了他们购买定制游的意愿。这一研究发现与自我决定理论研究结论相一致（Gagné，2003；Ryan & Deci，2000），若个体在与其所处环境（定制游服务）或对象（定制师）互动时体验到了更高程度的心理需求满足，他们的内部行为动机（购买定制游的行为意愿）就会得到增强。此外，授权型互动对购买意愿的直接作用仍然显著，因此顾客心理需求满足在授权型互动和购买意愿的关系中只发挥了部分中介作用（partial mediating effect）（Baron & Kenny，1986）。

本书提出了两个关于积极情感反应的中介作用假设，它们均在实验研究一当中得到了实证支持。首先，积极情感反应中介顾客参与定制对购买意愿的影响作用。随着顾客在定制游服务过程中参与程度的提升，他们感受到更高水平的积极情感体验（如快乐、高兴、享受、兴奋、有趣等），进而增强了他们购买或支付定制游服务的意愿。这一研究发现呼应了 Carlson、O'Cass、Ahrholdt（2015）提出的情感价值（emotional value）的概念和理论观点，即顾客在服务过程中产生的消费体验（如好玩、有趣、愉悦等）提高了服务本身的价值，进而增强了顾客的购买意愿。此外，该研究发现增进了我们对于定制服务情境中消费者情感（consumption emotions）的理解（Westbrook & Oliver，1991；Yim et al.，2012）。在定制服务的过程中，顾客的积极情感反应在受到顾客参与的正向影响之后，将这一影响作用传递给了购买意愿。其次，积极情感反应中介了顾客参与定制通过心理需求满足对购买意愿的影响作用。随着顾客参与定制程度的提高，顾客的心理需求得到更高程度的满足，他们体验到更多的积极情感反应，并最终产生更加强烈的购买定制游的意愿。这一研究发现与现有的自我决定理论研究相一致，即心理需求满足程度的提高可以为个体带来更高水平的积极情感体验和更强的内部行为动机（Reis et al.，2000）。除此之外，该研究发现再次验证了个体意识三要素模型的理论内核，即个体的知觉评价通过情感体验影响行为意愿（Bagozzi，1992；Hilgard，1980）。

实验研究一还检验了两个调节中介作用假设，仅有一个假设得到了实证支持。首先，服务人员的授权型互动行为并没有调节“顾客参与定制→心理需求满足→购买意愿”这一间接作用。也就是说，无论服务人员授权型互动行为处于高水平还是低水平，“顾客参与定制→心理需求满足→购买意愿”这一间接作用并没有显著的差异。其次，服务人员的授权型互动行为显著地调节了“顾客参与定制→心理需求满足→积极情感反应→购买意愿”这一串行中介作用。相对于低水平的授权型互动，高水平的授权型互动使得“顾客参与定制→心理需求满足→积极情感反应→购买意愿”这一串行中介机制的间接作用更强。换句话说，服务人员的授权型互动行为正向调节了顾客参与定制通过心理需求满足和积极情感反应对购买意愿的间接影响。

综合以上内容，我们将实验研究一的研究结论进行了汇总（见表5－10）。在实验研究一检验的11个研究假设当中，有9个研究假设得到了实证支持，2个研究假设没有得到支持。总体来说，实验研究一为本书构建的研究模型提供了实证支持。接下来，本书将对模型当中未获得支持的两个研究假设及结论进行更为深入的分析和讨论。

表5－10　实验研究一的研究结果汇总

序号	研究假设	结果
H1	顾客参与定制的水平正向影响其购买意愿	支持
H2	顾客参与定制的水平正向影响其心理需求满足	支持
H3	顾客参与定制的水平正向影响其积极情感反应	支持
H4a	服务人员的授权型互动行为正向影响顾客购买意愿	支持
H5a	服务人员的授权型互动行为正向影响顾客的心理需求满足	支持
H6	顾客的心理需求满足在顾客参与定制的水平对购买意愿的影响中起中介作用	不支持
H7a	顾客的心理需求满足在授权型服务互动行为对购买意愿的影响中起中介作用	支持
H8	积极情感反应在顾客参与定制的水平对购买意愿的影响中起中介作用	支持
H9	积极情感反应在顾客参与定制通过心理需求满足对购买意愿的影响中起中介作用	支持
H10a	服务人员的授权型互动行为调节了顾客参与定制通过心理需求满足对购买意愿的间接影响	不支持
H11a	服务人员的授权型互动行为调节了顾客参与定制通过心理需求满足和积极情感反应对购买意愿的间接影响	支持

实验研究一发现，顾客的心理需求满足并没有在顾客参与定制的水平对购买意愿的影响中起中介作用。这一研究发现超出了本书的研究预期，因此我们在假设检验阶段追加了一个分析过程（见H6的假设检验部分）。追加分析的结果表明，当模型仅包含心理需求满足这一个中介变量时，它展现了显著的中介作用（95% CI不含0）。但是，当模型同时包含心理需求满足和积极情感反应这两个中介变量时，心理需求满足的中介作用不再显著。也就是说，积极情感反应在顾客

参与定制通过心理需求满足对购买意愿的影响作用中起完全中介作用。这也解释了 H6 为什么没有得到支持。此时，研究模型当中仅有“顾客参与定制→积极情感反应→购买意愿”和“顾客参与定制→心理需求满足→积极情感反应→购买意愿”两个中介机制是显著的（见图 5－3）。

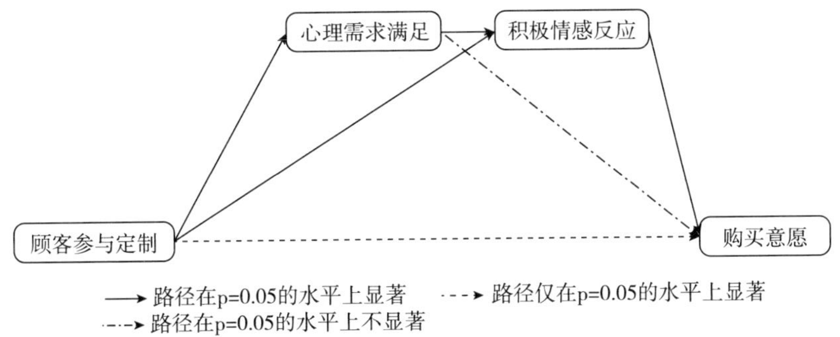

图 5－3　中介作用研究模型（实验研究一）

通过这一追加分析过程，本书获得了更为清晰的中介作用机制。具体来说，积极情感反应在研究模型当中发挥着稳健的中介作用，它同时向购买意愿传递了顾客参与定制和心理需求满足对购买意愿的正向影响作用。尽管心理需求满足没有将顾客参与定制的正向影响作用直接传递给购买意愿，却通过积极情感反应进行了表达。综合以上分析结果和讨论，本书认为 H6 得到了部分支持。

另外一个没有得到支持的研究假设是 H10a，实验研究一发现授权型互动行为并没有调节“顾客参与定制→心理需求满足→购买意愿”这一间接作用。尽管我们发现服务人员的授权型互动行为和顾客参与定制对顾客的心理需求满足具有显著的交互作用，但是“顾客参与定制→心理需求满足→购买意愿”这一间接作用并不显著。此外，服务人员的授权型互动行为显著地调节了“顾客参与定制→心理需求满足→积极情感反应→购买意愿”这一串行中介作用。这些研究发现在一定程度上补充了我们的研究结论，并在一定程度上解释了为什么 H10a 未获得支持。

最后，除独特性需求之外的所有协变量均未显著地影响本书的核心因变量（即顾客购买定制游的意愿）。因此，我们需要对独特性需求的显著影响作用进行必要的讨论。Ding 和 Keh（2016）发现顾客的独特性需求正向影响着他们对定制产品的态度。与该研究结论一致，本书发现顾客自身的独特性需要影响着顾客购买定制游的意愿。比如，在检验顾客参与定制对购买意愿的影响作用时

（H1），顾客的独特性需求（$p = 0.050$）显著地影响了其购买意愿。但是，我们并不认为这会影响本书的研究结论。首先，在研究模型当中设定协变量就是为了净化自变量和因变量之间的关系。本书对协变量的设定有效地排除了可能存在的替代解释（alternative explanation）。其次，顾客参与定制和独特性需求的交互项不显著，并未影响顾客参与定制和购买意愿之间的关系。因此，通过控制独特性需求的影响作用，本书获得了自变量（顾客参与定制、授权型互动）和因变量（购买意愿）之间更加清晰的影响作用。

6 实验研究二：顾客参与定制、服务人员的发展型互动行为对购买意愿的影响

在顾客知识、顾客参与和定制研究领域，虽然有少量研究探索了顾客知识传递和顾客教育对顾客自我效能、感知能力或胜任感、对产品/服务的态度和购买的意愿等的影响作用（黄敏学、周学春，2012；Carlson 等，2008；Flynn & Goldsmith，1999；Moreau & Herd，2010；Pieniak et al.，2010），但是当前并无研究对这些影响机制进行整体性的理论探索。为了进一步检验顾客参与定制对顾客购买意愿的影响机制，同时探索该影响机制的理论边界，本书在研究二当中对研究模型进行了调整。本书将服务人员的发展型互动行为（developmental interaction）设定为研究模型当中的自变量和调节变量，而其他研究变量保持不变。同样地，采用基于情景的组间实验设计和来自旅游市场的真实消费者样本（游客样本），实验研究二将再一次对研究模型进行实证检验，以此为本书带来更为稳健的研究结论和多视角的理论观点。

6.1 研究设计

和实验研究一相同，实验研究二采用基于情景的组间实验作为主要的研究方法（Antonetti et al.，2018）。在实验研究二当中，顾客参与定制（CPC）和服务人员的发展型互动行为（DI）均被操控在两个水平上，因此形成了一个 2（CPC_{low} V. S. CPC_{high}）×2（DI_{low} V. S. DI_{high}）的因子实验。在低水平的顾客参与定制当中，顾客提出模糊要求并直接从定制师的方案中对比选择，没有对方案进行改动。在高水平的顾客参与定制当中，顾客提出具体要求，并且在查看定制游方案后提出了自己的修改建议。此外，在低水平的发展型互动行为当中，定制师

只是“简单地介绍了定制游方案内容……”。在高水平的发展型互动行为当中，定制师为顾客提供了更为详尽的旅游产品信息和建议，比如“逐一介绍了方案中的景区、酒店和餐厅等内容……”。此外，定制师还为顾客建议了最佳游览时间和口碑餐厅等，比如“中山路步行街夜景很漂亮，还有很多特色的小吃，可以考虑晚上去”“海鲜餐厅的话，推荐你考虑亚珠海鲜酒楼和小眼镜海鲜大排档……”。操控细节见表4-4。

6.1.1 样本

本书选择旅游市场中的游客作为实验研究的主要参与者。同样地，实验研究二也邀请导游作为研究助理，并通过在线问卷的方式完成了实验数据的搜集。根据研究助理们的反馈，他们邀请的部分参与者为正在接待的游客，大多数参与者是之前服务过的游客。研究助理通过线下和线上两种方式邀请旅游者参与实验研究二。其中，之前服务过的游客主要通过微信群和发布朋友圈的方式推送研究邀请（含图片二维码）。参与者（游客们）在接到邀请后，通过手机端App（社交软件和浏览器等）的图片识别功能（扫一扫）进入在线问卷平台，并完成实验过程。

最终，共有225名游客参加了实验研究二（见表6-1）。其中男性101人（44.9%）、女性124人（55.1%）。年龄跨度从18~55岁，平均年龄为33.7岁。其中，18~25岁占18.67%、26~30岁占15.56%、31~40岁占46.22%、41~50岁占18.67%、51岁及以上占0.89%。根据携程旅行网公布的定制游客群特征，“80后”和“90后”是当前我国定制游的主要客群（占比为61.47%）（携程旅行网，2018）。因此，样本的年龄特征与当前市场特征基本相符。参与者当中高中及以下教育经历的占45.3%、大专及本科教育经历的占51.1%、硕士研究生及以上教育经历的占3.6%。总体来看，参与者的受教育程度高于总体人口受教育程度（对比国家统计局第六次人口普查），因此本书会在之后的数据分析当中对教育程度这一变量进行控制。参与者从事的职业有销售人员（12%）、生产人员（9.3%）、管理人员（8.9%）、行政/后勤人员（8%）等。参与者的月收入集中在3500~10000元（73.7%），其中月收入在3500~7000元的参与者占总样本的48.4%，月收入在7000~10000元的占25.3%。此外，参与者来自重庆、四川、湖北、河南、浙江、贵州、江西等省份，上述七省的参与者占总样本的51.6%。

6.1.2 实验过程

在进入实验后，参与者通过六个环节完成全部的实验流程。第一步，被试阅

表 6－1 实验研究二的样本特征

变量/类别		数量（人）	备注
性别	男	101	
	女	124	
年龄（岁）	18～25	42	
	26～30	35	
	31～40	104	
	41～50	42	
	≥51	2	
教育经历	高中及以下	102	
	大专及本科	115	
	硕士研究生	8	
	博士研究生	0	
职业	生产人员	21	
	销售人员	27	
	行政/后勤人员	18	
	专业人士	8	如会计师、律师、建筑师、医护人员、记者等
	顾问/咨询	13	
	客服人员	7	
	教师	12	
	管理人员	20	
	全日制学生	25	
	其他	74	
月收入（元）	≤3500	55	
	3500～7000	94	
	7000～10000	47	
	≥10000	11	

读问卷首页的内容，包括问卷标题和问卷说明。因为情景实验需要被试沉浸到虚拟的情景当中，所以我们在实验说明中要求被试认真阅读问卷情景并将自己代入其中，回答相关问题。第二步，被试阅读基准实验情景。基准情景介绍了被试为什么会来到旅行社、与旅行社的接待人员和定制师有哪些服务接触。该环节主要用于模拟实验情景，帮助被试更快地进入角色扮演的状态当中。此时，所有被试

阅读到的实验情景是一致的（见表4－7）。第三步，本书通过一个跳转题对被试进行了随机分组。在这个跳转题当中，所有选项的图片和文字描述完全相同，本书要求被试在其中任意选择一个进入下阶段的问卷内容（见附录）。为了避免被试集中选择某一个选项（如排序第一的选项），我们设置了选项的随机排序。通过这一环节，所有被试被随机分配到了四个实验组，实验组的被试人数从55到57（M＝56，SD＝0.96）。具体如表6－2所示。

表6－2　实验研究二各实验组规模

分组规模（Cell sizes）	低水平顾客参与定制（CPC_{low}）	高水平顾客参与定制（CPC_{high}）	共计
低水平发展型互动（DI_{low}）	55	57	112
高水平发展型互动（DI_{high}）	57	56	113
共计	112	113	225

第四步，被试阅读特定实验情景，完成实验操控。在特定的实验情景当中，我们分别将顾客参与定制（CPC）和定制师的发展型互动（DI）控制在两个水平当中。因此，被试在不同的实验组当中完成实验操控，分别为低水平顾客参与定制和低水平发展型互动（$CPC_{low}+DI_{low}$）、高水平顾客参与定制和低水平发展型互动（$CPC_{high}+DI_{low}$）、低水平顾客参与定制和高水平发展型互动（$CPC_{low}+DI_{high}$）、高水平顾客参与定制和高水平发展型互动（$CPC_{high}+DI_{high}$）。在实验操控完成之后，被试回答操控检验的相关问题。本书采用了两个问题分别对顾客参与定制（"我在定制的过程中，贡献了大量的时间、精力、知识和信息"）（Yim et al.，2012）和发展型互动行为（"定制师和我分享了有用的旅游产品信息"）（Karpen et al.，2015）的实验操控进行了检验，被试在7点李克特量表上作答（1代表完全不赞同，7代表完全赞同）。第五步，被试回答各研究变量的测量，其中包括心理需求满足（含感知自主权、感知能力和感知关联度）、积极情感反应、购买意愿和填充物。其中，填充物同样采用了顾客移情量表（McBane，1995）。第六步，被试回答样本特征问题和控制变量的测量。样本特征问题包括性别、年龄、教育经历、收入和职业等。为了尽可能地降低混淆效应、排除潜在的替代解释，实验研究二同样将性别、年龄、教育经历、收入、以往经历和独特性需求设定为控制变量，在进行假设检验时排除它们可能存在的影响作用。

6.1.3　测量

同样地，实验研究二使用了在之前研究（前测和实验研究一）中经过检验

的量表。除了购买意愿采用7点语义区分量表外，其他所有变量采用7点李克特量表进行测量。心理需求满足采用了Hsieh和Chang（2016）的价值共创中顾客的心理需求满足量表进行测量，该量表包含顾客感知自主权、感知能力和感知关联度三个维度，共九个题目。积极情感反应的测量采用了Busser和Shulga（2018）、Mano和Oliver（1993）的情感反应量表中的积极情感部分，最终使用的量表包含六个题目。购买定制游意愿采用Lee等（2014）的购买意愿量表。该量表为语义区分量表，共有三个题目。此外，以往经历和独特性需求也采用了与之前研究相同的单一题目。

6.2 分析和结果

同之前的研究相一致，实验研究二使用SPSS Statistics 23和Hayes（2017）开发的PROCESS Macro V3.0进行了操控检验和假设检验，主要分析方法有信度分析、协方差分析（ANCOVA）和路径分析（path analysis）等。此外，我们使用AMOS 23结构方程软件进行测量模型的检验，主要分析方法有信度分析、效度分析和验证性因子分析（CFA）等（Blunch，2012）。

6.2.1 操控检验

在实验研究二中，我们对顾客参与定制和服务人员的发展型互动行为分别进行了实验操控。为了检验顾客参与定制的操控效果，本书运行了一个单因素方差分析。在运行方差分析之前，我们首先检验了各组的总体方差是否相同。齐性检验的结果显示，各组方差没有显著的差异，Levene's统计量为0.154，$p=0.695$。因此，两组数据并无打破方差齐性假设，可以进行方差分析。方差分析的结果显示，低水平顾客参与定制组的操控检验分值（$M_{CPClow}=3.46$，$SD=1.208$）显著低于高水平组的分值（$M_{CPC\ high}=5.33$，$SD=1.184$），$F(1,223)=136.61$，$p<0.001$。

同样地，本书运行了一个单因素方差分析来检验服务人员发展型互动的操控效果。齐性检验的结果显示：各组方差没有显著的差异，Levene's统计量为0.222，$p=0.638$。因此，两组数据并无打破方差齐性假设，可以进行方差分析。方差分析的结果显示，低水平顾客参与定制组的操控检验分值（$M_{DI\ low}=3.43$，$SD=1.054$）显著低于高水平组的分值（$M_{DI\ high}=5.38$，$SD=1.129$），$F(1,223)=179.63$，$p<0.001$。综上所述，本书对顾客参与定制和服务人员发展型互动的实

验操控是成功的。

6.2.2 测量模型

在正式运行测量模型之前，我们进行了数据排查（如缺失值和异常值）和正态性检验。Bollen（1989）认为结构方程当中各观察变量的峰度和偏度应该在 -1 和 +1 之间。本书正态性检验的结果显示（见表 6-3），实验研究二各观察变量的峰度和偏度几乎都在这一区间内，仅有 PC1 和 PC2 的峰度略小于 -1（分别为 -1.013 和 -1.008）。也就是说，部分观察变量的峰度略微偏离了正态分布。在这种情况下，本书选择最大似然法（Maximum Likelihood，ML）作为结构方程的参数估计方法。Kline（2015）认为即使数据有微弱的偏差，最大似然法仍然是一种合适的估计方法。相对于其他估计方法，它可以使参数估计的偏差最小化。

表 6-3 各观察变量的正态性检验结果

Variable	min	max	skew	c. r.	kurtosis	c. r.
PA1	1	7	-0.017	-0.104	-0.820	-2.511
PA2	1	7	-0.046	-0.282	-0.844	-2.583
PA3	1	7	0.005	0.030	-0.831	-2.543
PC1	1	7	0.027	0.166	-1.013	-3.103
PC2	1	7	0.092	0.561	-1.008	-3.086
PC3	1	7	0.072	0.440	-0.999	-3.059
PR1	1	7	-0.020	-0.126	-0.742	-2.272
PR2	1	7	0.058	0.353	-0.857	-2.623
PR3	1	7	0.093	0.571	-0.858	-2.628
PAR1	1	7	-0.107	-0.654	-0.206	-0.630
PAR2	2	7	0.041	0.252	-0.577	-1.767
PAR3	1	7	-0.033	-0.199	-0.393	-1.204
PAR4	2	7	0.163	1.001	-0.504	-1.543
PAR5	2	7	0.099	0.609	-0.418	-1.279
PAR6	2	7	0.171	1.044	-0.402	-1.232
PI1	2	7	0.151	0.925	-0.109	-0.333
PI2	2	7	0.212	1.300	-0.274	-0.839
PI3	2	7	0.202	1.235	-0.186	-0.569

CFA 的分析结果指出，$\chi^2 = 192.54$，$p < 0.001$，$\chi^2/df = 1.540$。尽管卡方值是显著的，但是已有学者认为卡方值容易受到未知因素和样本规模的影响（Bagozzi & Yi，1988）。此外，GFI = 0.915，NFI = 0.941，RFI = 0.928，IFI = 0.978，NNFI = 0.973，CFI = 0.978，RMSEA = 0.049。所有的模型拟合指数均大于 0.9 的门槛值，RMSEA 小于 0.05（Bagozzi & Yi，2012）。此外，$\chi^2/df = 1.540$ 小于学界普遍接受的门槛值 3（Bagozzi & Yi，1988）。综合以上分析结果，实验研究二的测量模型展示了充分的模型拟合，数据和模型之间具有较高的匹配度。接下来，我们将分别进行信度检验、聚合效度检验以及区分效度检验。

6.2.2.1 信度和聚合效度检验

在进行信度检验时，本书采用克朗巴哈系数（Cronbach's α）和组合信度（CR）等指标对测量模型进行评价。数据分析结果指出，各构面的 Cronbach's α 值在 0.908 ~ 0.933（见表 6 – 4）。在计量心理学界，构面的 Cronbach's α 值应该大于 0.7（Hair et al.，2006；Nunnally，1978）。在管理学界，有学者认为构面的 Cronbach's α 应该大于 0.8（罗胜强、姜嬿，2014）。实验研究二采用的各构面的 Cronbach's α 值均超过了学界的推荐值。此外，实验研究二中各构面的组合信度在 0.910 ~ 0.935，均超过了学界推荐的 0.6 或 0.7 的门槛值（Fornell & Larcker，1981）。

表 6 – 4　实验研究二的测量模型分析结果

构面	题目	标准化因子载荷 Std. factor loadings	Cronbach's α	AVE	CR
感知自主权	PA1	0.890	0.914	0.784	0.916
	PA2	0.936			
	PA3	0.826			
感知能力	PC1	0.896	0.922	0.798	0.922
	PC2	0.908			
	PC3	0.876			
感知关联度	PR1	0.834	0.908	0.771	0.910
	PR2	0.900			
	PR3	0.898			

续表

构面	题目	标准化因子载荷 Std. factor loadings	Cronbach's α	AVE	CR
积极情感反应	PAR1	0.774	0.910	0.634	0.912
	PAR2	0.759			
	PAR3	0.800			
	PAR4	0.826			
	PAR5	0.867			
	PAR6	0.743			
购买意愿	PI1	0.956	0.933	0.828	0.935
	PI2	0.905			
	PI3	0.866			
$\chi^2/df = 192.54/125 = 1.540$			IFI = 0.978		
GFI = 0.915			NNFI = 0.973		
NFI = 0.941			CFI = 0.978		
RFI = 0.928			RMSEA = 0.049		

同样地，我们通过标准化因子载荷和平均方差抽取量（AVE）对聚合效度进行了检验。CFA 的分析结果显示，所有指标的因子载荷都在 0.001 水平上显著，而且均超过了 0.5 的门槛值（0.743 ~ 0.956）。平均方差抽取量的值在0.634 ~ 0.828，超过了学界推荐的门槛值0.5（Fornell & Larcker，1981）。该分析结果意味着组成一个量表的所有题目共同解释了超过 50% 以上的方差并且聚合在唯一的构面上，即测量量表具有理想的聚合效度。综合以上分析结果，测量量表展示了令人满意的信度和聚合效度。

6.2.2.2　区分效度检验

我们采用 Fornell 和 Larcker（1981）的方法，对各构面的区分效度进行了评价。首先，我们检查了各指标的因子载荷。根据学界的共识，当某一指标的因子载荷大于 0.5 时，或该指标在其所测构面上的载荷均大于其在其他构面上的载荷时，可以说明区分效度确实存在（Fornell & Larcker，1981）。根据 CFA 的分析结果，我们发现所有题目（或指标）在其代表的构面上的因子载荷在 0.743 ~ 0.956，且均大于它们在其他构面上的载荷。

其次，我们对比了各变量的 AVE 值的平方根和各变量间的相关系数。根据 Fornell 和 Larcker（1981）的标准，当某构面 AVE 的平方根大于它与其他构面间的相关系数时，就意味着该构面与其他构面存在区分效度。在表 6 - 5 当中，所

有构面 AVE 值的平方根（0.796 ~ 0.910）均大于它和其他构面间的相关系数，进一步证明了区分效度。

为了规避多重共线性对研究结果的影响，本书进行了多重共线性检验。分析结果显示，各变量的容忍度和方差膨胀因子（VIF）均小于学界保守的门槛值。其中，各变量的容忍度均小于 1（0.615 ~ 0.890），方差膨胀因子最大值为 1.826（小于 5）（Hair et al.，2006；Nunnally，1994）。因此，实验研究二排除了多重共线性的影响。综上所述，实验研究二使用的测量工具拥有较高的信度、聚合效度和区分效度。

6.2.3　假设检验

实验研究二包含的研究变量共五个，分别为顾客参与定制、服务人员的发展型互动行为、顾客心理需求满足、积极情感反应和购买定制游的意愿。根据本书构建的研究模型，实验研究二需要进行检验的理论假设共有 11 个。按照研究假设的类型，本书将分别检验直接作用假设、中介作用（间接作用）假设和调节中介作用（有条件的间接作用）假设。在进行假设检验时，直接作用假设采用协方差分析进行检验，中介作用假设（或称间接作用假设）和调节中介作用假设（或称有条件的间接作用假设）采用 Hayes（2017）推荐的方法进行检验。其中，中介作用和调节中介作用的假设检验采用了 PROCESS Macro 当中的 4 号模型、6 号模型、7 号模型和 83 号模型（见图 5 – 1）。

Hayes 认为学者们在建立自变量和因变量间的因果关系时，可能无法完全排除其他变量对该因果关系的影响。尽管如此，在研究模型当中用统计学的方式对它们进行控制，至少可以在一定程度上消除替代解释（Hayes，2017）。为了控制可能存在的混淆效应，实验研究二同样将顾客的性别、年龄、教育、收入、以往的经历和独特性需求作为控制变量，并将它们加入到了假设检验的分析过程当中（Fornell & Larcker，1981）。

6.2.3.1　直接作用假设检验

本书假设的直接影响作用主要有顾客参与定制和服务人员的发展型互动行为对顾客购买意愿、心理需求满足和积极情感反应的影响作用。我们通过一系列的协方差分析（ANCOVA）对 H1、H2、H3、H4b 和 H5b 进行了检验。

H1 假设顾客参与定制的水平正向影响其购买意愿。本书运行了一个协方差分析对该假设进行了检验。其中，自变量为顾客参与定制，因变量为顾客购买定制游的意愿，协变量为被试的性别、年龄、教育经历、收入、以往经历和独特性需求（下文将不再赘述）。误差方差的均等性检验结果显示，各组误差方差没有

表 6－5　实验研究二各变量的均值、标准差、相关系数和平均方差抽取量的平方根

	构面	Mean	SD	1	2	3	4	5	6	7	8	9	10	11	12
1	GEN	1. 45	0. 498	N. A.											
2	AGE	33. 69	7. 980	－0. 095	N. A.										
3	EDU	1. 58	0. 562	－0. 013	0. 020	N. A.									
4	INC	2. 10	0. 784	－0. 056	0. 053	－0. 008	N. A.								
5	PREX	0. 21	0. 411	－0. 056	0. 036	0. 020	0. 018	N. A.							
6	NFU	4. 20	1. 381	0. 066	－0. 128†	－0. 107	0. 085	0. 028	N. A.						
7	PA	4. 49	1. 503	0. 043	0. 079	0. 002	0. 004	0. 031	0. 041	**0. 885**					
8	PC	4. 20	1. 566	0. 059	－0. 014	0. 088	－0. 001	－0. 010	0. 048	0. 526***	**0. 893**				
9	PR	4. 26	1. 605	0. 089	－0. 063	0. 041	－0. 045	－0. 084	0. 030	0. 404***	0. 504***	**0. 878**			
10	PNS	4. 32	1. 258	0. 079	－0. 001	0. 055	－0. 018	－0. 027	0. 049	0. 788***	0. 839***	0. 795***	N. A.		
11	PAR	4. 07	0. 959	0. 059	－0. 047	－0. 023	－0. 032	－0. 025	0. 064	0. 256***	0. 167*	0. 244***	0. 275***	**0. 796**	
12	PI	4. 18	1. 081	0. 046	－0. 090	0. 038	－0. 069	0. 053	0. 129†	0. 343***	0. 364***	0. 467***	0. 486***	0. 264***	**0. 910**

注：†代表在 0. 1 水平（双侧）上显著相关；*代表在 0. 05 水平（双侧）上显著相关；***代表在 0. 001 水平（双侧）上显著相关；对角线上的加粗字体为各构面平均方差抽取量的平方根；GEN 为性别；AGE 为年龄；EDU 为教育经历；INC 为收入；PREX 为以往经历；NFU 为独特性需求。

显著的差异（$p = 0.257$），即未打破方差齐性假设。ANCOVA 的分析结果指出，顾客参与定制对购买意愿的主效应显著，$F(1,217) = 31.449$，$p < 0.001$，偏$\eta^2 = 0.127$。所有协变量均未展示出显著的主效应。此外，不包含协变量的方差分析也展示了显著的主效应，$F(1,223) = 32.761$，$p < 0.001$。顾客在高水平参与定制时产生的购买意愿（$M_{CPC\ high} = 4.57$，$SD = 0.905$）显著地高于低水平参与定制时产生的购买意愿（$M_{CPC\ low} = 3.79$，$SD = 1.108$）。综合以上分析结果可以发现，顾客参与定制的水平正向影响着其购买意愿。因此，H1 得到支持。

H2 假设顾客参与定制的水平正向影响其心理需求满足。同样地，我们运行了一个协方差分析对该假设进行了检验。其中，自变量为顾客参与定制，因变量为顾客的心理需求满足，协变量同上。误差方差的均等性检验结果显示，各组误差方差没有显著的差异（$p = 0.120$），即未打破方差齐性假设。ANCOVA 的分析结果指出，顾客参与定制对心理需求满足存在显著的主效应，$F(1,217) = 76.032$，$p < 0.001$，偏 $\eta^2 = 0.259$。所有协变量均未显著地影响心理需求满足。此外，不包含协变量的方差分析也展示了显著的主效应，$F(1,223) = 79.325$，$p < 0.001$。顾客在高水平参与定制时产生的心理需求满足（$M_{CPC\ high} = 4.96$，$SD = 1.168$）显著地高于低水平参与定制时产生的心理需求满足（$M_{CPC\ low} = 3.67$，$SD = 0.990$）。综合以上分析结果可以发现，顾客参与定制的水平正向影响着其心理需求满足。因此，H2 得到支持。

H3 假设顾客参与定制的水平正向影响其积极情感反应。同样地，我们运行了一个协方差分析对该假设进行了检验。其中，自变量为顾客参与定制，因变量为顾客的积极情感反应，协变量同上。误差方差的均等性检验结果显示，各组误差方差没有显著的差异（$p = 0.271$），即未打破方差齐性假设。ANCOVA 的分析结果指出，顾客参与定制对积极情感反应存在显著的主效应，$F(1,217) = 14.658$，$p < 0.001$，偏 $\eta^2 = 0.063$。所有协变量均未显著地影响积极情感反应。此外，不包含协变量的方差分析也展示了显著的主效应，$F(1,223) = 15.530$，$p < 0.001$。顾客在高水平参与定制时体验到的积极情感反应（$M_{CPC\ high} = 4.31$，$SD = 0.946$）显著地高于低水平参与定制时体验到的积极情感反应（$M_{CPC\ low} = 3.82$，$SD = 0.913$）。综合以上分析结果可以发现，顾客参与定制的水平正向影响着其积极情感反应。因此，H3 得到支持。

H4b 假设服务人员的发展型互动行为正向影响顾客购买意愿。同样地，我们运行了一个协方差分析对该假设进行了检验。其中，自变量为服务人员的发展型互动行为，因变量为顾客购买定制游的意愿，协变量同上。误差方差的均等性检验结果显示，各组误差方差没有显著的差异（$p = 0.122$），即未打破方差齐性假设。ANCOVA 的分析结果指出，服务人员的发展型互动行为对顾客购买意愿存在显著的主效应，$F(1,217)=36.575$，$p<0.001$，偏 $\eta^2=0.144$。所有协变量均未显著地影响顾客购买意愿。此外，不包含协变量的方差分析也展示了显著的主效应，$F(1,223)=40.216$，$p<0.001$。高水平的发展型互动行为让顾客产生的购买意愿（$M_{DI\ high}=4.60$，$SD=1.074$）显著地高于低水平发展型互动行为让顾客产生的购买意愿（$M_{DI\ low}=3.76$，$SD=0.913$）。综合以上分析结果可以发现，服务人员的发展型互动行为正向影响着顾客购买定制游的意愿。因此，H4b 得到支持。

H5b 假设服务人员的发展型互动行为正向影响顾客心理需求满足。同样地，我们运行了一个协方差分析对该假设进行了检验。其中，自变量为服务人员的发展型互动行为，因变量为顾客心理需求满足，协变量同上。误差方差的均等性检验结果显示，各组误差方差没有显著的差异（$p=0.107$），即未打破方差齐性假设。ANCOVA 的分析结果指出，服务人员的发展型互动行为对顾客心理需求满足存在显著的主效应，$F(1,217)=112.461$，$p<0.001$，偏 $\eta^2=0.341$。所有协变量均未显著地影响顾客心理需求满足。此外，不包含协变量的方差分析也展示了显著的主效应，$F(1,223)=114.846$，$p<0.001$。高水平的发展型互动行为让顾客产生的心理需求满足（$M_{DI\ high}=5.04$，$SD=1.105$）显著地高于低水平发展型互动行为让顾客产生的心理需求满足（$M_{DI\ low}=3.58$，$SD=0.936$）。综合以上分析结果可以发现，服务人员的发展型互动行为正向影响着顾客心理需求满足的程度。因此，H5b 得到支持。

6.2.3.2 中介作用假设检验

在进行中介作用的假设检验时，本书采用了 Hayes（2017）推荐的中介作用或间接作用检验方法和步骤，通过 4 号模型和 6 号模型（见图 5 - 1）分别检验了 H6、H7b、H8 和 H9（Hayes，2013；Hayes，2017）。在每一个中介作用的假设检验当中，本书通过 PROCESS macro 的自举法进行重复抽样并产生了 5000 个自举样本，并且采用了 95% 的自举置信区间（CI）来检验可能存在的中介效应。

H6、H8 和 H9 这三个中介作用假设涉及顾客参与定制、心理需求满足、积极情感反应和购买意愿之间的关系。为了获得更加清晰、更易理解的中介作用分析结果，我们首先运行了 6 号模型（用于分析并行中介和串行中介作用），之后运行 4 号模型（用于分析单独中介作用）。本书首先运行了 6 号模型（串行中介模型）。在该模型当中，顾客参与定制为自变量，购买意愿为因变量，心理需求满足（M_1）和积极情感反应（M_2）为中介变量，协变量的设定同上。该模型在检验 H6 和 H8 的同时，还可以检验 H9。分析结果汇总见表 6 - 6。

H6 假设顾客的心理需求满足在顾客参与定制的水平对购买意愿的影响中起中介作用。中介作用的分析结果显示，心理需求满足介入了顾客参与定制对购买

意愿的影响，其间接效应值 IE = 0.426，SE = 0.098，95% CI［0.251，0.632］不含0（见表6－6 Panel C Ind1）。因此，H6 得到了支持。

表6－6 心理需求满足和积极情感反应的中介作用分析结果汇总

Panel A：Total effect of CPC on PI

Effect	SE	t	P	LLCI	ULCI
0.7652	0.1365	5.6080	0.0000	0.4963	1.0342

Panel B：Direct effect of CPC on PI

Effect	SE	t	P	LLCI	ULCI
0.2748	0.1475	1.8627	0.0639	－0.0160	0.5656

Panel C：Indirect effect（s）of CPC on PI

	Effect	BootSE	BootLLCI	BootULCI
TOTAL	0.4904	0.1025	0.3093	0.7040
Ind1	0.4261	0.0977	0.2511	0.6321
Ind2	0.0392	0.0279	－0.0026	0.1060
Ind3	0.0251	0.0162	0.0014	0.0637

Indirect effect key：

Ind1：CPC→PNS→PI

Ind2：CPC→PAR→PI

Ind3：CPC→PNS→PAR→PI

注：基于 PROCESS macro 的分析结果输出整理。

此外，本书还运行了4号模型。在该模型当中，顾客参与定制为自变量，购买意愿为因变量，顾客的心理需求满足为唯一的中介变量，协变量的设定同上。分析结果显示，心理需求满足中介了顾客参与定制对购买意愿的影响，其间接效应值（indirect effect，IE）IE = 0.451，SE = 0.0976，95% CI［0.276，0.660］不含0。此外，分析结果还发现顾客参与定制正向影响着购买意愿（$\beta = 0.765$，$t = 5.608$，$p < 0.001$，95% CI［0.496，1.034］）和心理需求满足（$\beta = 1.290$，$t = 8.720$，$p < 0.001$，95% CI［0.998，1.581］），进一步支持了 H1 和 H2。该分析过程还计算了自变量（X）对因变量（Y）的直接作用（direct effect，DE），结果发现顾客参与定制对购买意愿的直接作用仅在 0.05 的水平上显著（t =

2. 1135，p =0. 034)，DE =0. 314，SE =0. 147，95% CI［0. 024，0. 604］不含 0。也就是说，顾客心理需求满足在该模型当中起到了部分中介（partial mediation）的作用（Zhao et al.，2010)，顾客参与定制对购买意愿的直接影响作用仍然显著。综合以上分析结果，H6 得到了进一步的支持。

H8 假设积极情感反应在顾客参与定制的水平对购买意愿的影响中起中介作用。中介作用的分析结果显示，积极情感反应并没有在顾客参与定制对购买意愿的影响中起中介作用，其间接效应值 IE =0. 039，SE =0. 028，95% CI［-0. 003，0. 106］包含 0（见表 6 -6 Panel C Ind2)。因此，H8 没有得到支持。

此外，本书再次运行了 4 号模型。在该模型当中，顾客参与定制为自变量，购买意愿为因变量，积极情感反应为唯一的中介变量，协变量的设定同上。分析结果显示，积极情感反应中介了顾客参与定制对购买意愿的影响，其间接效应值 IE =0. 096，SE =0. 039，95% CI［0. 032，0. 182］不含 0。中介分析结果还指出，顾客参与定制正向影响着购买意愿（β =0. 765，t =5. 608，p <0. 001，95% CI［0. 496，1. 034］）和积极情感反应（β =0. 486，t =3. 829，p <0. 001，95% CI［0. 236，0. 736］），进一步支持了 H1 和 H3。直接作用的分析结果还发现，顾客参与定制对购买意愿的直接作用仍然显著，DE =0. 669，SE =0. 139，95% CI［0. 395，0. 943］不含 0。也就是说，积极情感反应在该模型当中发挥着微弱的中介作用（Zhao et al.，2010)。

H9 假设积极情感反应在顾客参与定制通过心理需求满足对购买意愿的影响中起中介作用。串行中介作用的分析结果显示，积极情感反应在顾客参与定制通过心理需求满足对购买意愿的影响中起中介作用，其间接效应值 IE =0. 025，SE =0. 016，95% CI［0. 001，0. 064］不含 0（见表 6 -6 Panel C Ind3)。串行中介模型的分析结果还指出，顾客参与定制对购买意愿的直接作用不再显著，p =0. 0639（>0. 05)，95% CI［-0. 016，0. 566］包含 0（见表 6 -6 Panel B)。此时，研究模型为完全中介（full mediation）模型（Baron & Kenny，1986；Zhao et al.，2010)。也就是说，顾客的心理需求满足和积极情感反应传递了顾客参与定制对购买意愿的全部影响作用。综合以上分析结果，H9 得到了支持。

H7b 假设顾客的心理需求满足在发展型服务互动行为对购买意愿的影响中起中介作用。在对 H7b 进行假设检验时，本书再次运行了 4 号模型。在该模型当中，发展型服务互动行为为自变量，购买意愿为因变量，顾客的心理需求满足为中介变量，协变量的设定同上。分析结果显示，心理需求满足在发展型服务互动对顾客购买意愿的影响中起中介作用，其间接效应值 IE =0. 501，SE =0. 106，95% CI［0. 309，0. 714］不含 0（见表 6 -7)。中介分析结果还指出，发展型服务互动正向影响着购买意愿（β =0. 812，t =6. 048，p <0. 001，95% CI［0. 548，

1.078］）和心理需求满足（β＝1.471，t＝10.605，p＜0.001，95% CI［1.197，1.744］），进一步支持了 H4b 和 H5b。此外，对直接作用的分析发现，顾客参与定制对购买意愿的直接作用仍然显著（仅在 p＝0.05 的水平上），DE＝0.311，SE＝0.155，t＝2.002，p＝0.047，95% CI［0.005，0.617］不含 0。也就是说，顾客心理需求满足在该模型当中只起到了部分中介的作用（Zhao et al.，2010）。综合以上分析结果，H7b 得到了支持。

表 6－7　H7b 中介作用分析结果

Panel A：Total effect of DI on PI

Effect	se	t	p	LLCI	ULCI
0.8123	0.1343	6.0477	0.0000	0.5475	1.0770

Panel B：Direct effect of DI on PI

Effect	se	t	p	LLCI	ULCI
0.3108	0.1553	2.0021	0.0465	0.0048	0.6168

Panel C：Indirect effect（s）of DI on PI：

	Effect	BootSE	BootLLCI	BootULCI
PNS	0.5014	0.1058	0.3094	0.7144

6.2.3.3　调节中介假设检验

在进行调节中介作用的假设检验时，我们同样采用了前文当中使用的检验方法和步骤，通过 83 号模型和 7 号模型（见图 5－1）对 H10b 和 H11b 进行了检验（Hayes，2017）。同样地，在每一个调节中介作用的假设检验当中，本书使用 PROCESS macro 的自举法进行重复抽样产生了 5000 个自举样本，并且采用了 95% 的自举置信区间来检验可能存在的调节中介效应。考虑到 83 号模型能够同时检验 H10b 和 H11b，我们首先在 PROCESS macro 当中运行了该模型。在模型配置方面，顾客参与定制为自变量，购买意愿为因变量，顾客的心理需求满足和积极情感反应为中介变量，服务人员的发展型互动为调节变量，协变量的设定同上。

H10b 假设服务人员的发展型互动调节了顾客参与定制通过心理需求满足对购买意愿的间接影响。调节中介作用的分析结果显示，服务人员的发展型互动显著地调节了顾客参与定制通过心理需求满足对购买意愿的间接影响（见表 6－8 Panel A）。发展型互动的 IMM＝0.166，SE＝0.075，95% CI［0.029，0.320］不含0。因此，H10b 得到了支持。

表 6－8 H10b 和 H11b 调节中介作用分析结果汇总

Panel A：Conditional indirect effects of CPC on PI：				
Indirect Effect：CPC→PNS→PI				
DI	Effect	BootSE	BootLLCI	BootULCI
1.0000	0.3545	0.0873	0.2030	0.5437
2.0000	0.5204	0.1061	0.3279	0.7358
Index of moderated mediation（difference between conditional indirect effects）：				
	Index	BootSE	BootLLCI	BootULCI
DI	0.1659	0.0751	0.0288	0.3204

Panel B：Unconditional indirect effects of CPC on PI：			
Indirect Effect：CPC→PAR→PI			
Effect	BootSE	BootLLCI	BootULCI
0.0392	0.0280	－0.0031	0.1049

Panel C：Conditional indirect effects of CPC on PI：				
Indirect Effect：CPC→PNS→PAR→PI				
DI	Effect	BootSE	BootLLCI	BootULCI
1.0000	0.0209	0.0134	0.0011	0.0530
2.0000	0.0307	0.0193	0.0016	0.0764
Index of moderated mediation（difference between conditional indirect effects）：				
	Index	BootSE	BootLLCI	BootULCI
DI	0.0098	0.0079	－0.0001	0.0293

此外，本书还运行了7号模型。在该模型当中，顾客参与定制为自变量，购买意愿为因变量，顾客的心理需求满足为唯一的中介变量，服务人员的发展型互动为调节变量，协变量的设定同上。在分析发展型互动的调节作用时，本书通过两个步骤进行了检验。首先，我们检验了发展型互动对“顾客参与定制（CPC）→心理需求满足（PNS）”的调节作用。分析结果显示，顾客参与定制和发展型互动的交互项（CPC × DI）显著地影响着心理需求满足，$\beta = 0.502$，$t = 2.376$，$p = 0.018$，95% CI［0.086，0.919］。为了让这一调节作用更加直观，本书绘制了顾客参与定制与发展型互动对心理需求满足的交互作用图（见图6－1）。

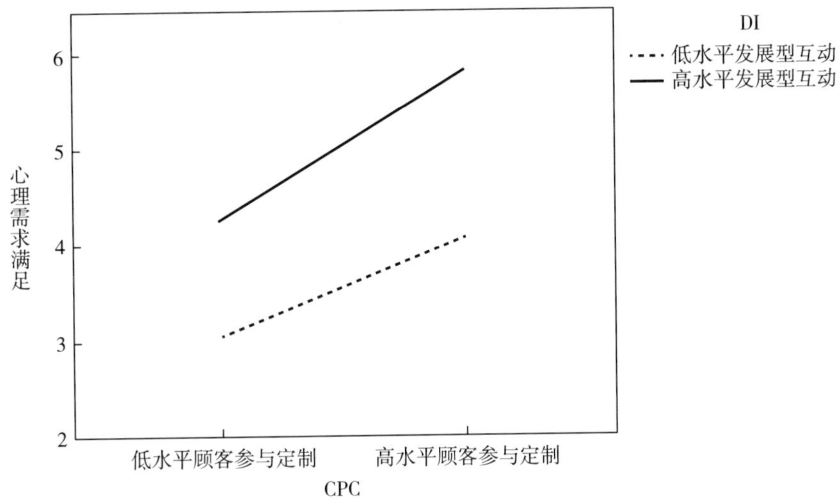

图 6 –1 顾客参与定制与发展型互动对顾客心理需求满足的交互作用

其次，我们再次检验了发展型互动对“顾客参与定制→心理需求满足→购买意愿”的调节作用。分析结果显示，服务人员的发展型互动显著地调节了这一中介作用，IMM =0.176，95% CI［0.029，0.343］不含0。相对于低水平发展型互动时的中介作用（IE =0.375），高水平发展型互动时的中介作用更强（IE =0.551）（见表6 –9 Panel B）。综合以上分析结果，H10b 得到了支持。

表 6 –9 H10b 调节中介作用分析结果汇总

Panel A：Direct effect of CPC on PI					
Effect	SE	t	P	LLCI	ULCI
0.3140	0.1471	2.1354	0.0339	0.0242	0.6039
Panel B：Conditional indirect effects of CPC on PI：					
Indirect Effect：CPC→PNS→PI					
DI	Effect	BootSE	BootLLCI	BootULCI	
1.0000	0.3754	0.0883	0.2227	0.5676	
2.0000	0.5511	0.1082	0.3509	0.7809	
Index of moderated mediation（difference between conditional indirect effects）：					
	Index	BootSE	BootLLCI	BootULCI	
DI	0.1756	0.0787	0.0282	0.3432	

H11b 假设服务人员的发展型互动行为调节了顾客参与定制通过心理需求满足和积极情感反应对购买意愿的间接影响。调节中介作用的分析结果显示，服务人员的发展型互动并没有显著地调节这一串行中介作用，IMM = 0.098，95% CI [-0.0001，0.0293] 包含 0（见表 6-8 Panel C）。因此，H11b 并未得到支持。

此外，该分析结果还指出，心理需求满足在顾客参与定制和购买意愿之间的中介作用仍然显著，95% CI 不含 0，即 H6 得到了进一步的支持。而积极情感反应在顾客参与定制和购买意愿之间的中介作用不显著，95% CI [-0.003，0.105] 包含 0，即 H8 未得到支持。同时，在这一调节中介模型当中，顾客参与定制对购买意愿的直接作用不再显著，DE = 0.275，$p = 0.064 > 0.05$，95% CI [-0.016，0.566] 包含 0。这一研究发现与前文一致，即顾客的心理需求满足和积极情感反应完全中介顾客参与定制对购买意愿的影响作用（Zhao，2010）。

6.3 讨论

为了进一步检验顾客参与定制对顾客购买意愿的影响机制，同时探索该影响机制的理论边界，本书对研究模型进行了调整。在实验研究二当中，本书将服务人员的发展型互动行为（developmental interaction）设定为研究模型当中的自变量和调节变量，而其他研究变量保持不变。同样地，采用基于情景的组间实验设计和来自旅游市场的游客样本，实验研究二再一次对研究模型进行了实证检验。接下来，我们将对实验研究二的研究结论进行总结和讨论。

本书假设了顾客参与定制对购买意愿、心理需求满足和积极情感反应的正向影响作用。实验研究二的分析结果指出，这三个研究假设全部得到了实证支持。首先，顾客参与定制的水平正向影响着顾客购买定制游的意愿。也就是说，随着顾客在定制游服务过程中参与水平的提高，他们对于个人需求的表达更加明确、清晰，对于定制游方案的涉入程度也越深，因此他们购买该定制游服务方案的意愿也越强烈。这一研究发现与之前的研究相一致，即定制服务过程中的顾客参与可以增强顾客的购买意愿（汪涛等，2009；Ding & Keh，2016）。其次，顾客参与定制的水平正向影响着其心理需求满足。当顾客以更高的水平参与定制时，他们会感受到（相对于低水平顾客参与定制）更加强烈的自主权、话语权、控制感、胜任感，同时还和服务人员建立了强度更高的心理联结和关系质量，因此心理需求满足的程度得到提高。这一研究发现也与之前的研究结论相一致（彭艳君、景奉杰，2008；望海军、汪涛，2007；姚山季、王永贵，2012；Bateson，

1985；Coker & Nagpal，2013；Hsieh & Chang，2016）。最后，顾客参与定制的水平正向影响着顾客体验到的积极情感反应。在定制游服务过程中，顾客参与水平越高，他们体验到的快乐、高兴、享受、兴奋、有趣等情感体验就越丰富。这一研究发现也和现有研究相一致，比如顾客参与服务的设计、生产、传递过程的程度影响着他们在服务过程中的正面情感体验（彭艳君、蔡璐，2016；沙振权等，2013；Yim et al.，2012）。此外，这一研究结论也在一定程度上呼应了顾客参与对顾客满意度（服务过程满意和服务结果满意）的影响研究（Dong & Sivakumar，2017），即顾客参与正向影响着顾客满意。

本书还假设了服务人员的发展型互动行为对顾客购买定制游意愿和心理需求满足的影响作用。实验研究二的分析结果指出，这两个研究假设都得到了实证支持。首先，服务人员的发展型互动行为正向影响着顾客购买定制游的意愿。随着服务人员发展型互动行为的增多，他们向顾客传递了更多有用的知识和技能。随着顾客掌握的知识和技能的增加，他们会对定制游产生更加积极的态度，感受到更低的购买风险，并产生更强的购买信心和购买意愿。其次，服务人员的发展型互动行为正向影响着顾客的心理需求满足。随着服务人员发展型互动行为的增多，顾客可以获得更多的与产品/服务有关的知识和技能。顾客拥有的客观知识或主观知识越多，顾客会体验到的感知能力、自我效能感和胜任感就越强烈，其心理需求满足的程度也随之提高。该研究发现还支持了之前的研究结论，即顾客教育和顾客社会化可以增强顾客的自我效能或感知能力（黄敏学、周学春，2012；肖淑兰等，2016；Groth，2005）。此外，发展型服务互动增进了服务人员和顾客间的关系质量、情感联结和感知关联度，进而提高了心理需求满足的程度。已有研究发现顾客教育可以增强企业和顾客间的关系，让顾客更愿意和企业长期保持合作关系（如忠诚、重购）（Bell & Eisingerich，2007），而本书再次支持了该研究结论。

本书提出了两个关于心理需求满足的中介作用假设，它们在实验研究二当中全部得到了支持。首先，心理需求满足中介了顾客参与定制对购买意愿的影响作用。随着顾客在定制游服务过程中参与水平的提高，他们体验到更为明显的感知自主权、感知能力和感知关联度。心理需求满足程度的提高也进而增强了他们购买定制游服务的意愿。其次，心理需求满足中介了服务人员的发展型互动对顾客购买意愿的影响作用。随着服务人员发展型互动行为的增多，顾客的心理需求满足程度得到提高，进而提升了他们购买定制游的意愿。这一研究发现与当前自我决定理论研究结论相一致，如果个体在社会互动过程中体验到了更高水平的感知能力和感知关联度，他们的内部行为动机也会随之增强（Gagné，2003；Ryan & Deci，2000）。此外，尽管服务人员的发展型互动对顾客购买意愿的直接作用仍然存在，但是其显著性变弱（p＝0.047）。因此，顾客心理需求满足在发展型互动和购买意愿的关系中发挥了重要的中介作用（Baron & Kenny，1986）。

本书提出了两个关于积极情感反应的中介作用假设，其中只有一个假设在实验研究二当中得到了支持。首先，积极情感反应并没有中介顾客参与定制对购买意愿的影响作用。尽管顾客参与定制显示出对积极情感反应和购买意愿显著的影响作用，但是积极情感反应并没有将顾客参与定制对其的影响作用传递给购买意愿。其次，积极情感反应中介了顾客参与定制通过心理需求满足对购买意愿的影响作用。随着顾客参与定制水平的提升，顾客的心理需求得到更高程度的满足，他们体验到更多的积极情感反应（如快乐、高兴、兴奋等），并最终产生更加强烈的购买定制游的意愿。这一研究发现与现有的自我决定理论研究相一致，即心理需求满足程度的提高可以为个体带来更高水平的积极情感体验和更强的内部行为动机（Reis et al.，2000）。除此之外，该研究发现再次验证了个体意识三要素模型的理论内核，即个体的知觉评价通过情感体验影响行为意愿（Bagozzi，1992；Hilgard，1980）。

除此之外，实验研究二还检验了本书提出的两个调节中介作用假设。其中，仅有一个研究假设得到了支持。首先，服务人员的发展型互动行为显著地调节"顾客参与定制→心理需求满足→购买意愿"这一间接作用。相对于低水平的发展型互动，高水平的发展型互动使得"顾客参与定制→心理需求满足→购买意愿"这一中介机制的间接作用更强。也就是说，服务人员的发展型互动行为越多，心理需求满足对顾客参与定制和购买意愿这一关系的解释能力就越强。换句话说，服务人员的发展型互动行为正向调节了顾客参与定制通过心理需求满足对购买意愿的间接影响。其次，服务人员的发展型互动行为并没有调节"顾客参与定制→心理需求满足→积极情感反应→购买意愿"这一串行中介作用。尽管这一串行中介作用是显著的（H9 得到了支持），但是它在发展型互动的两个水平上的差异并不具有统计学意义。

综合以上内容，我们将实验研究二的研究结论进行了汇总（见表 6－10）。其中，有 9 个研究假设得到了支持，2 个研究假设没有得到支持。总体来说，实验研究二再次支持了本书构建的研究模型。接下来，我们将对模型中未获得支持的研究假设及研究结论进行更为深入的分析和讨论。

实验研究二发现，顾客的积极情感反应并没有在顾客参与定制的水平对购买意愿的影响中起中介作用。该研究发现不仅与本书的研究预期不符，同时也与实验研究一的结论不一致，因此我们在假设检验阶段追加了一个分析过程（见 H8 的假设检验部分）。追加分析的结果表明，当模型仅包含积极情感反应这一个中介变量时，它展现了显著的中介作用（95% CI 不含 0）。但是，当模型同时包含

表 6-10 实验研究二的研究结果汇总

序号	研究假设	结果
H1	顾客参与定制的水平正向影响其购买意愿	支持
H2	顾客参与定制的水平正向影响其心理需求满足	支持
H3	顾客参与定制的水平正向影响其积极情感反应	支持
H4b	服务人员的发展型互动行为正向影响顾客购买意愿	支持
H5b	服务人员的发展型互动行为正向影响顾客的心理需求满足	支持
H6	顾客的心理需求满足在顾客参与定制的水平对购买意愿的影响中起中介作用	支持
H7b	顾客的心理需求满足在发展型服务互动行为对购买意愿的影响中起中介作用	支持
H8	积极情感反应在顾客参与定制的水平对购买意愿的影响中起中介作用	不支持
H9	积极情感反应在顾客参与定制通过心理需求满足对购买意愿的影响中起中介作用	支持
H10b	服务人员的发展型互动行为调节了顾客参与定制通过心理需求满足对购买意愿的间接影响	支持
H11b	服务人员的发展型互动行为调节了顾客参与定制通过心理需求满足和积极情感反应对购买意愿的间接影响	不支持

心理需求满足和积极情感反应这两个中介变量时，积极情感反应的中介作用不再显著。也就是说，心理需求满足在顾客参与定制对积极情感反应的影响作用中起完全中介作用（见图 6-2），而积极情感反应的中介作用仅以串行中介的形式出现（顾客参与定制→心理需求满足→积极情感反应→购买意愿）。综合以上分析结果，本书认为 H8 在实验研究二当中仅得到了部分支持。

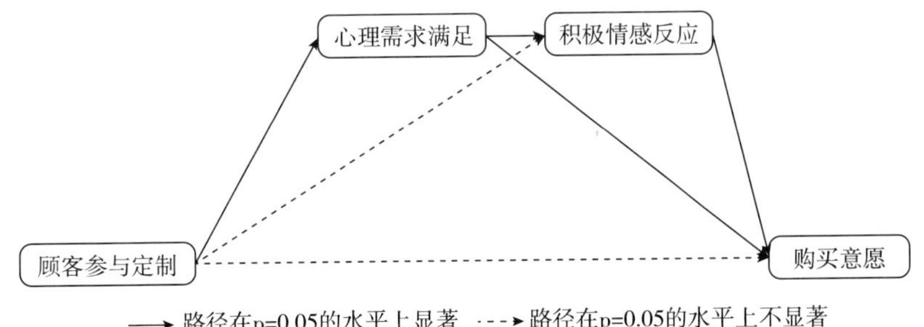

图 6-2 中介作用研究模型（实验研究二）

另外一个没有得到支持的研究假设是 H11b。实验研究二发现，尽管我们发现服务人员的发展型互动行为显著地调节了“顾客参与定制→心理需求满足→购买意愿”这一间接作用，但是它却并没有调节“顾客参与定制→心理需求满足→积极情感反应→购买意愿”这一串行中介作用。分析结果显示，服务人员发展型互动行为的调节中介指数 IMM 的 95% CI［-0.0001，0.0293］包含 0。值得注意的是，Preacher 和 Hayes（2008）提出的利用 bootstrap 重复抽样来检验中介效应（或间接效应）的方法有一个特点，即每一次运行分析过程时都会产生一个 bootstrap 样本，参数估计也会产生细微的变化。为了研究结论的稳健性，我们在进行数据分析时多次重复运行了 PRCESS macro 的 83 号模型。分析结果显示，服务人员发展型互动行为的 IMM 的 LLCI（lower level confidence interval）基本都小于0，而 ULCI（upper level confidence interval）均大于0。虽然偶有95% CI 不含 0 的结果产生，但是在权衡了第一类型错误（Type Ⅰ Error）和第二类型错误（Type Ⅱ Error）之后，本书决定采用更为保守的研究态度。因此，本书汇报了最后一次运算的结果（即95% CI［-0.0001，0.0293］），并拒绝了 H11b。

综合以上讨论，本书认为实验研究二为顾客参与定制、服务人员的发展型互动行为和购买意愿的研究模型提供了整体性的支持。在接下来的章节中，本书将在复制实验研究一和实验研究二的研究结论的同时，进一步拓展该研究模型的理论边界。

7 实验研究三：顾客参与定制、服务人员的关系型互动行为对购买意愿的影响

在关系营销、服务营销和定制营销等研究领域，虽然已有部分研究探索了客户关系管理、适应性服务行为等因素对顾客亲密体验、顾客对企业态度、购买意愿或重购意愿等的影响作用（Gwinner et al.，2005；Jung、Yoo & Arnold，2017；Karpen et al.，2015；Treacy & Wiersema，1993），但是当前并无研究对这些影响机制进行整体性的理论探索。为了检验顾客参与定制对顾客购买意愿的影响机制，同时进一步探索该影响机制的理论边界，本书在研究三当中对研究模型进行了调整。本书将服务人员的关系型互动行为（relational interaction）设定为研究模型当中的自变量和调节变量，而其他研究变量保持不变。同样地，采用基于情景的组间实验设计和来自旅游市场的真实消费者样本（游客样本），实验研究三将再一次对研究模型进行实证检验，以此为本书带来更为稳健的研究结论和多视角的理论观点。

7.1 研究设计

和前文的研究相同，实验研究三采用基于情景的组间实验作为主要的研究方法（Antonetti et al.，2018）。在实验研究三当中，顾客参与定制（CPC）和服务人员的关系型互动行为（RI）均被操控在两个水平上，因此形成了一个 2（CPC_{low} V. S. CPC_{high}）×2（RI_{low} V. S. RI_{high}）的因子实验。在低水平的顾客参与定制当中，顾客提出模糊要求并直接从定制师的方案中对比选择，没有对方案进行改动。在高水平的顾客参与定制当中，顾客提出具体要求，并且在查看定制游方案后提出了自己的修改建议。在低水平的关系型互动当中，定制师只是“询问

了家庭成员的构成”就制定了旅游方案。在高水平的关系型互动当中，定制师不仅“非常耐心地询问了你的家庭成员构成、年龄和各自的需求……还特别问了家人有没有什么需要特别关注的情况……更准确地推荐和安排旅游项目”，还适应性地调整了旅游行程“鼓浪屿景点多，费体力，可以考虑放在第一天去，然后第二天上午可以安排休息……这样安排老人或者小孩体力才能跟得上”等（操控细节见表 4 – 5）。

7.1.1 样本

实验研究三仍然选择旅游市场中的游客作为实验研究的主要参与者，同时也邀请导游作为研究助理，并通过在线问卷的方式完成了实验数据的搜集。研究助理通过线下和线上两种方式邀请旅游者参与实验研究三。根据研究助理们的反馈，参与者主要为之前服务过的游客，研究助理主要通过微信群和发布朋友圈的方式推送研究邀请。参与者（游客）在接到邀请后，通过手机端 App 的图片识别功能（扫描二维码）进入在线问卷平台，并完成实验过程。

最终，共有 336 名游客参加了实验研究三（见表 7 – 1）。其中男性 159 人（47.3%），女性 177 人（52.7%）。年龄跨度从 19 ~ 58 岁，平均年龄为 34.3 岁。其中，19 ~ 25 岁占 15.48%、26 ~ 30 岁占 14.58%、31 ~ 40 岁占 49.4%、41 ~ 50 岁占 18.15%、50 岁及以上 2.38%。根据携程旅行网公布的定制游客群特征，“80 后”和“90 后”是当前我国定制游的主要客群（携程旅行网，2018）。因此，样本的年龄特征与当前市场特征基本相符。参与者当中高中及以下教育经历的占 42.9%、大专及本科教育经历的占 52.7%、硕士研究生及以上教育经历的占 4.5%。总体来看，参与者的受教育程度高于总体人口受教育程度（对比国家统计局第六次人口普查），因此实验研究三同样会在数据分析当中对教育程度这一变量进行控制。

表 7 – 1 实验研究三的样本特征

变量/类别		数量	备注
性别	男	159	
	女	177	
年龄（岁）	18 ~ 25	52	
	26 ~ 30	49	
	31 ~ 40	166	
	41 ~ 50	61	
	≥51	8	

续表

变量/类别		数量	备注
教育经历	高中及以下	144	
	大专及本科	177	
	硕士研究生	12	
	博士研究生	3	
职业	生产人员	29	
	销售人员	38	
	行政/后勤人员	43	
	专业人士	31	如会计师、律师、建筑师、医护人员、记者等
	顾问/咨询	11	
	客服人员	2	
	教师	8	
	管理人员	22	
	全日制学生	21	
	其他	131	
月收入（元）	≤3500	105	
	3500～7000	158	
	7000～10000	63	
	≥10000	10	

参与者从事的职业有销售人员（11.3%）、生产人员（8.6%）、管理人员（6.5%）、行政/后勤人员（12.8%）、顾问/咨询（3.3%）、教师（2.4%）、专业人士（9.2%）、客服人员（0.6%）、全日制学生（6.3%）和其他（39%）等。参与者的月收入集中在3500～10000元（65.8%），其中月收入在3500～7000元的参与者占总样本的47.0%，月收入在7000～10000元的占18.8%。此外，参与者来自湖北、四川、重庆、河南、浙江、湖南、陕西和贵州等省份，上述八省的参与者占总样本的50.3%。

7.1.2 实验过程

在进入实验后，参与者通过六个环节完成全部的实验流程。第一步，被试阅读问卷首页的内容，包括问卷标题和问卷说明。实验说明当中本书要求被试认真阅读问卷情景并将自己代入其中回答相关问题。第二步，被试阅读基准实验情景。该环节主要用于模拟实验情景，帮助被试更快地进入角色扮演的状态当中。

第三步，本书通过一个跳转题对被试进行了随机分组。在这个跳转题当中，所有选项的图片和文字描述完全相同，本书要求被试在其中任意选择一个进入下阶段的问卷内容（见附录）。为了避免被试集中选择某一个选项，我们设置了选项的随机排序。通过这一环节，所有被试被随机分配到了四个实验组，实验组的被试人数从 82 到 86（M = 84，SD = 1.83），见表 7 - 2。

表 7 - 2　实验研究三各实验组规模

分组规模（Cell sizes）	低水平顾客参与定制（CPC_{low}）	高水平顾客参与定制（CPC_{high}）	共计
低水平关系型互动（RI_{low}）	86	83	169
高水平关系型互动（RI_{high}）	82	85	167
共计	168	168	336

第四步，被试阅读特定实验情景，完成实验操控。在特定的实验情景当中，我们分别将顾客参与定制（CPC）和定制师的关系型互动（RI）控制在两个水平当中。因此，被试在不同的实验组当中完成实验操控，分别为低水平顾客参与定制和低水平关系型互动（CPC_{low} + RI_{low}）、高水平顾客参与定制和低水平关系型互动（CPC_{high} + RI_{low}）、低水平顾客参与定制和高水平关系型互动（CPC_{low} + RI_{high}）、高水平顾客参与定制和高水平关系型互动（CPC_{high} + RI_{high}）。在实验操控完成之后，被试回答操控检验的相关问题。本书采用了两个问题分别对顾客参与定制（“我在定制的过程中，贡献了大量的时间、精力、知识和信息”）（Yim et al.，2012）和关系型互动行为（“定制师试着与我建立融洽的关系”）（Karpen et al.，2015）的实验操控进行了检验，被试在 7 点李克特量表上作答（1 代表完全不赞同，7 代表完全赞同）。

第五步，被试回答各研究变量的测量，其中包括心理需求满足（含感知自主权、感知能力和感知关联度）、积极情感反应、购买意愿和填充物。其中，填充物同样采用了顾客移情量表（McBane，1995）。第六步，被试回答样本特征问题和控制变量的测量。为了尽可能地降低混淆效应、排除潜在的替代解释，实验研究三同样将性别、年龄、教育经历、收入、以往经历和独特性需求设定为控制变量，在进行假设检验时排除它们可能存在的影响作用。

7.1.3　测量

同样地，实验研究三使用了在之前研究（前测、实验研究一和实验研究二）

中经过检验的量表。除了购买意愿采用7点语义区分量表外，其他所有变量采用7点李克特量表进行测量。心理需求满足采用了Hsieh和Chang（2016）的价值共创中顾客的心理需求满足量表进行测量，该量表包含顾客感知自主权、感知能力和感知关联度三个维度，共九个题目。积极情感反应的测量采用了Busser和Shulga（2018）和Mano和Oliver（1993）的情感反应量表中的积极情感部分，最终使用的量表包含六个题目。购买定制游意愿采用Lee等（2014）的购买意愿量表。该量表为语义区分量表，共有三个题目。此外，以往经历和独特性需求也采用了与之前研究相同的单一题目。

7.2 分析和结果

在实验过程结束之后，实验研究三使用SPSS Statistics 23和Hayes（2017）开发的PROCESS Macro V3.0进行了操控检验和假设检验，主要分析方法有信度分析、协方差分析（ANCOVA）和路径分析（path analysis）等。此外，我们使用AMOS 23结构方程软件进行测量模型的检验，主要分析方法有信度分析、效度分析和验证性因子分析（CFA）等（Blunch，2012）。

7.2.1 操控检验

在实验研究三中，我们对顾客参与定制和服务人员的关系型互动行为分别进行了实验操控。为了检验顾客参与定制的操控效果，本书运行了一个单因素方差分析。在运行方差分析之前，我们首先检验了各组的总体方差是否相同。齐性检验的结果显示，各组方差没有显著的差异，Levene's统计量为0.487，$p=0.486$。因此，两组数据并无打破方差齐性假设，可以进行方差分析。方差分析的结果显示，低水平顾客参与定制组的操控检验分值（$M_{CPC\ low}=3.80$，$SD=1.145$）显著低于高水平组的分值（$M_{CPC\ high}=5.54$，$SD=1.008$），$F(1,334)=217.94$，$p<0.001$。

同样地，本书运行了一个单因素方差分析来检验服务人员关系型互动的操控效果。齐性检验的结果显示：各组方差没有显著的差异，Levene's统计量为0.536，$p=0.465$。因此，两组数据并无打破方差齐性假设，可以进行方差分析。方差分析的结果显示，低水平顾客参与定制组的操控检验分值（$M_{RI\ low}=3.47$，$SD=1.129$）显著低于高水平组的分值（$M_{RI\ high}=5.05$，$SD=1.298$），$F(1,334)=141.95$，$p<0.001$。综上所述，本书对顾客参与定制和服务人员关系型互动的实

验操控是成功的。

7.2.2 测量模型

在正式运行测量模型之前，我们进行了数据排查（如缺失值和异常值）和正态性检验。Bollen（1989）认为结构方程当中各观察变量的峰度和偏度应该在 -1 和 +1 之间。本书正态性检验的结果显示，实验研究三各观察变量的峰度和偏度全部在这一区间内（见表 7-3）。因此，实验研究三的数据并未打破正态性的基本假设，可以进行验证性因子分析（CFA）。

表 7-3 各观察变量的正态性检验结果

Variable	min	max	skew	c. r.	kurtosis	c. r.
PA1	1	7	-0.067	-0.502	-0.783	-2.930
PA2	1	7	-0.095	-0.712	-0.712	-2.662
PA3	1	7	-0.047	-0.350	-0.937	-3.508
PC1	1	7	-0.220	-1.645	-0.318	-1.191
PC2	1	7	-0.229	-1.710	-0.285	-1.065
PC3	1	7	-0.174	-1.299	-0.366	-1.368
PR1	1	7	0.069	0.517	-0.686	-2.566
PR2	1	7	0.089	0.666	-0.715	-2.675
PR3	1	7	0.157	1.177	-0.714	-2.673
PAR1	1	7	0.059	0.441	-0.270	-1.010
PAR2	2	7	0.095	0.715	-0.383	-1.435
PAR3	2	7	-0.057	-0.423	-0.305	-1.139
PAR4	2	7	-0.056	-0.422	-0.456	-1.704
PAR5	2	7	0.156	1.171	-0.235	-0.879
PAR6	2	7	0.121	0.907	-0.346	-1.293
PI1	2	7	-0.002	-0.014	-0.016	-0.060
PI2	2	7	0.049	0.364	-0.032	-0.118
PI3	2	7	0.031	0.233	-0.006	-0.023

CFA 的分析结果指出，$\chi^2=167.94$，$p=0.006$，$\chi^2/df=1.344$。尽管卡方值是显著的，但是已有学者认为卡方值容易受到未知因素和样本规模的影响。此外，GFI = 0.950，NFI = 0.966，RFI = 0.959，IFI = 0.991，NNFI = 0.989，CFI = 0.991，RMSEA = 0.032。所有的模型拟合指数均大于 0.9 的门槛值，RMSEA 小

于0.05。此外，$\chi^2/df = 1.344$ 小于学界普遍接受的门槛值3。综合以上分析结果，实验研究三的测量模型展示了充分的模型拟合，数据和模型之间具有较高的匹配度。接下来，我们将分别进行信度检验、聚合效度检验以及区分效度检验。

7.2.2.1 信度和聚合效度检验

在进行信度检验时，本书采用克朗巴哈系数（Cronbach's α）和组合信度（CR）等指标对测量模型进行评价。数据分析结果指出，各构面的Cronbach's α值在0.898～0.945（见表7-4）。在计量心理学界，构面的Cronbach's α值应该大于0.7（Hair et al.，2006；Nunnally，1978）。在管理学界，有学者认为构面的Cronbach's α值应该大于0.8（罗胜强、姜嬿，2014）。实验研究三采用的各构面的Cronbach's α值均超过了学界的推荐值。此外，实验研究三中各构面的组合信度（CR）也在0.898～0.945，均超过了学界推荐的0.6或0.7的门槛值（Fornell & Larcker，1981）。

表7-4 实验研究三的测量模型分析结果

构面	题目	标准化因子载荷（Std. factor loadings）	Cronbach's α	AVE	CR
感知自主权	PA1	0.927	0.915	0.787	0.917
	PA2	0.902			
	PA3	0.829			
感知能力	PC1	0.850	0.924	0.811	0.928
	PC2	0.967			
	PC3	0.880			
感知关联度	PR1	0.874	0.928	0.815	0.930
	PR2	0.952			
	PR3	0.880			
积极情感反应	PAR1	0.768	0.898	0.598	0.898
	PAR2	0.750			
	PAR3	0.747			
	PAR4	0.748			
	PAR5	0.806			
	PAR6	0.809			
购买意愿	PI1	0.926	0.945	0.852	0.945
	PI2	0.910			
	PI3	0.933			

续表

构面	题目	标准化因子载荷（Std. factor loadings）	Cronbach's α	AVE	CR
χ^2/df = 167.94/125 = 1.344			IFI = 0.991		
GFI = 0.950			NNFI = 0.989		
NFI = 0.966			CFI = 0.991		
RFI = 0.959			RMSEA = 0.032		

本书通过标准化因子载荷和平均方差抽取量（AVE）检验了聚合效度进行。CFA 的分析结果显示，所有指标的因子载荷都在 0.001 水平上显著，而且均超过了 0.5 的门槛值（0.747 ~ 0.967）。平均方差抽取量的值在 0.598 ~ 0.852，超过了学界推荐的门槛值 0.5（Fornell & Larcker，1981）。这些结果意味着组成一个量表的所有题目共同解释了 50% 以上的方差并且聚合在唯一的构面上，即测量工具具有理想的聚合效度。综合以上分析结果，测量量表展示了令人满意的信度和聚合效度。

7.2.2.2 区分效度检验

采用 Fornell 和 Larcker（1981）的方法，我们对各构面的区分效度进行了评价。首先，我们检查了各指标的因子载荷。根据学界的共识，当某一指标的因子载荷大于 0.5 时，或该指标在其所测构面上的载荷均大于其在其他构面上的载荷时，可以说明区分效度确实存在（Fornell & Larcker，1981）。根据 CFA 的分析结果，我们发现所有题目（或指标）在其代表的构面上的因子载荷在 0.747 ~ 0.967，且均大于它们在其他构面上的载荷。

其次，我们对比了各变量的 AVE 值的平方根和各变量间的相关系数。根据 Fornell 和 Larcker（1981）的标准，当某构面 AVE 的平方根大于它与其他构面间的相关系数时，就意味着该构面与其他构面存在区分效度。在表 7 - 5 当中，所有构面 AVE 值的平方根（0.773 ~ 0.923）均大于它和其他构面间的相关系数，进一步证实了区分效度的存在。

为了规避多重共线性对分析结果的影响，本书进行了多重共线性检验。分析结果显示，各变量的容忍度和方差膨胀因子（VIF）均小于学界的门槛值。其中，各变量的容忍度均小于 1（0.618 ~ 0.705），方差膨胀因子最大值为 1.619（小于 5）（Hair et al.，2006；Nunnally，1994）。因此，实验研究三排除了多重共线性的影响。综上所述，实验研究三使用的测量工具拥有较高的信效度。

表 7－5 实验研究三各变量的均值、标准差、相关系数和平均方差抽取量的平方根

构面		Mean	SD	1	2	3	4	5	6	7	8	9	10	11	12
1	GEN	1. 45	0. 498	N. A.											
2	AGE	33. 69	7. 980	－0. 053	N. A.										
3	EDU	1. 58	0. 562	0. 009	－0. 076	N. A.									
4	INC	2. 10	0. 784	－0. 073	0. 043	0. 003	N. A.								
5	PREX	0. 21	0. 411	－0. 053	0. 055	－0. 031	0. 056	N. A.							
6	NFU	4. 20	1. 381	－0. 002	－0. 008	0. 041	0. 059	－0. 010	N. A.						
7	PA	4. 49	1. 503	－0. 029	0. 016	0. 090	0. 081	－0. 036	0. 089	**0. 887**					
8	PC	4. 20	1. 566	0. 016	－0. 021	－0. 007	－0. 089	0. 086	0. 028	0. 328***	**0. 901**				
9	PR	4. 26	1. 605	－0. 053	－0. 075	0. 051	0. 054	－0. 010	0. 080	0. 453***	0. 594***	**0. 903**			
10	PNS	4. 32	1. 258	－0. 028	－0. 031	0. 058	0. 023	0. 014	0. 084	0. 767***	0. 786***	0. 843***	N. A.		
11	PAR	4. 07	0. 959	－0. 078	0. 043	0. 051	0. 063	－0. 054	0. 029	0. 406***	0. 295***	0. 278***	0. 413***	**0. 773**	
12	PI	4. 18	1. 081	－0. 074	0. 064	0. 035	0. 061	0. 002	0. 090†	0. 458***	0. 385***	0. 403***	0. 524***	0. 516***	**0. 923**

注：† 代表在 0. 1 水平（双侧）上显著相关；*** 代表在 0. 001 水平（双侧）上显著相关；对角线上的加粗字体为各构面平均方差抽取量的平方根；GEN 为性别；AGE 为年龄；EDU 为教育经历；INC 为收入；PREX 为以往经历；NFU 为独特性需求。

7.2.3 假设检验

实验研究三包含的研究变量共五个，分别为顾客参与定制、服务人员的关系型互动行为、顾客心理需求满足、积极情感反应和购买意愿。根据本书构建的研究模型，实验研究三需要进行检验的理论假设共有 11 个。按照研究假设的类型，本书将分别检验直接作用假设、中介作用（间接作用）假设和调节中介作用（有条件的间接作用）假设。在进行假设检验时，直接作用假设采用协方差分析进行检验，中介作用假设（或称间接作用假设）和调节中介作用假设（或称有条件的间接作用假设）采用 Hayes（2017）推荐的方法进行检验。其中，中介作用和调节中介作用的假设检验采用了 PROCESS Macro 当中的 4 号模型、6 号模型、7 号模型和 83 号模型（见图 5 - 1）。

为了控制可能存在的混淆效应并在一定程度上消除替代解释（Hayes, 2017），实验研究三同样将顾客的性别、年龄、教育、收入、以往的经历和独特性需求作为控制变量加入到了假设检验的分析过程当中（Fornell & Larcker, 1981）。

7.2.3.1 直接作用假设检验

本书假设的直接影响作用主要有顾客参与定制和服务人员的关系型互动行为对顾客购买意愿、心理需求满足和积极情感反应的影响作用。我们通过一系列的协方差分析（ANCOVA）对 H1、H2、H3、H4a 和 H5a 进行了检验。

H1 假设顾客参与定制的水平正向影响其购买意愿。本书运行了一个协方差分析对该假设进行了检验。其中，自变量为顾客参与定制，因变量为顾客购买定制游的意愿，协变量为被试的性别、年龄、教育经历、收入、以往经历和独特性需求（下文将不再赘述）。我们首先检验了误差方差的均等性，结果显示各组误差方差没有显著的差异（$p = 0.125$），即未打破方差齐性假设。ANCOVA 的分析结果指出，顾客参与定制对购买意愿的主效应显著，$F(1, 328) = 68.823$，$p < 0.001$，偏 $\eta^2 = 0.173$。此外，不包含协变量的方差分析也展示了显著的主效应，$F(1, 334) = 68.928$，$p < 0.001$。顾客在高水平参与定制时产生的购买意愿（$M_{CPC\ high} = 4.82$，$SD = 0.821$）显著地高于低水平参与定制时产生的购买意愿（$M_{CPC\ low} = 4.00$，$SD = 0.985$）。综合以上分析结果可以发现，顾客参与定制的水平正向影响着其购买意愿。因此，H1 得到支持。

H2 假设顾客参与定制的水平正向影响其心理需求满足。同样地，我们运行了一个协方差分析对该假设进行了检验。其中，自变量为顾客参与定制，因变量为顾客的心理需求满足，协变量同上。误差方差的均等性检验结果显示，各组误差方差没有显著的差异（$p = 0.085$），即未打破方差齐性假设。ANCOVA 的分析结果指出，顾客参与定制对心理需求满足存在显著的主效应，$F(1,328) = 190.315$，$p < 0.001$，偏 $\eta^2 = 0.367$。在协变量当中，仅有独特性需求对心理需求满足存在微弱的影响作用（$p = 0.097$，偏 $\eta^2 = 0.008$）。尽管如此，进一步的分析发现顾客参与定制和独特性需求的交互项并不显著（$p = 0.665$），并未影响顾客参与定制和心理需求满足之间的关系。此外，不包含协变量的方差分析也展示了显著的主效应，$F(1,334) = 194.677$，$p < 0.001$。顾客在高水平参与定制时产生的心理需求满足（$M_{CPC\ high} = 5.15$，$SD = 0.920$）显著地高于低水平参与定制时产生的心理需求满足（$M_{CPC\ low} = 3.82$，$SD = 0.821$）。综合以上分析结果可以发现，顾客参与定制的水平正向影响着其心理需求满足。因此，H2 得到支持。

H3 假设顾客参与定制的水平正向影响其积极情感反应。同样地，我们运行了一个协方差分析对该假设进行了检验。其中，自变量为顾客参与定制，因变量为顾客的积极情感反应，协变量同上。误差方差的均等性检验结果显示，各组误差方差没有显著的差异（$p = 0.107$），即未打破方差齐性假设。ANCOVA 的分析结果指出，顾客参与定制对积极情感反应存在显著的主效应，$F(1,328) = 30.821$，$p < 0.001$，偏 $\eta^2 = 0.086$。所有协变量均未显著地影响积极情感反应。此外，不包含协变量的方差分析也展示了显著的主效应，$F(1,334) = 31.181$，$p < 0.001$。顾客在高水平参与定制时体验到的积极情感反应（$M_{CPC\ high} = 4.77$，$SD = 0.838$）显著地高于低水平参与定制时体验到的积极情感反应（$M_{CPC\ low} = 4.21$，$SD = 0.992$）。综合以上分析结果可以发现，顾客参与定制的水平正向影响着其积极情感反应。因此，H3 得到支持。

H4c 假设服务人员的关系型互动行为正向影响顾客购买意愿。同样地，我们运行了一个协方差分析对该假设进行了检验。其中，自变量为服务人员的关系型互动行为，因变量为顾客购买定制游的意愿，协变量同上。误差方差的均等性检验结果显示，各组误差方差没有显著的差异（$p = 0.107$），即未打破方差齐性假设。ANCOVA 的分析结果指出，服务人员的关系型互动行为对顾客购买意愿存在显著的主效应，$F(1,328) = 5.738$，$p = 0.017$（< 0.05），偏 $\eta^2 = 0.017$。所有协变量均未显著地影响顾客购买意愿。此外，不包含协变量的方差分析也展示了显著的主效应，$F(1,334) = 6.138$，$p = 0.014$（< 0.05）。高水平的关系型互动行为让顾客产生的购买意愿（$M_{RI\ high} = 4.54$，$SD = 0.974$）显著地高于低水平关系型互动行为让顾客产生的购买意愿（$M_{RI\ low} = 4.28$，$SD = 1.000$）。综合以上分析结果可以发现，服务人员的关系型互动行为正向影响着顾客购买定制游的意愿。因此，H4c 得到支持。

H5c 假设服务人员的关系型互动行为正向影响顾客心理需求满足。同样地，我们运行了一个协方差分析对该假设进行了检验。其中，自变量为服务人员的关系型互动行为，因变量为顾客心理需求满足，协变量同上。齐性检验的结果显示，各组误差方差没有显著的差异（p = 0.443），即未打破方差齐性假设。ANCOVA 的分析结果指出，服务人员的关系型互动行为对顾客心理需求满足并没有显著的主效应，$F(1,328) = 3.117$，$p = 0.078(>0.05)$，偏 $\eta^2 = 0.009$。因此，H5c 未得到支持。

7.2.3.2 中介作用假设检验

在进行中介作用的假设检验时，本书采用了 Hayes（2017）推荐的中介作用或间接作用检验方法和步骤，在每一个中介作用的假设检验当中，本书通过 PROCESS macro 的自举法进行重复抽样并产生了 5000 个自举样本，并且采用了 95% 的自举置信区间（CI）来检验可能存在的中介效应（Hayes，2013；Hayes，2017）。

H6、H8 和 H9 这三个中介作用假设涉及顾客参与定制、心理需求满足、积极情感反应和购买意愿之间的关系。为了获得更加清晰、更易理解的中介作用分析结果，我们首先运行了 6 号模型（分析并行中介和串行中介作用），之后运行 4 号模型（分析单独中介作用）。本书首先运行了 6 号模型（串行中介模型）。在该模型当中，顾客参与定制为自变量，购买意愿为因变量，心理需求满足（M_1）和积极情感反应（M_2）为中介变量，协变量的设定同上。

H6 假设顾客的心理需求满足在顾客参与定制的水平对购买意愿的影响中起中介作用。中介作用的分析结果显示，心理需求满足在顾客参与定制对购买意愿的影响中起显著中介作用，其间接效应值（indirect effect，IE）IE = 0.355，SE = 0.083，95% CI［0.202，0.524］不含 0（见表 7 – 6 Panel C Ind1）。此外，本书还运行了 4 号模型。在该模型当中，顾客参与定制为自变量，购买意愿为因变量，顾客的心理需求满足为唯一中介变量，协变量的设定同上。分析结果显示，心理需求满足中介了顾客参与定制对购买意愿的影响，其间接效应值 IE = 0.510，SE = 0.0930，95% CI［0.339，0.703］不含 0。该分析结果还发现，顾客参与定制正向影响着购买意愿（$\beta = 0.823$，$t = 8.296$，$p < 0.001$，95% CI［0.628，1.018］）和心理需求满足（$\beta = 1.325$，$t = 13.796$，$p < 0.001$，95% CI［1.136，1.514］），进一步支持了 H1 和 H2。该分析过程还计算了自变量（X）对因变量（Y）的直接作用（direct effect，DE），结果发现顾客参与定制对购买意愿的直接作用仍然显著，DE = 0.313，SE = 0.1116，$t = 2.701$，$p = 0.007$，95% CI［0.085，0.541］不含 0。也就是说，顾客心理需求满足在该模型当中起到了部分中介（partial mediation）的作用（Zhao et al.，2010），顾客参与定制对购买意愿的直接影响作用仍然显著。综合以上分析结果，H6 得到了支持。

表 7－6　心理需求满足和积极情感反应的中介作用分析结果

Panel A：Total effect of CPC on PI

Effect	SE	t	P	LLCI	ULCI
0.8232	0.0992	8.2959	0.0000	0.6280	1.0183

Panel B：Direct effect of CPC on PI

Effect	SE	t	P	LLCI	ULCI
0.2669	0.1078	2.4755	0.0138	0.0548	0.4789

Panel C：Indirect effect（s）of CPC on PI

	Effect	BootSE	BootLLCI	BootULCI
TOTAL	0.5563	0.0900	0.3877	0.7393
Ind1	0.3545	0.0825	0.2021	0.5242
Ind2	0.0462	0.0475	－0.0448	0.1425
Ind3	0.1556	0.0440	0.0790	0.2535

Indirect effect key：

Ind1：CPC→PNS→PI

Ind2：CPC→PAR→PI

Ind3：CPC→PNS→PAR→PI

注：基于 PROCESS macro 的分析结果输出整理。

H8 假设积极情感反应在顾客参与定制的水平对购买意愿的影响中起中介作用。中介作用的分析结果显示，积极情感反应在顾客参与定制和购买意愿之间的中介作用不显著，IE＝0.046，95% CI［－0.045，0.143］包含 0（见表 7－6 Panel C Ind2）。因此，H8 未得到支持。

此外，本书再次运行了 4 号模型。在该模型当中，顾客参与定制为自变量，购买意愿为因变量，积极情感反应为唯一中介变量，协变量的设定同上。分析结果显示，积极情感反应在顾客参与定制对购买意愿的影响中起中介作用，其间接效应值IE＝0.246，SE＝0.056，95% CI［0.145，0.362］不含 0。中介分析结果还指出，顾客参与定制正向影响着购买意愿（$\beta=0.823$，$t=8.296$，$p<0.001$，95% CI［0.628，1.018］）和积极情感反应（$\beta=0.559$，$t=5.552$，$p<0.001$，95% CI［0.361，0.758］），进一步支持了 H1 和 H3。该分析结果还发现，顾客参与定制对购买意愿的直接作用仍然显著，DE＝0.577，SE＝0.093，95% CI［0.394，0.760］不含 0。也就是说，积极情感反应在该模型当中发挥着部分中介作用（Zhao et al.，2010）。综合以上分析结果，本书认为 H8 仅得到部分支持。

H9 假设积极情感反应在顾客参与定制通过心理需求满足对购买意愿的影响中起中介作用。中介作用的分析结果显示，积极情感反应在顾客参与定制通过心理需求满足对购买意愿的影响中起显著中介作用，其间接效应值 IE =0.156，SE =0.044，95% CI［0.079，0.254］不含0（见表7－6 Panel C Ind3）。因此，H9 得到支持。该分析结果还发现，顾客参与定制正向影响着心理需求满足（β=1.325，t=13.796，p<0.001，95% CI［1.136，1.514］）进一步支持了 H2。但是，顾客参与定制对积极情感反应的影响作用不再显著（p=0.289，95% CI 包含0），对购买意愿的影响作用仅在 p=0.05 的水平上显著（p=0.014）。也就是说，当模型同时检验心理需求满足和积极情感反应的中介作用时，该模型为部分中介模型（Zhao et al.，2010）。顾客的心理需求满足和积极情感反应传递了顾客参与定制对购买意愿的部分影响作用。综合以上分析结果，H9 得到了支持。

在对 H7c 进行假设检验时，本书再次运行了4号模型。在该模型当中，服务人员的关系型服务互动为自变量，顾客的购买意愿为因变量，顾客的心理需求满足为唯一的中介变量，协变量的设定同上。分析结果显示，心理需求满足并没有介入关系型服务互动对顾客购买意愿的影响作用，其间接效应值 IE =0.099，SE =0.057，95% CI［－0.013，0.213］包含0（见表7－7 Panel C）。因此，H7c 未得到支持。该中介分析结果还指出，服务人员的关系型服务互动正向影响着顾客的购买意愿（β=0.259，t=2.396，p=0.017，95% CI［0.046，0.472］）进一步支持了 H4c。但是，服务人员的关系型服务互动并没有显著地影响顾客的心理需求满足（t=1.766，p=0.078，95% CI［－0.024，0.308］）。和前文的结论相一致，H5c 再次未得到支持。

表7－7 H7c 中介作用分析结果

Panel A：Total effect of RI on PI					
Effect	se	t	p	LLCI	ULCI
0.2593	0.1082	2.3955	0.0172	0.0463	0.4722
Panel B：Direct effect of RI on PI					
Effect	se	t	p	LLCI	ULCI
0.1607	0.0933	1.7222	0.0860	－0.0229	0.3442

Panel C：Indirect effect（s）of RI on PI：				
	Effect	BootSE	BootLLCI	BootULCI
PNS	0.0986	0.0570	－0.0131	0.2125

7.2.3.3 调节中介假设检验

在进行调节中介作用的假设检验时，我们同样采用了前文当中使用的检验方法和步骤，通过83号模型和7号模型（见图5-1）对H10c和H11c进行了检验（Hayes，2017）。同样地，在每一个调节中介作用的假设检验当中，本书使用PROCESS macro的自举法进行重复抽样，产生了5000个自举样本，并且采用了95%的自举置信区间来检验可能存在的调节中介效应。考虑到83号模型能够同时检验H10c和H11c，我们首先在PROCESS macro当中运行了该模型。在模型配置方面，顾客参与定制为自变量，购买意愿为因变量，顾客的心理需求满足和积极情感反应为中介变量，服务人员的关系型互动为调节变量，协变量的设定同上。

表7-8 H10c和H11c调节中介作用分析结果汇总

Panel A：Conditional indirect effects of CPC on PI：				
Indirect Effect：CPC→PNS→PI				
RI	Effect	BootSE	BootLLCI	BootULCI
1.0000	0.2613	0.0736	0.1359	0.4242
2.0000	0.4457	0.1009	0.2563	0.6500
Index of moderated mediation（difference between conditional indirect effects）：				
	Index	BootSE	BootLLCI	BootULCI
RI	0.1844	0.0616	0.0732	0.3124
Panel B：Unconditional indirect effects of CPC on PI：				
Indirect Effect：CPC→PAR→PI				
Effect	BootSE	BootLLCI	BootULCI	
0.0462	0.0478	-0.0495	0.1410	
Panel C：Conditional indirect effects of CPC on PI：				
Indirect Effect：CPC→PNS→PAR→PI				
RI	Effect	BootSE	BootLLCI	BootULCI
1.0000	0.1147	0.0368	0.0559	0.1980
2.0000	0.1956	0.0550	0.1038	0.3152
Index of moderated mediation（difference between conditional indirect effects）：				
	Index	BootSE	BootLLCI	BootULCI
RI	0.0809	0.0312	0.0298	0.1510

H10c假设服务人员的关系型互动行为调节了顾客参与定制通过心理需求满

足对购买意愿的间接影响。表 7 - 8 的分析结果显示，服务人员的关系型互动行为显著地调节了顾客参与定制通过心理需求满足对购买意愿的间接影响。IMM = 0.184，SE = 0.062，95% CI ［0.073，0.312］不含 0。因此，H10c 得到了支持。

此外，我们还运行了 7 号模型。在该模型当中，顾客参与定制为自变量，购买意愿为因变量，顾客的心理需求满足为唯一的中介变量，服务人员的关系型互动为调节变量，协变量的设定同上。在分析授权型互动的调节作用时，本书通过两个步骤进行了检验。首先，我们检验了授权型互动对“顾客参与定制（CPC）→心理需求满足（PNS）”的调节作用。分析结果显示，顾客参与定制和关系型互动的交互项（CPC × RI）显著地影响着心理需求满足，$\beta = 0.689$，$t = 3.651$，$p < 0.001$，95% CI ［0.318，1.061］。为了让这一调节作用更加直观，本书绘制了顾客参与定制与关系型互动对顾客心理需求满足的交互作用图（见图 7 - 1）。

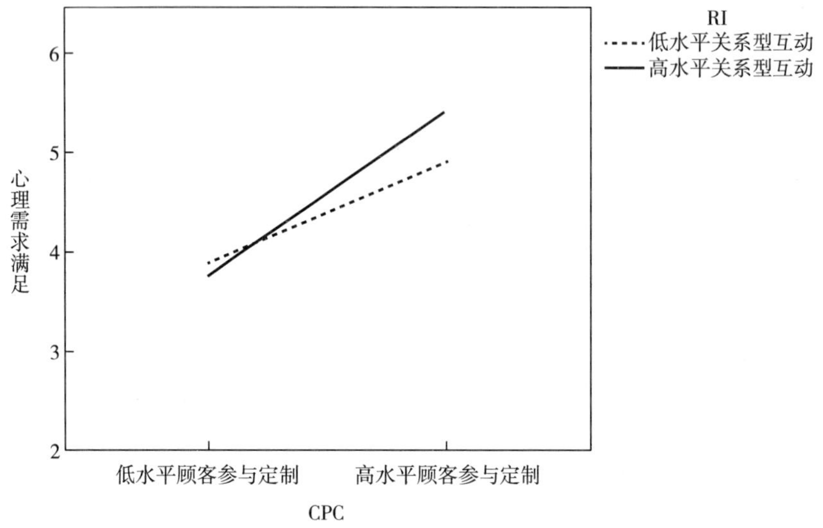

图 7 - 1　顾客参与定制与关系型互动对顾客心理需求满足的交互作用

其次，我们检验了关系型互动对“顾客参与定制→心理需求满足→购买意愿”的调节作用。本书使用调节中介指数（IMM）对调节中介作用的显著性进行了检验（Hayes，2015；Hayes，2017）。分析结果显示，服务人员的关系型互动显著地调节了“顾客参与定制→心理需求满足→购买意愿”这一中介作用，IMM = 0.265，SE = 0.080，95% CI ［0.117，0.431］不含 0。相对于低水平关系型互动时的中介作用（IE = 0.376），高水平关系型互动时的中介作用更强（IE = 0.641）（见表 7 - 9 Panel B）。综合以上分析结果，H10c 得到了支持。

表 7-9 H10c 调节中介作用分析结果汇总

Panel A：Direct effect of CPC on PI					
Effect	SE	t	P	LLCI	ULCI
0.3131	0.1159	2.7006	0.0073	0.0850	0.5411

Panel B：Conditional indirect effects of X on Y：				
Indirect Effect：CPC→PNS→PI				
RI	Effect	BootSE	BootLLCI	BootULCI
1.0000	0.3760	0.0878	0.2229	0.5669
2.0000	0.6413	0.1099	0.4383	0.8677
Index of moderated mediation（difference between conditional indirect effects）：				
	Index	BootSE	BootLLCI	BootULCI
RI	0.2653	0.0804	0.1168	0.4307

H11c 假设服务人员的关系型互动行为调节了顾客参与定制通过心理需求满足和积极情感反应对购买意愿的间接影响。调节中介的分析结果指出，服务人员的关系型互动显著地调节“顾客参与定制→心理需求满足→积极情感反应→购买意愿”这一串行中介作用，IMM = 0.081，SE = 0.031，95% CI [0.030，0.151] 不含 0（见表 7-8 Panel C）。因此，H11c 得到了支持。具体来说，随着服务人员关系型互动行为的增加，顾客参与定制通过心理需求满足（M_1）和积极情感反应（M_2）对购买意愿的间接影响作用得到增强（IE 从 0.115 提高到 0.196）。

此外，分析结果还指出心理需求满足在顾客参与定制和购买意愿之间的中介作用仍然显著，95% CI 不含 0，即 H6 得到了进一步的支持。而积极情感反应在顾客参与定制和购买意愿之间的中介作用仍不显著，95% CI [-0.050，0.141] 包含 0，即 H8 仍旧没有得到支持。此外，在该调节中介模型当中，顾客参与定制对购买意愿的直接作用仅在 p = 0.05 的水平上显著，DE = 0.267，SE = 0.108，p = 0.014，95% CI [0.055，0.479]。这一研究发现意味着，顾客的心理需求满足和积极情感反应在顾客参与定制和购买意愿的关系当中发挥着重要的中介作用。综合以上分析结果，H11c 得到了支持。

7.3 讨论

为了进一步检验顾客参与定制对顾客购买意愿的影响机制，同时探索该影响机制的理论边界，本书对研究模型进行了调整。在实验研究三当中，本书将服务人员的关系型互动行为设定为研究模型当中的自变量和调节变量，而其他研究变量保持不变。同样地，采用基于情景的组间实验设计和来自旅游市场的游客样本，实验研究三再一次对研究模型进行了实证检验。接下来，我们将对实验研究三的研究结论进行总结和讨论。

本书假设了顾客参与定制对购买意愿、心理需求满足和积极情感反应的正向影响作用。实验研究三的分析结果指出，这三个研究假设全部得到了实证支持。首先，顾客参与定制的水平正向影响着顾客购买定制游的意愿。也就是说，随着顾客在定制游服务过程中参与水平的提高，他们购买该定制游服务方案的意愿也越强烈。这一研究发现与之前的研究相一致，即定制服务过程中的顾客参与可以增强顾客的购买意愿或花费的金额（汪涛等，2009；Ding & Keh，2016；Grissemann & Stokburger - Sauer，2012）。其次，顾客参与定制的水平正向影响着其心理需求满足。相对于低水平顾客参与定制，更高水平的顾客参与定制让顾客感受到强度更高的心理联结、亲密体验、嵌入感和相依性，因此心理需求满足的程度得到提高。这一研究发现也与之前的研究结论相一致，即顾客参与正向影响着顾客和企业间的关系质量（刘洪深等，2012；姚山季、王永贵，2012；Coker & Nagpal，2013；Rosenbaum et al.，2005）。最后，顾客参与定制的水平正向影响着顾客体验到的积极情感反应。在定制游服务过程中，顾客参与水平越高，他们体验到的快乐、高兴、享受、兴奋、有趣等情感体验就越丰富。这一研究发现也和现有研究相一致，比如顾客参与服务的设计、生产、传递过程的程度影响着他们在服务过程中的正面情感体验（彭艳君、蔡璐，2016；沙振权等，2013；Yim et al.，2012）。此外，这一研究结论也在一定程度上呼应了顾客参与对顾客满意度（作为一种愉悦的情感状态）的影响研究（Dong & Sivakumar，2017）。

本书还假设了服务人员的关系型互动行为对顾客购买定制游意愿和心理需求满足的影响作用。实验研究三的分析结果指出，其中只有一个假设都得到了实证支持。首先，服务人员的关系型互动行为正向影响着顾客购买定制游的意愿。随着服务人员关系型互动行为的增多，他们和顾客建立了更加融洽的人际关系，因此购买定制游的意愿也随之增强。这一研究发现与当前服务营销和关系营销领域的研究结论相一致（杨晶、李先国、陈宁颉，2017；Dabholkar & Sheng，2012；Lu et al.，2016）。尽管如此，实验研究三发现服务人员的关系型互动行为并没有显著地影响顾客的心理需求满足。也就是说，无论服务人员关系型互动行为处于高水平还是低水平，顾客感受到的心理需求满足并没有显著的差异。

本书提出了两个关于心理需求满足的中介作用假设，其中只有一个假设在实验研究三当中得到了实证支持。首先，心理需求满足中介了顾客参与定制对购买意愿的影响作用。随着顾客在定制游服务过程中参与水平的提高，他们体验到更为明显的感知自主权、感知能力和感知关联度。心理需求满足程度的提高也进而增强了他们购买定制游服务的意愿。其次，心理需求满足并没有中介服务人员的关系型互动对顾客购买意愿的影响作用。尽管服务人员的关系型互动行为显著地影响着了顾客购买定制游的意愿，但是其对顾客心理需求满足的影响作用不显著。也就是说，心理需求满足并没有介入到发展型互动和购买意愿这一关系当中，也没有发挥相应的解释作用。

本书提出了两个关于积极情感反应的中介作用假设，其中只有一个假设在实验研究三当中得到了实证支持。首先，积极情感反应并没有在顾客参与定制对购买意愿的影响中起中介作用。尽管顾客参与定制的水平显著地影响了顾客在定制游服务当中体验到的积极情感反应，同时也提高了顾客购买定制游的意愿，但是积极情感反应并没有在顾客参与定制和购买意愿这一关系当中扮演中介变量的角色。这一研究发现与本书的研究预期不符，我们也会在下文当中进一步讨论。其次，积极情感反应在顾客参与定制通过心理需求满足对购买意愿的影响作用中起中介作用。随着顾客参与定制水平的提升，顾客的心理需求得到更高程度的满足，他们体验到更多的积极情感反应（如快乐、高兴、兴奋等），并最终产生更加强烈的购买定制游的意愿。这一研究发现与现有的自我决定理论研究相一致，即心理需求满足程度的提高可以为个体带来更高水平的积极情感体验和更强的内部行为动机（Reis et al.，2000）。除此之外，该研究发现再次验证了个体意识三要素模型的理论内核，即个体的知觉评价通过情感体验影响行为意愿（Bagozzi，1992；Hilgard，1980）。

除此之外，实验研究三还检验了本书提出的两个调节中介作用假设，并且为它们提供了实证支持。首先，服务人员的关系型互动行为显著地调节“顾客参与定制→心理需求满足→购买意愿”这一间接作用。相对于低水平的关系型互动，高水平的关系型互动使得“顾客参与定制→心理需求满足→购买意愿”这一中介机制的间接作用更强。也就是说，服务人员的关系型互动行为越多，心理需求满足对顾客参与定制和购买意愿这一关系的解释能力就越强。其次，服务人员的关系型互动行为显著地调节“顾客参与定制→心理需求满足→积极情感反应→购买意愿”这一串行中介作用。相对于低水平的关系型互动，高水平的关系型互动使得“顾客参与定制→心理需求满足→积极情感反应→购买意愿”这一串行中介机制的间接作用更强。换句话说，服务人员的关系型互动行为正向调节（即强化）了顾客参与定制通过心理需求满足和积极情感反应对购买意愿的间接影响。

综合以上内容，我们将实验研究三的研究结论进行了汇总（见表 7 - 10）。在 11 个研究假设当中，有 8 个研究假设得到了支持，3 个研究假设没有得到支持。总体来说，实验研究三再次为本书构建的研究模型提供了实证支持。接下来我们将对模型中未获得支持的研究假设及研究结论进行更为深入的分析和讨论。

表7－10　实验研究三的研究结果汇总

序号	研究假设	结果
H1	顾客参与定制的水平正向影响其购买意愿	支持
H2	顾客参与定制的水平正向影响其心理需求满足	支持
H3	顾客参与定制的水平正向影响其积极情感反应	支持
H4c	服务人员的关系型互动行为正向影响顾客购买意愿	支持
H5c	服务人员的关系型互动行为正向影响顾客的心理需求满足	不支持
H6	顾客的心理需求满足在顾客参与定制的水平对购买意愿的影响中起中介作用	支持
H7c	顾客的心理需求满足在关系型服务互动行为对购买意愿的影响中起中介作用	不支持
H8	积极情感反应在顾客参与定制的水平对购买意愿的影响中起中介作用	不支持
H9	积极情感反应在顾客参与定制通过心理需求满足对购买意愿的影响中起中介作用	支持
H10c	服务人员的关系型互动行为调节了顾客参与定制通过心理需求满足对购买意愿的间接影响	支持
H11c	服务人员的关系型互动行为调节了顾客参与定制通过心理需求满足和积极情感反应对购买意愿的间接影响	支持

实验研究三发现，服务人员的关系型互动行为并没有影响顾客的心理需求满足。也就是说，和低水平的关系型互动行为相比，服务人员高水平的关系型互动行为并没有让顾客的心理需求满足产生显著的差异。此外，尽管服务人员的关系型互动行为显著地增强了顾客购买定制游的意愿，但是心理需求满足并没有在这一关系当中扮演中介变量的角色，也没有贡献相应的解释力。这些研究发现同时也意味着，服务人员的关系型互动行为对购买意愿的影响作用可能存在其他的解释机制。

实验研究三还发现，顾客的积极情感反应并没有中介顾客参与定制的水平对购买意愿的影响。尽管该研究发现与本书的研究预期不符，但是却和实验研究二的结论相一致。同样地，我们又一次在假设检验阶段追加了一个分析过程（见H8的假设检验部分）。追加分析的结果表明，当模型仅包含积极情感反应这一个中介变量时，它展现了显著的中介作用（95% CI 不含0）。但是，当模型同时包含心理需求满足和积极情感反应这两个中介变量时，积极情感反应的中介作用不再显著。和实验研究二的研究发现相同，心理需求满足在顾客参与定制对积极情感反应的影响作用中起完全中介作用（见图7－2），而积极情感反应的中介作用

仅以串行中介的形式出现（即“顾客参与定制→心理需求满足→积极情感反应→购买意愿”）。综合以上分析结果，本书认为 H8 在实验研究三当中仅得到了部分支持。

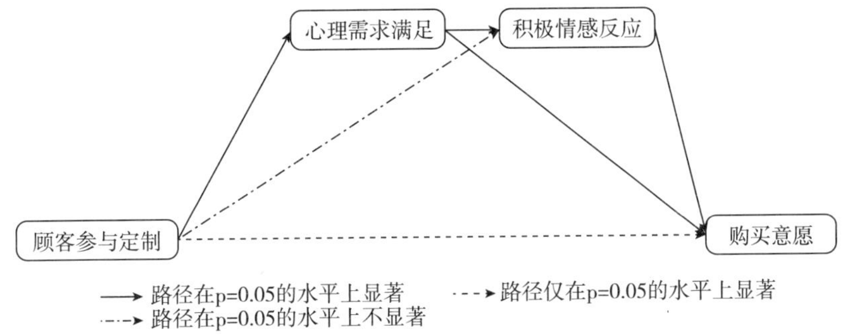

图 7－2　中介作用研究模型（实验研究三）

最后，所有协变量均未显著地影响本书的核心因变量（即顾客购买定制游的意愿）。尽管如此，本书对协变量的设定有效地排除了可能存在的替代解释，并且获得了自变量（顾客参与定制、关系型互动）和因变量（购买意愿）之间更加清晰的作用关系。综合以上讨论，本书认为实验研究三为顾客参与定制、服务人员的关系型互动行为和购买意愿的研究模型提供了整体性的实证支持。在下文当中，我将对本书全部的研究结论进行整体性的梳理和阐述并做出进一步的讨论。

8 研究总结和讨论

采用自我决定理论、个体意识三要素模型和服务主导逻辑等理论体系（Bagozzi，1992；Ryan & Deci，2000；Vargo & Lusch，2004），本书构建了顾客参与定制、服务人员的互动行为和购买意愿间关系的研究模型。在该研究模型当中，顾客参与定制和服务人员的互动行为（授权型互动、发展型互动和关系型互动）为自变量，顾客的心理需求满足和积极情感反应为中介变量，顾客购买定制游的意愿为因变量。其中，服务人员的互动行为还承担了调节变量的角色。

本书采用了质性研究和实验研究相结合的混合式的研究设计，通过针对定制游游客的焦点团体讨论、定制游一线服务人员的深度访谈和以真实游客为被试的基于情景的组间实验等一系列研究（见表8－1），我们完成了对本书研究模型的实证检验，并且回答了本书提出的研究问题。在本书当中，探索性研究通过焦点团体讨论和深度访谈为主实验研究提供了前期的研究准备和理论观点。此外，探索性研究阶段进行的预实验和前测也为本书提供了具有理想操控效果的实验情景和有效的测量工具，为主实验研究打下了坚实的研究基础。

表8－1　本书的研究设计和样本特征

本书进行的研究		研究方法			样本特征	
		质性研究	问卷研究	实验研究	样本量	样本来源
探索性研究	焦点团体讨论	√			41	游客*
	深度访谈	√			13	定制游服务人员
	预实验			√	107	游客
	前测		√		97	在校大学生
主实验研究	实验研究一		√	√	207	游客
	实验研究二		√	√	225	游客
	实验研究三		√	√	336	游客
共计	7个				1026人	

注：*焦点团体讨论仅针对拥有定制游服务经历的旅游者展开，而实验研究部分的被试均为普通的旅游者。

在探索性研究的基础上，主实验部分通过三个独立的实验研究对本书的研究模型进行了实证检验，并获得了一系列与预期相符的研究结论。总体来讲，三个实验研究为本书的研究模型提供了整体性的支持。在本书的研究模型当中，我们共提出了 21 个研究假设，其中有 15 个研究假设得到了支持，2 个研究假设得到了部分支持，4 个研究假设未得到支持（见表 8 -2）。

表 8 -2　本书研究结论汇总

序号	研究假设	实验研究			研究总结
		研究一	研究二	研究三	
H1	顾客参与定制的水平正向影响其购买意愿	支持	支持	支持	支持
H2	顾客参与定制的水平正向影响其心理需求满足	支持	支持	支持	支持
H3	顾客参与定制的水平正向影响其积极情感反应	支持	支持	支持	支持
H4a	服务人员的授权型互动行为正向影响顾客购买意愿	支持			支持
H4b	服务人员的发展型互动行为正向影响顾客购买意愿		支持		支持
H4c	服务人员的关系型互动行为正向影响顾客购买意愿			支持	支持
H5a	服务人员的授权型互动行为正向影响顾客的心理需求满足	支持			支持
H5b	服务人员的发展型互动行为正向影响顾客的心理需求满足		支持		支持
H5c	服务人员的关系型互动行为正向影响顾客的心理需求满足			不支持	不支持
H6	顾客的心理需求满足在顾客参与定制的水平对购买意愿的影响中起中介作用	不支持	支持	支持	部分支持
H7a	顾客的心理需求满足在授权型服务互动行为对购买意愿的影响中起中介作用	支持			支持
H7b	顾客的心理需求满足在发展型服务互动行为对购买意愿的影响中起中介作用		支持		支持
H7c	顾客的心理需求满足在关系型服务互动行为对购买意愿的影响中起中介作用			不支持	不支持
H8	积极情感反应在顾客参与定制的水平对购买意愿的影响中起中介作用	支持	不支持	不支持	部分支持
H9	积极情感反应在顾客参与定制通过心理需求满足对购买意愿的影响中起中介作用	支持	支持	支持	支持
H10a	服务人员的授权型互动行为调节了顾客参与定制通过心理需求满足对购买意愿的间接影响	不支持			不支持
H10b	服务人员的发展型互动行为调节了顾客参与定制通过心理需求满足对购买意愿的间接影响		支持		支持

续表

序号	研究假设	实验研究			研究总结
		研究一	研究二	研究三	
H10c	服务人员的关系型互动行为调节了顾客参与定制通过心理需求满足对购买意愿的间接影响			支持	支持
H11a	服务人员的授权型互动行为调节了顾客参与定制通过心理需求满足和积极情感反应对购买意愿的间接影响	支持			支持
H11b	服务人员的发展型互动行为调节了顾客参与定制通过心理需求满足和积极情感反应对购买意愿的间接影响		不支持		不支持
H11c	服务人员的关系型互动行为调节了顾客参与定制通过心理需求满足和积极情感反应对购买意愿的间接影响			支持	支持

以上研究结论为本书提出的研究问题提供了令人满意的回答。首先，在定制游的服务情境当中，顾客参与定制的水平正向影响着他们的购买意愿。也就是说，顾客参与定制的水平越高，他们购买该定制游的意愿也就越强烈。其次，在定制游的服务情境当中，一线服务人员的互动行为显著地影响着顾客的购买意愿。在本书当中，三种类型的服务互动（授权型互动、发展型互动和关系型互动）均显著地影响着顾客购买定制游的意愿。也就是说，在定制游的服务过程当中，一线的服务人员（定制师）展现的授权型、发展型和关系型服务互动行为越多，顾客们购买该定制游的意愿也就越强烈。再次，透过多个理论体系的综合视角，本书探明了顾客参与定制影响顾客购买意愿的内在机制和心理过程。本书发现，顾客在定制游服务过程中体验到的心理需求满足和积极情感反应介入并且有力地解释了这一影响作用。最后，本书对这一影响机制的理论边界的探索也取得了预期的研究成果，为研究问题四提供了令人满意的答案。本书发现，一线服务人员（定制师）的授权型、发展型和关系型互动行为均展现出显著的调节作用。也就是说，三种类型的服务互动行为是顾客参与定制影响顾客购买意愿这一影响机制的理论边界。

在下文当中，我们将对本书的研究结论进行更为系统的阐述、讨论和整合，以此来获得更为清晰、更具有稳健性的研究结论。

8.1 研究总结

在本书构建的研究模型当中，我们对直接影响作用、中介作用（即间接影响作用）和调节中介作用（即有条件的间接影响作用）进行了区分。在下文当中，我们也会按照该思路依次对本书的研究结论进行阐述、总结和讨论。

8.1.1 关于直接影响作用的研究发现

本书假设了顾客参与定制对购买意愿、心理需求满足和积极情感反应的正向影响作用，这三个研究假设在本书的质性研究和实验研究当中得到了一致性的实证支持。首先，顾客参与定制的水平正向影响着顾客购买定制游的意愿。随着顾客在定制游服务过程中参与水平的提高，他们在定制过程中对个人需求的表达就更加明确和清晰，对于定制游方案的参与度也越高。相对于低水平的顾客参与定制，高水平的顾客参与定制可以提高旅游者对定制服务过程和服务结果的满意度。因此，他们购买该定制游服务方案的意愿也得到增强。这一研究发现与之前顾客参与研究和定制研究相一致，即服务过程中的顾客参与可以增强顾客的购买意愿和支付意愿（Ding & Keh，2016；Mochon et al.，2012；Schreier et al.，2012）。

其次，顾客参与定制的水平正向影响着顾客的心理需求满足。也就是说，随着顾客在定制游服务过程中参与水平的提高，他们可以获得更高程度的心理需求满足。当顾客参与定制的水平提升时，他们会感受到（相对于低水平顾客参与定制）更加强烈的自主权和话语权、控制感、胜任感，这一研究发现与之前的研究相一致（彭艳君、景奉杰，2008；望海军、汪涛，2007；姚山季、王永贵，2012；Bateson，1985；Coker & Nagpal，2013；Hsieh & Chang，2016）。此外，相对于低水平顾客参与定制，高水平的顾客参与定制让顾客感受到强度更高的心理联结、亲密体验、嵌入感和相依性，因此心理需求满足的程度得到提高。这一研究发现也与已有研究相一致，即顾客参与正向影响着顾客和企业间的关系质量（刘洪深等，2012；姚山季、王永贵，2012；Coker & Nagpal，2013；Rosenbaum et al.，2005）。

最后，顾客参与定制的水平正向影响着顾客体验到的积极情感反应。随着顾客在定制游服务过程中参与水平的提高，他们会体验到更多的快乐、高兴、享受、兴奋、有趣等情感体验。这一研究发现也和现有研究相一致，比如顾客参与服务的设计、生产、传递过程的程度影响着他们在服务过程中的情感体验（彭艳君、景奉杰，2008；彭艳君、蔡璐，2016；沙振权等，2013；Yim et al.，2012）。此外，这一研究结论也在一定程度上支持了顾客参与对顾客满意度（服务过程满意和服务结果满意）的影响研究（Dong & Sivakumar，2017）。

本书还假设了服务人员的三种服务互动行为对顾客购买定制游意愿和心理需求满足的影响作用。其中，对于服务人员授权型互动行为的两个研究假设，质性研究和实验研究均提供了实证支持。首先，本书发现服务人员的授权型互动行为正向影响着顾客的购买意愿。也就是说，定制师在定制游的服务当中展现的授权型服务互动行为越多，顾客购买该定制游的意愿也就越强烈。该研究结论与我们的研究预期相符，同时也为以往的顾客授权研究提供了进一步的支持。随着服务人员授权型互动行为的增多，他们更加鼓励顾客按照个人偏好去塑造服务体验和服务结果，顾客体验到更多的心理授权，进而增强了顾客购买定制游的意愿。这一研究发现与当前有限的研究相一致（Fuchs et al.，2010；Fuchs & Schreier，2011）。不管是企业实施的顾客授权战略，还是顾客体验到的心理授权均会对顾客对产品/服务的态度、购买需求、购买意愿、支付意愿产生显著的影响作用（Ouschan et al.，2006；Spreitzer，1995）。此外，本书质性研究的分析结果还表明，顾客体验到的定制服务的感知价值以及心理所有权都可以帮助我们理解这一影响作用（Cova & Dalli，2009）。其次，服务人员的授权型互动行为正向影响着顾客的心理需求满足。随着服务人员授权型互动行为的增多，顾客感受到更加强烈的自主权（如话语权）、感知能力（如效能感）和感知关联度（如信任和承诺），因此心理需求满足的程度得到提高。这一研究发现进一步支持了来自于组织行为学界和顾客授权研究领域的研究结论（Chiniara & Bentein，2016；Füller et al.，2009；Ouschan et al.，2006）。

对于服务人员发展型互动行为的两个研究假设，质性研究和实验研究均提供了实证支持。首先，本书发现服务人员的发展型互动行为正向影响着顾客的购买意愿。本书发现，定制师在定制游的服务当中展现的发展型服务互动行为越多，顾客购买该定制游服务的意愿也就越强烈。在定制游的服务过程中，随着定制师发展型服务互动行为的增加，顾客接收到更多关于产品和服务的相关知识和技能。这不仅加深了顾客们对定制游服务的了解，帮助他们掌握了更全面的产品信息，还增强了他们进行消费决策的信心和购买定制游的意愿。这一研究发现与顾客主观知识研究相一致，顾客掌握的产品/服务知识影响着顾客的购买意愿和消费行为（Carlson et al.，2008）。此外，服务人员向顾客展示的发展型互动行为可以让顾客形成更加积极的态度，进而增强顾客的购买意愿（Karpen et al.，2012）。

其次，服务人员的发展型互动行为正向影响着顾客的心理需求满足。本书发现，随着服务人员发展型互动行为的增加，顾客会产生更加强烈的感知能力、效能感、信心、胜任感等体验，因此心理需求满足的程度得到提高。此外，本书发现服务人员发展型互动行为还显著地影响着顾客的感知关联度。Bell 和 Eisingerich（2007）发现顾客教育不仅提高了顾客储备的产品知识，还提高了顾客和企业间的关系强度。因此，这一研究发现进一步支持了顾客教育、顾客社会化

和顾客参与等领域的研究结论。由此可见，服务人员的发展型互动行为和企业的顾客教育、顾客组织社会化的理念是相似的，它们都致力于培养更高效的价值共创伙伴（partners in value co - creation）（黄敏学、周学春，2012；肖淑兰等，2016；张晓振、官振中，2010）。

对于服务人员关系型互动行为的两个研究假设，本书仅提供了部分的实证支持。尽管关系型互动确实提高了顾客购买定制游的意愿，但是其对顾客心理需求满足的理论假设并没有得到支持。首先，本书发现服务人员的关系型互动行为正向影响着顾客的购买意愿。也就是说，定制师在定制游的服务当中展现的关系型服务互动行为越多，顾客购买该定制游服务的意愿也就越强烈。随着定制师关系型互动行为的增加，他们和顾客建立了更加融洽的人际关系，拉近了彼此间的心理距离，增强了顾客和定制师之间的关系质量。这一亲密关系（intimacy）的建立也让顾客产生更为强烈的购买意愿。这一研究发现与关系营销、服务营销等领域的研究结论相一致，顾客感受到的关系质量和关系强度影响着他们购买企业产品/服务的意愿和行为（De Wulf et al.，2001；Karpen et al.，2012）。尽管如此，服务人员的关系型互动行为并没有显著地影响顾客的心理需求满足。也就是说，顾客在观察到更多关系型互动行为时并没有产生（相对于低水平的关系型互动）更高程度的心理需求满足。因此，心理需求满足并没有解释服务人员的关系型互动对购买意愿的影响作用。

8.1.2 关于中介作用的研究发现

本书提出了四个关于心理需求满足的中介作用假设。其中，有两个研究假设得到了支持，一个得到了部分支持，还有一个研究假设未得到支持。首先，心理需求满足在顾客参与定制和购买意愿间的中介作用得到了部分支持。实验研究二和实验研究三为该中介作用假设提供了支持，但是实验研究一并未提供支持。对研究结果的进一步分析发现，心理需求满足没有将顾客参与定制的正向影响作用直接传递给购买意愿，而是通过积极情感反应进行了表达。综上所述，本书认为心理需求满足在顾客参与定制和购买意愿间的中介作用得到了整体性的支持。也就是说，随着顾客在定制游服务过程中参与水平的提高，他们体验到更为明显的感知自主权、感知能力和感知关联度。心理需求满足程度的提高也进而增强了他们购买定制游服务的意愿。

其次，心理需求满足在服务人员的授权型互动对顾客购买意愿的影响作用中起中介作用。随着服务人员授权型互动行为的增多，顾客的心理需求满足程度得到提高，他们体验到更加强烈的感知自主权、感知能力和感知关联度，进而提升了他们购买定制游的意愿。这一研究发现与自我决定理论研究结论相一致

（Gagné，2003；Ryan & Deci，2000），若个体在与其所处环境（定制游服务）或对象（定制师）互动时体验到了更高程度的心理需求满足，他们的内部行为动机（购买定制游的行为意愿）就会得到增强。此外，授权型互动对购买意愿的直接作用仍然显著（p =0.004），因此顾客心理需求满足在授权型互动和购买意愿的关系中只发挥了部分中介作用（partial mediating effect）（Baron & Kenny，1986）。

再次，心理需求满足在服务人员的发展型互动对顾客购买意愿的影响作用中起中介作用。随着服务人员发展型互动行为的增多，顾客的心理需求满足程度得到提高，进而提升了他们购买定制游的意愿。这一研究发现与当前自我决定理论研究结论相一致，如果个体在社会互动过程中体验到了更高水平的感知能力和感知关联度，他们的内部行为动机也会随之增强（Gagné，2003；Ryan & Deci，2000）。此外，尽管服务人员的发展型互动对顾客购买意愿的直接作用仍然存在，但是其显著性变弱（p =0.047）。因此，顾客心理需求满足在发展型互动和购买意愿的关系中发挥了重要的中介作用（Baron & Kenny，1986）。

最后，心理需求满足并没有在服务人员的关系型互动对顾客购买意愿的影响作用中起中介作用。尽管服务人员的关系型互动行为显著地影响了顾客购买定制游的意愿，但是其对顾客心理需求满足的影响作用不显著。也就是说，心理需求满足并没有介入到关系型互动和购买意愿这一关系当中，也没有发挥相应的解释作用。也就是说，服务人员的关系型互动行为对购买意愿的影响作用为仅直接作用（direct - only effect）（Zhao et al.，2010）。

本书还提出了两个关于积极情感反应的中介作用假设，其中，有一个研究假设在实验研究当中得到了全面的支持，另外一个研究假设仅得到了部分支持。首先，积极情感反应在顾客参与定制和购买意愿间的中介作用仅在实验研究一当中得到了支持，而实验研究二和实验研究三均未提供实证的支持。这一混合式的研究结论意味着，尽管顾客参与定制水平的提升为他们带来了更为丰富的积极情感体验（如快乐、高兴、享受、兴奋、有趣等），但是积极情感反应并没有稳定地将这一影响作用传递给顾客意愿。也就是说，积极情感反应在顾客参与定制对顾客购买意愿这一影响机制的介入（intervention）并不稳健（Baron & Kenny，1986）。尽管如此，本书认为该研究发现仍然增进了我们对于定制服务情境中消费者情感（consumption emotions）的理解（Westbrook & Oliver，1991；Yim et al.，2012）。

其次，积极情感反应中介了顾客参与定制通过心理需求满足对购买意愿的影响作用。这一研究假设在质性研究和三个实验研究当中全部得到了实证支持，也成为了本书研究模型当中稳健性最强的中介机制（见图5 -3、图6 -2 和图7 -2）。

随着顾客参与定制程度的提高，顾客的心理需求得到更高程度的满足，他们体验到更多的积极情感反应，并最终产生更加强烈的购买定制游的意愿。这一研究发现与现有的自我决定理论研究相一致，即心理需求满足程度的提高可以为个体带来更高水平的积极情感体验和更强的内部行为动机（Reis et al.，2000）。除此之外，该研究发现再次验证了个体意识三要素模型的理论内核，即个体的知觉评价通过情感体验影响行为意愿（Bagozzi，1992；Hilgard，1980）。

8.1.3 关于调节中介作用的研究发现

本书还提出了一系列的调节中介作用假设，分别探索了“顾客参与定制→心理需求满足→购买意愿”和“顾客参与定制→心理需求满足→积极情感反应→购买意愿”这两个中介机制的理论边界情况。我们将在下文当中分别对服务人员授权型互动、发展型互动和关系型互动的调节作用进行阐述和讨论。

本书发现，服务人员的授权型互动行为并没有调节“顾客参与定制→心理需求满足→购买意愿”这一间接作用，但是却显著地调节了“顾客参与定制→心理需求满足→积极情感反应→购买意愿”这一串行中介作用。这两个研究结论虽然看似矛盾，但是却包含着深层的变量关系。第一，本书发现顾客参与定制通过心理需求满足对购买意愿的间接作用不显著，但是顾客参与定制通过心理需求满足和积极情感反应对购买意愿的间接作用却是显著的。也就是说，积极情感反应完全中介顾客参与定制通过心理需求满足对购买意愿的影响作用。第二，顾客参与定制和服务人员的授权型互动对顾客心理需求满足的交互作用显著。因此，尽管授权型互动对“顾客参与定制→心理需求满足→购买意愿”这一中介机制的调节作用不显著，它仍能显著地调节“顾客参与定制→心理需求满足→积极情感反应→购买意愿”这一串行中介机制。换句话说，相对于低水平的授权型互动，高水平的授权型互动使得“顾客参与定制→心理需求满足→积极情感反应→购买意愿”这一串行中介机制的间接作用更强。

此外，本书发现服务人员的发展型互动行为显著地调节了“顾客参与定制→心理需求满足→购买意愿”这一间接作用，却并没有调节“顾客参与定制→心理需求满足→积极情感反应→购买意愿”这一串行中介作用。首先，相对于低水平的发展型互动，高水平的发展型互动使得“顾客参与定制→心理需求满足→购买意愿”这一中介机制的间接作用更强。也就是说，服务人员的发展型互动行为越多，心理需求满足对顾客参与定制和购买意愿这一关系的解释能力就越强。换句话说，服务人员的发展型互动行为正向调节了顾客参与定制通过心理需求满足对购买意愿的间接影响。其次，服务人员的发展型互动行为并没有调节“顾客参与定制→心理需求满足→积极情感反应→购买意愿”这一串行中介作用。尽管这一串行中介作用是显著的，但是它在发展型互动的两个水平上的差异并不具有统计学意义。

本书还发现，服务人员的关系型互动行为显著地调节了“顾客参与定制→积极情感反应→购买意愿”和“顾客参与定制→心理需求满足→积极情感反应→购买意愿”这两个中介机制。相对于低水平的关系型互动，高水平的关系型互动使得“顾客参与定制→心理需求满足→购买意愿”这一中介机制的间接作用更强，而且“顾客参与定制→心理需求满足→积极情感反应→购买意愿”的间接作用也得到增强。也就是说，服务人员展现的关系型互动行为越多，顾客的心理需求满足和积极情感反应对顾客参与定制和购买意愿这一关系的解释能力就越强。

为了获得更加清晰的研究结论。本书通过多种措施排除了可能存在的替代解释（alternative explanations）。首先，我们借鉴了 Fuchs 和 Schreier（2011）的方法对本书的实验情景进行了设定。在实验情景中，顾客并不是专门为了定制游而来，而是在旅行社的推荐下接触了定制游服务，这也符合旅游市场的真实情况。本书发现拥有旅游市场当中拥有定制游经历的游客并不多，大多数游客对于定制游的理解可能非常有限。因此，本书通过实验情景可以排除了顾客主动性（positivity）对购买意愿的影响（Gallan et al.，2013）。其次，本书将顾客以往经历（previous experience）和独特性需求（need for uniqueness）等可能会影响顾客购买定制游意愿的因素进行了控制，以降低可能存在的混淆效应并获得更为纯净的变量关系（Ding & Keh，2016；Dong et al.，2015）。此外，本书也将研究参与者的人口统计学特征进行了控制。综合以上讨论，我们认为本书排除了可能存在的替代解释对研究结论的影响。

8.2 讨论

8.2.1 理论贡献

当前，定制游研究处于起步阶段，学界对定制游消费者行为和心理机制的理解还非常有限（赵巧双，2017）。本书采用自我决定理论、个体意识三要素模型和服务主导逻辑等理论体系（Bagozzi，1992；Ryan & Deci，2000；Vargo & Lusch，2004），构建了顾客参与定制、服务人员的互动行为和购买意愿间关系的研究模型。通过混合式的研究设计，本书对该研究模型进行了实证检验并取得了符合预期的研究结论。因此，本书的理论贡献共有以下六个方面：

第一，本书首次从定制服务双方——顾客和一线服务人员——探索了影响旅游者购买定制游意愿的前置因素。当前学界关于定制游消费行为的前因研究仅有五个（见表2-3）。已有研究发现旅游企业对顾客参与定制的支持（Grissemann & Stokburger-Sauer，2012）、对顾客的教育（肖淑兰等，2016）、对定制游的市场推广（刘艳芬，2016）可以显著提升顾客（即旅游者）选择定制游的意愿。此外，旅游者对定制游服务的感知价值（李冬丽，2018）、定制游的产品特征和服务质量（刘艳芬，2016）正向影响着旅游者选择、购买或参与旅游定制的意愿和行为。还有研究发现，旅游者的独特性需求、感知控制、创造性自我效能、知识、群体支持、收入、生活方式（刘艳芬，2016；肖淑兰等，2016；张文敏，2012）正向影响着旅游者选择/购买定制游的意愿，而感知风险和旅游者感知定制游的成本价值（出行前）负向影响着旅游者选择/购买定制游的意愿（李冬丽，2018）。由此可见，当前并无研究同时考量顾客和一线服务人员双方对旅游者购买意愿的共同影响作用。通过行业观察、服务实践分析和系统的研究回顾，本书发现定制服务过程中的顾客参与和服务人员的互动行为是影响旅游者购买意愿的关键因素。在研究定制游消费行为时，仅考虑顾客方面或服务提供方的影响作用并不利于完整地刻画旅游者的消费心理。因此，本书所做的研究尝试为学界描绘了更为全面、更为清晰的定制游消费心理。

第二，本书首次探明了顾客参与定制对顾客购买定制游意愿的内在影响机制。尽管有少量的研究初步探索了顾客参与对顾客购买定制产品/服务意愿的影响作用，但是至今并无研究澄清这一影响作用的内在心理机制。透过自我决定理论、个体意识三要素模型和服务主导逻辑的理论透镜，本书整合了顾客参与研究和定制研究领域的研究成果，并在此基础上构建并检验了顾客参与定制影响顾客购买定制服务意愿的研究模型。本书发现，顾客的心理需求满足和积极情感反应在该影响机制当中发挥了较强的解释能力。也就是说，顾客的心理需求满足和积极情感反应传递了顾客参与定制对购买意愿的大部分正向影响作用。本书的研究发现，澄清了定制游服务过程中顾客的内在心理过程，加深了当前学界对于定制消费行为的理解。

第三，本书发现了顾客参与定制影响顾客购买定制游意愿这一作用机制的理论边界。服务主导逻辑和价值共创理论认为，服务的价值是服务双方（顾客和服务提供方）在互动的过程中共同创造的（Prahalad & Ramaswamy，2000；Vargo & Lusch，2004）。在定制服务过程当中，顾客（即旅游者）和服务提供方（即一线服务人员）在直接影响服务结果的同时，还影响着彼此在价值共创中的表现（performance）。本书的研究结果表明，在顾客参与定制对顾客购买意愿的影响机制当中，一线服务人员（定制师）的授权型互动行为、发展型互动行为和关系型互动行为分别展现了不同程度的调节作用。在定制游的服务过程中，定制师展现的发展型和关系型互动行为越多，顾客参与定制通过心理需求满足影响顾客购买意愿的间接作用越强；定制师展现的授权型和关系型互动行为越多，顾客参与定制通过心理需求满足和积极情感反应影响顾客购买意愿的间接作用越强。这些研究发现与服务主导逻辑的观点相一致，服务企业和服务人员在价值共创的过程中更多地扮演着促进者（facilitator）的角色，他们应该为顾客营造良好的服务氛围并提供相应的支持和辅助（Vargo & Lusch，2004；Vargo & Lusch，2008；Vargo & Lusch，2016）。更进一步地，本书的研究结论也为定制研究领域提供了更为清晰的理论观点。也就是说，顾客参与定制对购买意愿的影响作用存在自身的理论边界，可能会随着服务提供方（service provider）的表现发生强弱的变化。

第四，本书探索了一线服务人员的服务互动行为对顾客购买意愿的影响作用和内在机制。以往的定制研究更多地从顾客方面探索了可能影响服务结果的因素，并没有深入地探索定制服务的提供方（定制企业或服务人员）对服务结果的影响作用和影响机制。在定制游的服务过程当中，顾客需要和一线服务人员（定制师）频繁地互动、沟通和协作。因此，在探索旅游者购买定制游意愿的影响因素时，服务人员的互动行为是非常重要的一个影响变量。本书发现，一线服务人员（定制师）的服务互动行为可以显著地提高顾客购买定制游意愿。此外，一线服务人员的授权型和发展型互动行为还通过顾客的心理需求满足间接提升了顾客购买定制游的意愿。该研究发现为我们清晰地描述了定制游消费者的内在心理机制，同时增进了价值共创学界对于服务提供方影响定制服务结果（如购买意愿）的理解。此外，尽管当前的服务营销学界呼吁更多的研究去关注一线服务人员在价值共创中的影响作用（Singh et al.，2017），但是致力于填补这一研究缺口的研究非常有限。本书回应了这一研究号召并且为增进学界对于一线服务人员影响作用的理解做出了一定的理论贡献。

第五，本书增进了学界对于顾客参与价值共创行为的理解，为顾客参与研究带来了新的研究视角和理论贡献。顾客参与定制是价值共同创造的形式之一（Prahalad & Ramaswamy，2004a；Vargo & Lusch，2004），本书的研究发现为“顾客参与”（customer participation）、“顾客参与定制”（customer participation in customization）、“顾客参与设计”（customer participation in design）和“顾客参与新产品开发”（customer participation in NPD）等多种形式的顾客价值共创研究带来了新的解释机制和理论观点。之前的研究对顾客参与影响购买意愿的研究非常有限，而且呈现出碎片化和零散化的特征（Franke et al.，2010；Mustak et al.，

2013)。本书在解释顾客参与定制现象时采用了与以往不同的理论视角和研究方法，并且为定制研究领域补充了新的研究结论。

第六，本书首次将自我决定理论体系引入定制研究领域，促进了社会心理学界和消费者行为学界的进一步融合。为了构建理论驱动型的研究模型，本书整合了来自社会心理学、认知心理学和消费者行为等多个学科和领域的相关理论和研究成果。比如在服务营销学界，Ma 和 Dubé（2011）认为一线的服务接触（frontline service encounter）是一种特殊形式的社会互动，因此需要服务学界的研究人员给予更多、更深入的研究关注。自我决定理论研究发现，社会活动过程中互动双方的互动质量影响着个体的心理需求满足、个体情感和行为动机（Gagné，2003)。此外，Dahl 和 Moreau（2007）认为自我决定理论对于消费者创造性体验(creative experience）研究有很强的指导意义。受到以上研究的启发，本书在社会心理学和知觉心理学的视角下研究了定制服务中的顾客参与。这不仅为自我决定理论提供了进一步的支持，还为未来的消费者行为研究提供了新的理论视角。比如消费者的心理需求满足，作为该理论体系的核心概念之一，可以为更多的消费者行为提供解释机制。总的来说，本书所做的研究尝试不仅为学界带来新的研究视角和研究洞见，同时也促进了社会心理学、消费者行为学、服务营销学等多个研究领域的进一步交流和融合。

8.2.2 管理启示

2019 年，中国旅游研究院发布的《中国定制旅行发展报告》指出，定制游是增进大众时代分层分众获得感和满意度的有效路径，是旅行服务市场创新的突破口，是旅游业高质量发展的有效支撑。随着当前我国旅游消费的提档升级，旅游者对于个性化体验的重视程度会进一步提高。在旅游市场的发展历程当中，自由行取代传统的观光旅游的主导地位用了不到二十年的时间，而未来定制游取代自由行成为主流方式的时间可能不会超过十年（邓杨民，2018)。因此，本书的研究发现为当前快速发展中的定制游企业和行业带来了多方面的管理启示和现实指导意义。具体来说，可以分为五个方面：

第一，定制游企业应该鼓励顾客更多地参与到服务定制的过程当中，以此提升顾客购买定制游的意愿，提高定制游的订单转化率。通过行业观察和定制师访谈，本书发现当前很多定制游企业（或平台）面临着一个共同的困境：定制游的成单率偏低（即订单转化率低)。如何增强顾客的购买意愿、提高有效订单的生成率（转化率）已经成为每一个定制游企业必须要思考和回答的问题。对定制游企业来说，只有顾客购买了定制游，前期的定制服务才成为真正有效的服务工作。为了回答并解决这一核心问题，本书在进行了一系列的实证研究后发现：

顾客参与定制可以增强顾客购买定制游的意愿。具体来说，顾客参与定制在直接增强顾客购买意愿的同时，还通过旅游者的心理需求满足和积极情感反应间接影响着旅游者的购买意愿。因此，本书建议定制游企业（或平台）在未来的服务实践当中鼓励顾客更多地参与到服务定制的过程当中，进而增强旅游者的购买意愿、提高有效订单的生成率。比如，让顾客提供更清晰、具体的旅游需求，鼓励顾客和定制师更加深入地沟通，并按照自己的个性化需求对定制方案进行设计、调整等。此外，定制游企业还可以按照游客的个人偏好同地面服务商（比如地接社等旅游企业）联合开发全新的旅游产品，进一步提升旅游服务的定制程度和游客满意度。通过这些服务实践，顾客对定制游服务方案的参与度得到提升，其购买该定制游服务的意愿也随之增强。

第二，定制游企业应该鼓励一线服务人员（如定制师）向顾客展示更多的服务互动行为，以此提升顾客购买定制游的意愿，提高定制游订单转化率。邓杨民（2018）认为当前定制游服务人员的互动能力是影响旅游者选择和购买定制游的重要影响因素，同时也是旅游者希望未来能够得到改善的重要问题。本书发现，一线服务人员的授权型、发展型和关系型服务互动行为不仅可以提升顾客购买定制游的意愿，还增强了顾客参与定制对购买意愿的正向影响作用。因此，定制游企业应该重视一线服务人员（如定制师）服务互动能力的培养和提升，通过更多服务互动行为的展示来提升顾客购买定制游的意愿。比如，定制师可以邀请顾客提供更多的建议，鼓励顾客去塑造他们即将接受的旅游服务，带给顾客对服务的控制感；定制师可以同顾客分享对他们真正有用的、有价值的旅游信息、知识和技能，增强顾客对于定制游服务和产品的理解，让顾客感觉到这些旅游知识和信息对他们是有益的；定制师要真诚地对待顾客，表现出对顾客真的关心，通过更多的关系型互动让顾客感觉安心。以上服务互动行为和服务实践不仅可以为顾客参与定制提供有力的支持，还可以提高顾客购买定制游的意愿并最终提升定制游的订单转化率。

第三，在定制游的服务实践当中，一线服务人员应该更多地关注并满足顾客对于感知自主权、感知能力和感知关联度的需求，以此提升顾客的购买意愿和定制游的订单转化率。本书发现，顾客在定制游服务过程中产生的心理需求满足在顾客购买意愿的形成过程中发挥着重要的中介作用。自我决定理论指出，个体的心理需求满足有三个核心的内容：感知自主权、感知能力和感知关联度。因此，在定制游的服务实践当中，定制游企业的一线服务人员让顾客感觉到更强烈的话语权和参与感；提高顾客的自我效能感和决策信心；同顾客建立融洽、亲密的客户关系，缩短和顾客的心理距离，建立高强度的关系质量（如信任和承诺）。通过对以上的服务工作的实践，顾客的心理需求得到更高程度的满足，其购买定制

游的意愿也会随之增强。

第四，定制游企业应该更加关注顾客在定制服务过程中产生的积极情感体验，以此提升顾客购买定制游的意愿和订单转化率。本书发现，顾客在定制游服务过程中体验到的积极情感反应在顾客购买意愿的形成过程中发挥着稳健的中介作用。因此，定制游企业应该营造轻松愉悦的服务氛围，在定制过程中融入更多能够诱发顾客产生积极情感反应的互动环节。比如定制师在邀请顾客参与时，向顾客强调定制游的优势和独特的服务体验，增强顾客的兴趣；定制师在向顾客介绍定制方案的细节性信息时，采用图片、视频、虚拟现实等多种呈现方式；在为顾客制定专属的方案时，更加细心、体贴地关注客人的个性化需求。通过以上服务实践，定制游企业可以让顾客在定制过程中体验到更多的快乐、高兴、兴奋、愉悦并且对定制游充满热情，对定制过程的满意度更高，进而增强他们购买定制游的意愿。

第五，本书的研究发现有助于定制游企业更好地理解和把握定制游的消费心理，提升旅游者对定制游服务的认可度和满意度，推动定制游市场和我国旅游业的高质量发展。中国旅游研究院发布的《2019 中国定制旅行发展报告》认为，定制旅行是未来我国旅游业高质量发展的抓手。但是，本书在行业观察和质性研究的过程中却发现：很多的定制游企业对顾客参与的理解存在一些误区。比如，有些定制游企业或平台的定制服务流于表面，并没有主动地引导顾客参与定制，顾客的潜在价值并没有得到充分发挥。此外，部分定制游企业的定制师的服务互动能力有待提高，他们并没有为顾客参与定制提供必要的支持和帮助，导致顾客对定制过程和定制方案的满意度不高，并最终影响顾客购买意愿。本书的研究结果指出，顾客消费定制游的意愿同时受到两个方面因素的影响：顾客自身因素和服务方因素。因此，未来的定制游企业应该合理地引导顾客，鼓励他们更多地参与到定制的过程当中。此外，定制游企业应该重视培养顾客在定制过程中的服务体验，比如话语权、能力感和心理联结感等。同时，服务企业也应该营造良好的服务氛围，让顾客在定制过程中体验到更加丰富的正面情感和情绪。此外，定制游企业应该积极地推进定制师服务互动能力的提升。比如携程旅行网建立了专属的定制师认证体系，这种资格认证体系可以在一定程度上保证服务互动的质量，优化顾客的服务体验。综上所述，本书对定制游消费者心理的剖析为未来提高定制游的购买意愿、提升有效订单转化率提供了更为具体和清晰的理论指导，有助于推动定制游市场和我国旅游业的高质量发展。

8.3 研究局限和未来研究方向

采用自我决定理论、个体意识三要素模型和服务主导逻辑等理论体系，本书构建了顾客参与定制、服务人员的互动行为和购买意愿间关系的研究模型。通过混合式的研究设计，本书对该研究模型进行了实证检验并取得了符合预期的研究结论。虽然本书进一步澄清了顾客参与定制和服务人员互动行为影响顾客购买意愿的内在心理机制和理论边界，增进了学界对于定制消费行为的理解，但是本书仍然存在自身的局限性。

首先，尽管基于情景的组间实验法在顾客参与、价值共创和服务营销等研究领域有着广泛的应用，但是仍然存在自身的局限性。比如，Burroughs 和 Glen Mick（2004）认为大多数情景实验的研究结论在逻辑上和理论上是成立的，但是被试在情景实验中做出的回答可能无法和他们在真实情况当中的反应完全一致。因此，该研究设计在一定程度上限制了本书研究结果的外部效度。本书建议未来的定制研究可以采用现场试验（field experiment）、观察研究（observational research）或者大样本问卷调查等研究设计来增强研究结果的稳健性。此外，因为该研究设计自身的特质，本书对于定制游消费行为的研究被限定在了行为意愿这一层面。已经有学者提醒，行为意愿和实际行为之间并不总是完全一致的（Bagozzi，1992）。因此，本书也希望未来的研究可以对顾客的实际购买行为进行测量，通过硬数据对各变量间的关系进行重复检验。

其次，本书进行的一系列研究全部在定制游的服务情境中进行，相同的研究情境（research context）可能会限制研究结论的普适性。因此，本书鼓励未来的定制研究可以在更多的定制服务情境（如金融服务定制、教育服务定制、健康服务定制等）当中进行，在对本书的研究结论进行重复检验的同时，为学界带来不同视角下更为稳健的研究结论。

最后，虽然本书在研究模型当中引入了多个研究变量，分别探索了顾客参与定制对购买意愿的内在影响机制和理论边界，但是可能仍然存在未被解释的方差和未知的理论边界。比如，本书引入了心理需求满足和积极情感反应两个中介变量。尽管研究结果指出两个中介变量对顾客参与定制和购买定制游意愿这一关系的解释能力很强，但是我们仍然无法完全排除其他的解释机制存在的可能性。因此，本书希望未来的研究可以通过理论驱动型的研究思路引入不同的研究变量或解释机制。此外，本书探索了三种类型的服务互动行为在定制服务当中的影响作用。服务主导定向区分了六种类型的服务互动，考虑到不同服务情境的特质和研究模型的简约性，本书只选择了其中的三种类型。因此，未来的研究可以在更多的研究情境中探索其他服务互动行为潜在的影响力（Karpen et al.，2015）。

参考文献

［1］Vargo S. L. , Lusch R. F. Service – dominant logic 2025［J］. International Journal of Research in Marketing, 2017, 34（1）: 46 – 67.

［2］携程旅行网. 2017 年度定制旅行报告［EB/OL］. http: //www. sohu. com/a/227178412_ 275873.

［3］新浪. 定制旅游模式遇挑战：重服务成本化解成难题［EB/OL］. http: //finance. sina. com. cn/roll/2019 – 07 – 20/doc – ihytcitm3268542. shtml.

［4］程丽娟，王晶. 产品定制过程中的顾客适应性决策行为研究［J］. 软科学，2017，31（3）：107 – 110.

［5］邓杨民. 在线旅游定制平台的分析与研究［D］. 北京：北京交通大学，2018.

［6］范钧，邱瑜，邓丰田. 顾客参与对知识密集型服务业新服务开发绩效的影响研究［J］. 科技进步与对策，2013（16）：71 – 78.

［7］范钧，付沙沙，葛米娜. 顾客参与、心理授权和顾客公民行为的关系研究［J］. 经济经纬，2015（6）：89 – 94.

［8］耿先锋. 顾客参与测量维度、驱动因素及其对顾客满意的影响机理研究［D］. 杭州：浙江大学，2008.

［9］候学东. 顾客参与的互动特征对服务绩效的影响［D］. 武汉：武汉大学，2011.

［10］华迎，陈进，吴贤彬. 基于顾客参与的电子商务顾客忠诚形成机制之研究［J］. 国际商务（对外经济贸易大学学报），2013（2）：103 – 112.

［11］华迎，陈进. 基于顾客参与的用户网络涉入程度对顾客忠诚的影响研究［J］. 国际商务（对外经济贸易大学学报），2014（3）：82 – 90.

［12］黄敏学，周学春. 顾客教育、就绪和参与研究：以基金为例［J］. 管理科学，2012（5）：66 – 75.

［13］贾鹤，王永贵，黄永春. 服务企业应该培训顾客吗？——顾客知识对

创造型顾客参与行为和顾客满意的影响的探索性研究［J］．科学决策，2009（12）：54－62.

［14］贾薇，张明立，王宝．顾客价值在顾客参与和顾客满意关系中的中介效应研究［J］．中国工业经济，2009（4）：105－115.

［15］靳彬．定制旅游体验价值影响因素和提升策略［D］．太原：太原理工大学，2018.

［16］景秀丽，文雨晨．移动端定制旅游的资源整合模式研究——以“6人游旅游网”为例［J］．辽宁大学学报（哲学社会科学版），2017，45（1）：73－80.

［17］李朝辉．基于顾客参与视角的虚拟品牌社区价值共创研究［D］．北京：北京邮电大学，2013.

［18］李朝辉．虚拟品牌社区环境下顾客参与价值共创对品牌体验的影响［J］．财经论丛，2014（7）：75－81.

［19］李冬丽．顾客价值动态性视角下定制旅游者行为意向研究［D］．郑州：郑州大学，2018.

［20］李浩，朱伟明．O2O服装定制品牌顾客感知价值的差异研究［J］．丝绸，2015，52（11）：36－41.

［21］刘洪深，等．顾客参与对员工工作满意的影响研究——基于角色理论视角［J］．商业经济与管理，2011（5）：80－88＋96.

［22］刘洪深，汪涛，张辉．从顾客参与行为到顾客公民行为——服务中顾客角色行为的转化研究［J］．华东经济管理，2012（4）：109－114.

［23］刘艳芬．定制旅游决策影响因素研究［D］．长沙：湖南师范大学，2016.

［24］罗胜强，姜嬿．管理学问卷调查研究方法［M］．重庆：重庆大学出版社，2014.

［25］孟庆良，周芬，蒋秀军．基于顾客需求分类重组的大规模定制服务族规划［J］．管理工程学报，2015，29（1）：82－88＋105.

［26］莫曙利．基于O2O的大规模定制旅游服务价值链优化研究［D］．长沙：湖南大学，2016.

［27］牟明慧．定制营销中顾客参与对顾客保留的影响研究［D］．济南：山东大学，2017.

［28］倪霖，王开聘，王旭．面向顾客需求的在线匹配定制方法［J］．重庆大学学报，2017，40（3）：24－33.

［29］彭艳君．服务中的顾客参与及其对顾客满意的影响——述评及最新视

角［C］．中国市场学会2006年年会暨第四次全国会员代表大会，2006：12.

［30］彭艳君，景奉杰．服务中的顾客参与及其对顾客满意的影响研究［J］．经济管理，2008（10）：60－66.

［31］彭艳君，蔡璐．顾客参与产品大规模定制：从快乐到满意［J］．企业经济，2016（3）：83－87.

［32］彭艳君，管婷婷．家装行业顾客能力对顾客参与价值共创的影响研究［J］．北京工业大学学报（社会科学版），2016（1）：27－37.

［33］沙振权，何美贤，蒋雨薇．顾客参与影响品牌关系质量研究［J］．商业研究，2013（10）：60－66＋103.

［34］唐晓青，王雪聪．以顾客满意为中心的大规模定制质量改进［J］．机械工程学报，2005（5）：200－204.

［35］汪涛，望海军．顾客参与对服务人员工作满意度影响研究［J］．财贸经济，2008a（6）：123－127.

［36］汪涛，望海军．顾客参与一定会导致顾客满意吗——顾客自律倾向及参与方式的一致性对满意度的影响［J］．南开管理评论，2008b（3）：4－11＋19.

［37］汪涛，崔楠，杨奎．顾客参与对顾客感知价值的影响：基于心理账户理论［J］．商业经济与管理，2009（11）：81－88.

［38］汪涛，郭锐．顾客参与对新产品开发作用机理研究［J］．科学学研究，2010（9）：1383－1387＋1412.

［39］王海忠，闫怡．顾客参与新产品构思对消费者自我—品牌联结的正面溢出效应：心理模拟的中介作用［J］．南开管理评论，2018（1）：132－145.

［40］王晶，贾经冬，宫兆波．顾客参与生产过程与大规模定制［J］．北京航空航天大学学报（社会科学版），2002（4）：38－42.

［41］王晶，程丽娟，宋庆美．基于顾客参与的定制满意度研究［J］．管理学报，2008（3）：391－395.

［42］王小娟，刘好．企业—顾客关系嵌入对顾客参与新服务产品开发绩效研究［J］．贵州财经大学学报，2014（5）：62－68.

［43］王艳芝．影响顾客选择定制产品的因素及机制分析［D］．天津：南开大学，2012.

［44］王艳芝，韩德昌．顾客如何感知大规模定制——基于顾客自我效能、选项呈现方式与定制满意的实证研究［J］．软科学，2012，26（4）：140－144.

［45］望海军，汪涛．顾客参与、感知控制与顾客满意度关系研究［J］．管理科学，2007（3）：48－54.

［46］望海军．顾客参与过程中的满意度研究［J］．中南财经政法大学学报，2009（2）：101－107.

［47］肖淑兰，夏洪胜，张德鹏．顾客教育对顾客参与创新的影响效应：创造力自我效能感的中介作用［J］．系统工程，2016（10）：56－63.

［48］杨晶，李先国，陈宁颉．在线品牌社区情境下顾客参与对顾客购买意愿的影响机制研究［J］．中国软科学，2017（12）：116－126.

［49］杨敏．基于大规模定制的旅游业顾客保留模型及实证研究［D］．武汉：武汉理工大学，2008.

［50］杨学俊．基于大规模定制的服务业顾客保留驱动因素分析［J］．西南师范大学学报（自然科学版），2010，35（6）：81－85.

［51］姚山季，王永贵．顾客参与新产品开发对企业技术创新绩效的影响机制——基于 B－B 情境下的实证研究［J］．科学学与科学技术管理，2011（5）：34－41.

［52］姚山季，王永贵．顾客参与新产品开发及其绩效影响：关系嵌入的中介机制［J］．管理工程学报，2012（4）：39－48＋83.

［53］姚山季，陈爽，谭慷．顾客参与模式、调节聚焦和产品新颖性：创造力视角［J］．科技管理研究，2017，37（19）：217－222.

［54］姚唐，等．Web2.0 环境中顾客参与的实现型快乐感形成机制［J］．心理科学进展，2013（8）：1347－1356.

［55］于春玲，周小寒，戴斐尧．顾客参与个性化定制对品牌资产增值的影响［J］．技术经济，2018，37（6）：103－110.

［56］于海丽．大规模定制型产品的顾客满意度研究［D］．南京：南京理工大学，2009.

［57］张德鹏，等．顾客参与创新对口碑推荐意愿的影响研究：心理所有权的中介作用［J］．管理评论，2015（12）：131－140.

［58］张广宇，张梦．定制化情境下旅游服务购买决策的目标框架效应［J］．旅游学刊，2016，31（1）：57－67.

［59］张红琪，鲁若愚．服务企业顾客参与对员工创新行为的影响研究［J］．科研管理，2013（3）：99－105＋136.

［60］张辉，汪涛，刘洪深．新产品开发中的顾客参与研究综述［J］．中国科技论坛，2010（11）：105－110.

［61］张婧，朱苗，杜明飞．组织间关系调节作用下顾客参与对 B2B 企业营销创新能力的影响［J］．管理学报，2017（9）：1332－1339.

［62］张俊．制造型企业顾客参与的前因变量与绩效结果研究［D］．武汉：

华中科技大学，2012.

［63］张明立，贾薇，王宝．基于独特性需要调节作用的顾客参与研究［J］．管理工程学报，2011（2）：53－61.

［64］张若勇，刘新梅，张永胜．顾客参与和服务创新关系研究：基于服务过程中知识转移的视角［J］．科学学与科学技术管理，2007（10）：92－97.

［65］张文敏．顾客参与的前因变量与结果效应［D］．广州：华南理工大学，2012.

［66］张祥．顾客化定制中的顾客参与研究［D］．武汉：华中科技大学，2007.

［67］张晓振，官振中．顾客参与、情绪、感知控制和满意度实证研究［J］．西南交通大学学报（社会科学版），2010（3）：66－71＋83.

［68］张妍．B2C 模式下消费者在线定制购买意愿研究［D］．济南：山东大学，2017.

［69］赵巧双．在线定制旅游的感知价值评价研究［D］．沈阳：沈阳师范大学，2017.

［70］郑秋莹，等．是单纯享乐还是自我实现？顾客参与生产性消费的体验价值［J］．心理科学进展，2017（2）：191－200.

［71］Ahn J.，Rho T. Influence of customer－firm relationships on customer participation in the service industry［J］. Service Business，2014，359（19）：1－21.

［72］Ajzen I.，Fishbein M. Understanding attitudes and predicting social behavior［M］. Upper Saddle River：Prentice－Hall，1980.

［73］Ajzen I. From Intentions to Actions：A Theory of Planned Behavior［M］. Berlin：Springer，1985：11－39.

［74］Ajzen I. The theory of planned behavior［J］. Organizational Behavior and Human Decision Processes，1991，50（2）：179－211.

［75］Anderson E. W.，Fornell C.，Rust R. T. Customer satisfaction，productivity，and profitability：Differences between goods and services［J］. Marketing science，1997，16（2）：129－145.

［76］Anderson J. C.，Gerbing D. W. Predicting the performance of measures in a confirmatory factor analysis with a pretest assessment of their substantive validities［J］. Journal of Applied Psychology，1991，76（5）：732.

［77］Anja V. D. B.，et al. Explaining the relationships between job characteristics，burnout，and engagement：The role of basic psychological need satisfaction［J］. Work & Stress，2008，22（3）：277－294.

[78] Ansari A., Mela C. F. E – customization [J]. Journal of Marketing Research, 2003, 40 (2): 131 – 145.

[79] Antonetti P., Crisafulli B., Maklan S. Too Good to Be True? Boundary Conditions to the Use of Downward Social Comparisons in Service Recovery [J]. Journal of Service Research, 2018, 21 (4): 438 – 455.

[80] Arnould E. J., Thompson C. J. Consumer culture theory (CCT): Twenty years of research [J]. Journal of consumer Research, 2005, 31 (4): 868 – 882.

[81] Arnould E. J. Service – dominant logic and resource theory [J]. Journal of the academy of Marketing Science, 2008, 36 (1): 21 – 24.

[82] Arora N., Dreze X., Ghose A., et al. Putting one – to – one marketing to work: Personalization, customization, and choice [J]. Marketing letters, 2008, 19 (3 – 4): 305.

[83] Ashraf A. R., Thongpapanl N. T. Connecting with and converting shoppers into customers: Investigating the role of regulatory fit in the online customer's decision – making process [J]. Journal of Interactive Marketing, 2015 (32): 13 – 25.

[84] Atakan S. S., Bagozzi R. P., Yoon C. Consumer participation in the design and realization stages of production: How self – production shapes consumer evaluations and relationships to products [J]. International Journal of Research in Marketing, 2014, 31 (4): 395 – 408.

[85] Auh S., Bell S. J., McLeod C. S., et al. Co – production and customer loyalty in financial services [J]. Journal of Retailing, 2007, 83 (3): 359 – 370.

[86] Baard P. P., Deci E. L., Ryan R. M. Intrinsic Need Satisfaction: A Motivational Basis of Performance and Well – Being in Two Work Settings [J]. Journal of Applied Social Psychology, 2004, 34 (10): 2045 – 2068.

[87] Bagozzi R. P., Yi Y. On the evaluation of structural equation models [J]. Journal of the academy of Marketing Science, 1988, 16 (1): 74 – 94.

[88] Bagozzi R. P., Yi Y. J. On the use of structural equation models in experimental – designs [J]. Journal of Marketing Research, 1989, 26 (3): 271 – 284.

[89] Bagozzi R. P. The Self – Regulation of Attitudes, Intentions, and Behavior [J]. Social Psychology Quarterly, 1992, 55 (2): 178 – 204.

[90] Bagozzi R. P., Gopinath M., Nyer P. U. The role of emotions in marketing [J]. Journal of the academy of Marketing Science, 1999, 27 (2): 184 – 206.

[91] Bagozzi R. P., Yi Y. Specification, evaluation, and interpretation of structural equation models [J]. Journal of the academy of Marketing Science, 2012, 40

(1): 8 – 34.

[92] Bandura A., Schunk D. H. Cultivating competence, self – efficacy, and intrinsic interest through proximal self – motivation [J]. Journal of Personality and Social Psychology, 1981, 41 (3): 586.

[93] Bardakci A., Whitelock J. How "ready" are customers for mass customisation? An exploratory investigation [J]. European Journal of Marketing, 2004, 38 (11/12): 1396 – 1416.

[94] Baron R. M., Kenny D. A. The moderator – mediator variable distinction in social psychological research: Conceptual, strategic, and statistical considerations [J]. Journal of Personality and Social Psychology, 1986, 51 (6): 1173.

[95] Bateson J. E. Self – service consumer: An exploratory study [J]. Journal of Retailing, 1985, 61 (3): 49 – 76.

[96] Belk R. W. Possessions and the extended self [J]. Journal of consumer Research, 1988, 15 (2): 139 – 168.

[97] Bell S. J., Eisingerich A. B. The paradox of customer education: Customer expertise and loyalty in the financial services industry [J]. European Journal of Marketing, 2007, 41 (5/6): 466 – 486.

[98] Bendapudi N., Leone R. P. Psychological implications of customer participation in co – production [J]. Journal of Marketing, 2003, 67 (1): 14 – 28.

[99] Bettencourt L. A., Ostrom A. L., Brown S. W., et al. Client co – production in knowledge – intensive business services [J]. California Management Review, 2002, 44 (4): 100 – 128.

[100] Bitner M. J. Evaluating Service Encounters – the Effects of Physical Surroundings and Employee Responses [J]. Journal of Marketing, 1990, 54 (2): 69 – 82.

[101] Bitner M. J., Faranda W. T., Hubbert A. R., et al. Customer contributions and roles in service delivery [J]. International Journal of Service Industry Management, 1997, 8 (3): 193 – 205.

[102] Bitner M. J., Brown S. W., Meuter M. L. Technology infusion in service encounters [J]. Journal of the academy of Marketing Science, 2000, 28 (1): 138 – 149.

[103] Blunch N. Introduction to structural equation modeling using IBM SPSS statistics and AMOS [M]. London: Sage, 2012.

[104] Bollen K. A. A new incremental fit index for general structural equation models [J]. Sociological Methods & Research, 1989, 17 (3): 303 – 316.

[105] Bone S. A., Fombelle P. W., Ray K. R., et al. How Customer Participation in B2B Peer – to – Peer Problem – Solving Communities Influences the Need for Traditional Customer Service [J]. Journal of Service Research, 2015, 18 (1): 23 – 38.

[106] Bonsu S. K., Darmody A. Co – creating second life: Market – consumer cooperation in contemporary economy [J]. Journal of Macromarketing, 2008, 28 (4): 355 – 368.

[107] Botti S., McGill A. L. The locus of choice: Personal causality and satisfaction with hedonic and utilitarian decisions [J]. Journal of consumer Research, 2010, 37 (6): 1065 – 1078.

[108] Bowen D. E., Schneider B. A Service Climate Synthesis and Future Research Agenda [J]. Journal of Service Research, 2014, 17 (1): 5 – 22.

[109] Boztug Y., Babakhani N., Laesser C., et al. The hybrid tourist [J]. Annals of Tourism Research, 2015 (54): 190 – 203.

[110] Burroughs J. E., Glen Mick D. Exploring antecedents and consequences of consumer creativity in a problem – solving context [J]. Journal of consumer Research, 2004, 31 (2): 402 – 411.

[111] Busser J. A., Shulga L. V. Co – created value: Multidimensional scale and nomological network [J]. Tourism Management, 2018 (65): 69 – 86.

[112] Carless S. A. Does psychological empowerment mediate the relationship between psychological climate and job satisfaction? [J]. Journal of Business and Psychology, 2004, 18 (4): 405 – 425.

[113] Carlson J., O' Cass A., Ahrholdt D. Assessing customers' perceived value of the online channel of multichannel retailers: A two country examination [J]. Journal of Retailing and Consumer Services, 2015 (27): 90 – 102.

[114] Carlson J. P., Vincent L. H., Hardesty D. M., et al. Objective and subjective knowledge relationships: A quantitative analysis of consumer research findings [J]. Journal of consumer Research, 2008, 35 (5): 864 – 876.

[115] Cermak D. S., File K. M., Prince R. A. Customer participation in service specification and delivery [J]. Journal of Applied Business Research, 1994, 10 (2): 90.

[116] Cha M. K., Yi Y., Bagozzi R. P. Effects of Customer Participation in Corporate Social Responsibility (CSR) Programs on the CSR – Brand Fit and Brand Loyalty [J]. Cornell Hospitality Quarterly, 2015, 57 (3): 235 – 249.

[117] Chan K. W., Yim C. K., Lam S. S. Is customer participation in value creation a double - edged sword? Evidence from professional financial services across cultures [J]. Journal of Marketing, 2010, 74 (3): 48 - 64.

[118] Chang W., Taylor S. A. The Effectiveness of Customer Participation in New Product Development: A Meta - Analysis [J]. Journal of Marketing, 2015, 80 (1): 47 - 64.

[119] Charmaz K. Constructing grounded theory: A practical guide through qualitative analysis [M]. London: sage, 2006.

[120] Chen J. S., Tsou H. T., Ching R. K. H. Co - production and its effects on service innovation [J]. Industrial Marketing Management, 2011, 40 (8): 1331 - 1346.

[121] Chi C. G. - Q., Qu H. Examining the structural relationships of destination image, tourist satisfaction and destination loyalty: An integrated approach [J]. Tourism Management, 2008, 29 (4): 624 - 636.

[122] Chiniara M., Bentein K. Linking servant leadership to individual performance: Differentiating the mediating role of autonomy, competence and relatedness need satisfaction [J]. The Leadership Quarterly, 2016, 27 (1): 124 - 141.

[123] Claycomb C., Lengnick - Hall C. A., Inks L. W. The customer as a productive resource: a pilot study and strategic implications [J]. Journal of Business Strategies, 2001, 18 (1): 47 - 69.

[124] Coelho P. S., Henseler J. Creating customer loyalty through service customization [J]. European Journal of Marketing, 2012, 46 (3/4): 331 - 356.

[125] Coker B., Nagpal A. Building - Up versus Paring - Down: Consumer Responses to Recommendations When Customizing [J]. Journal of Retailing, 2013, 89 (2): 190 - 206.

[126] Cova B., Pace S. Brand community of convenience products: new forms of customer empowerment - the case "my Nutella The Community" [J]. European Journal of Marketing, 2006, 40 (9/10): 1087 - 1105.

[127] Cova B., Dalli D. Working consumers: the next step in marketing theory? [J]. Marketing Theory, 2009, 9 (3): 315 - 339.

[128] Cronin J. J., Brady M. K., Hult G. T. M. Assessing the effects of quality, value, and customer satisfaction on consumer behavioral intentions in service environments [J]. Journal of Retailing, 2000, 76 (2): 193 - 218.

[129] Dabholkar P. A. How to Improve Perceived Service Quality by Increasing

Customer Participation [C] . Proceedings of the 1990 Academy of Marketing Science (AMS) Annual Conference, 1990 : 483 - 487.

[130] Dabholkar P. A. Consumer evaluations of new technology - based self - service options: an investigation of alternative models of service quality [J] . International Journal of Research in Marketing, 1996, 13 (1): 29 - 51.

[131] Dabholkar P. A., Bagozzi R. P. An attitudinal model of technology - based self - service: Moderating effects of consumer traits and situational factors [J] . Journal of the academy of Marketing Science, 2002, 30 (3): 184 - 201.

[132] Dabholkar P. A., Sheng X. Consumer participation in using online recommendation agents: effects on satisfaction, trust, and purchase intentions [J] . Service Industries Journal, 2012, 32 (9): 1433 - 1449.

[133] Dahl D. W., Moreau C. P. Thinking inside the box: Why consumers enjoy constrained creative experiences [J] . Journal of Marketing Research, 2007, 44 (3): 357 - 369.

[134] De Wulf K., Odekerken - Schröder G., Iacobucci D. Investments in consumer relationships: a cross - country and cross - industry exploration [J] . Journal of Marketing, 2001, 65 (4): 33 - 50.

[135] Deci E. L., Ryan R. M. The general causality orientations scale: Self - determination in personality [J] . Journal of Research in Personality, 1985, 19 (2): 109 - 134.

[136] Deci E. L., Ryan R. M. The support of autonomy and the control of behavior [J] . Journal of Personality and Social Psychology, 1987, 53 (6): 1024.

[137] Deci E. L., Ryan R. M. The "what" and "why" of goal pursuits: Human needs and the self - determination of behavior [J] . Psychological Inquiry, 2000, 11 (4): 227 - 268.

[138] Deci E. L., Ryan R. M., Gagné M., et al. Need satisfaction, motivation, and well - being in the work organizations of a former Eastern bloc country: A cross - cultural study of self - determination [J] . Personality and Social Psychology Bulletin, 2001, 27 (8): 930 - 942.

[139] Deci E. L., Ryan R. M. Overview of self - determination theory: An organismic dialectical perspective [J] . Handbook of self - determination research, 2002 (5): 3 - 33.

[140] Decrop A. Triangulation in qualitative tourism research [J] . Tourism Management, 1999, 20 (1): 157 - 161.

[141] Dellaert B. G., Stremersch S. Marketing mass – customized products: Striking a balance between utility and complexity [J]. Journal of Marketing Research, 2005, 42 (2): 219 – 227.

[142] Dholakia U. M., Blazevic V., Wiertz C., et al. Communal Service Delivery: How Customers Benefit From Participation in Firm – Hosted Virtual P3 Communities [J]. Journal of Service Research, 2009, 12 (2): 208 – 226.

[143] Diener E., Emmons R. A., Larsen R. J., et al. The Satisfaction With Life Scale [J]. Journal of Personality Assessment, 1985, 49 (1): 71 – 75.

[144] Diener E., Ryan K. Subjective well – being: A general overview [J]. South African Journal of Psychology, 2009, 39 (4): 391 – 406.

[145] Ding Y., Keh H. T. A re – examination of service standardization versus customization from the consumer' s perspective [J]. Journal of Services Marketing, 2016, 30 (1): 16 – 28.

[146] Dong B. How a customer participates matters: "I am producing" versus "I am designing" [J]. Journal of Services Marketing, 2015, 29 (6/7): 498 – 510.

[147] Dong B., Sivakumar K., Evans K. R., et al. Recovering Coproduced Service Failures: Antecedents, Consequences, and Moderators of Locus of Recovery [J]. Journal of Service Research, 2016, 19 (3): 291 – 306.

[148] Dong B., Sivakumar K. Customer participation in services: domain, scope, and boundaries [J]. Journal of the academy of Marketing Science, 2017 (45): 1 – 22.

[149] Dong B. B., Evans K. R., Zou S. The effects of customer participation in co – created service recovery [J]. Journal of the academy of Marketing Science, 2008, 36 (1): 123 – 137.

[150] Dong B. B., Sivakumar K., Evans K. R., et al. Effect of Customer Participation on Service Outcomes: The Moderating Role of Participation Readiness [J]. Journal of Service Research, 2015, 18 (2): 160 – 176.

[151] Dong P., Siu N. Y. – M. Servicescape elements, customer predispositions and service experience: The case of theme park visitors [J]. Tourism Management, 2013 (36): 541 – 551.

[152] Engström J., Elg M. A self – determination theory perspective on customer participation in service development [J]. Journal of Services Marketing, 2015, 29 (6): 511 – 521.

[153] Ennew C. T., Binks M. R. Impact of participative service relationships on

quality, satisfaction and retention: An exploratory study [J]. Journal of Business Research, 1999, 46 (2): 121-132.

[154] Ergeneli A., Arı G. S., Metin S. Psychological empowerment and its relationship to trust in immediate managers [J]. Journal of Business Research, 2007, 60 (1): 41-49.

[155] Etgar M. A descriptive model of the consumer co-production process [J]. Journal of the academy of Marketing Science, 2008, 36 (1): 97-108.

[156] Fang E. Customer Participation and the Trade-Off Between New Product Innovativeness and Speed to Market [J]. Journal of Marketing, 2008, 72 (4): 90-104.

[157] Fang E., Palmatier R. W., Evans K. R. Influence of customer participation on creating and sharing of new product value [J]. Journal of the academy of Marketing Science, 2008, 36 (3): 322-336.

[158] Fishbein M., Middlestadt S. Noncognitive effects on attitude formation and change: Fact or artifact? [J]. Journal of Consumer Psychology, 1995, 4 (2): 181-202.

[159] Fishbein M. A., Ajzen I. Belief, Attitude, Intention, Behavior: An Introduction to Theory and Research [J]. Philosophy & Rhetoric, 1977, 41 (4): 842-844.

[160] Fitzsimmons J. A. Consumer Participation and Productivity in Service Operations [J]. Interfaces, 1985, 15 (3): 60-67.

[161] Flynn L. R., Goldsmith R. E. A short, reliable measure of subjective knowledge [J]. Journal of Business Research, 1999, 46 (1): 57-66.

[162] Fornell C., Larcker D. F. Evaluating Structural Equation Models with Unobservable Variables and Measurement Error [J]. Journal of Marketing Research, 1981, 18 (1): 39-50.

[163] Fornell C., Johnson M. D., Anderson E. W., et al. The American customer satisfaction index: nature, purpose, and findings [J]. The Journal of Marketing, 1996, 60 (4): 7-18.

[164] Franke N., Piller F. Value creation by toolkits for user innovation and design: The case of the watch market [J]. Journal of Product Innovation Management, 2004, 21 (6): 401-415.

[165] Franke N., Keinz P., Schreier M. Complementing Mass Customization Toolkits with User Communities: How Peer Input Improves Customer Self-Design [J]. Journal of Product Innovation Management, 2008, 25 (6): 546-559.

[166] Franke N., Keinz P., Steger C. J. Testing the value of customization:

when do customers really prefer products tailored to their preferences? [J] . Journal of Marketing, 2009, 73 (5): 103 - 121.

[167] Franke N. , Schreier M. , Kaiser U. The "I designed it myself" effect in mass customization [J] . Management science, 2010, 56 (1): 125 - 140.

[168] Fred Van Raaij W. , Pruyn A. T. Customer control and evaluation of service validity and reliability [J] . Psychology & Marketing (1986 - 1998), 1998, 15 (8): 811.

[169] Fuchs C. , Prandelli E. , Schreier M. The psychological effects of empowerment strategies on consumers' product demand [J] . Journal of Marketing, 2010, 74 (1): 65 - 79.

[170] Fuchs C. , Schreier M. Customer empowerment in new product development [J] . Journal of Product Innovation Management, 2011, 28 (1): 17 - 32.

[171] Füller J. , MüHlbacher H. , Matzler K. , et al. Consumer empowerment through internet - based co - creation [J] . Journal of management information systems, 2009, 26 (3): 71 - 102.

[172] Gagné M. The role of autonomy support and autonomy orientation in prosocial behavior engagement [J] . Motivation & Emotion, 2003, 27 (3): 199 - 223.

[173] Gagné M. , Ryan R. M. , Bargmann K. Autonomy support and need satisfaction in the motivation and well - being of gymnasts [J] . Journal of Applied Sport Psychology, 2003, 15 (4): 372 - 390.

[174] Gagné M. , Deci E. L. Self - determination theory and work motivation [J] . Journal of Organizational Behavior, 2005, 26 (4): 331 - 362.

[175] Gallan A. S. , Jarvis C. B. , Brown S. W. , et al. Customer positivity and participation in services: an empirical test in a health care context [J] . Journal of the academy of Marketing Science, 2013, 41 (3): 338 - 356.

[176] Ganglmair - Wooliscroft A. , Wooliscroft B. A cross - cultural application of the Affective Response to Consumption scale: Investigating US - American and Austrian passengers on long - haul flights [J] . Journal of Business Research, 2013, 66 (6): 765 - 770.

[177] Gilbert D. , Wong R. K. Passenger expectations and airline services: a Hong Kong based study [J] . Tourism Management, 2003, 24 (5): 519 - 532.

[178] Gilmore J. H. , Pine B. J. The four faces of mass customization [J] . Harvard Business Review, 1997, 75 (1): 91 - 102.

[179] Gong T. , Choi J. N. , Murdy S. Does customer value creation behavior

drive customer well - being? [J] . Social Behavior and Personality: an international journal, 2016, 44 (1): 59 - 75.

[180] Gotlieb J. B., Grewal D., Brown S. W. Consumer satisfaction and perceived quality: complementary or divergent constructs? [J] . Journal of Applied Psychology, 1994, 79 (6): 875.

[181] Grissemann U. S., Stokburger - Sauer N. E. Customer co - creation of travel services: The role of company support and customer satisfaction with the co - creation performance [J] . Tourism Management, 2012, 33 (6): 1483 - 1492.

[182] Gronroos C., Voima P. Critical service logic: making sense of value creation and co - creation [J] . Journal of the academy of Marketing Science, 2013, 41 (2): 133 - 150.

[183] Grönroos C. Service logic revisited: who creates value? And who co - creates? [J] . European Business Review, 2008, 20 (4): 298 - 314.

[184] Grönroos C., Ravald A. Service as business logic: implications for value creation and marketing [J] . Journal of Service Management, 2011, 22 (1): 5 - 22.

[185] Grönroos C. Value co - creation in service logic: A critical analysis [J] . Marketing Theory, 2011, 11 (3): 279 - 301.

[186] Groth M. Customers as good soldiers: Examining citizenship behaviors in internet service deliveries [J] . Journal of Management, 2005, 31 (1): 7 - 27.

[187] Guay F., Vallerand R. J., Blanchard C. On the assessment of situational intrinsic and extrinsic motivation: The Situational Motivation Scale (SIMS) [J] . Motivation and Emotion, 2000, 24 (3): 175 - 213.

[188] Gummesson E. Extending the service - dominant logic: from customer centricity to balanced centricity [J] . Journal of the academy of Marketing Science, 2008, 36 (1): 15 - 17.

[189] Gwinner K. P., Bitner M. J., Brown S. W., et al. Service customization through employee adaptiveness [J] . Journal of Service Research, 2005, 8 (2): 131 - 148.

[190] Hair J. F., Black W. C., Babin B. J., et al. Multivariate data analysis (Vol. 6) [M] . Upper Saddle River: Pearson Prentice Hall, 2006.

[191] Harmeling C. M., Moffett J. W., Arnold M. J., et al. Toward a theory of customer engagement marketing [J] . Journal of the academy of Marketing Science, 2017, 45 (3): 312 - 335.

[192] Haumann T., Güntürkün P., Schons L. M., et al. Engaging customers

in coproduction processes: How value – enhancing and intensity – reducing communication strategies mitigate the negative effects of coproduction intensity [J]. Journal of Marketing, 2015, 79 (6): 17 – 33.

[193] Hayes A. Introduction to Mediation, Moderation, and Conditional Process Analysis. A Regression – Based Approach [M]. New York: Guilford, 2013.

[194] Hayes A. F. An index and test of linear moderated mediation [J]. Multivariate behavioral research, 2015, 50 (1): 1 – 22.

[195] Hayes A. F. Introduction to mediation, moderation, and conditional process analysis: A regression – based approach [M]. New York: Guilford Publications, 2017.

[196] Herzenstein M., Posavac S. S., Brakus J. J. Adoption of new and really new products: The effects of self – regulation systems and risk salience [J]. Journal of Marketing Research, 2007, 44 (2): 251 – 260.

[197] Hilgard E. R. The trilogy of mind: Cognition, affection, and conation [J]. Journal of the History of the Behavioral Sciences, 1980, 16 (2): 107 – 117.

[198] Hsieh A. T., Yen C. H., Chin K. C. Participative customers as partial employees and service provider workload [J]. International Journal of Service Industry Management, 2004, 15 (2): 187 – 199.

[199] Hsieh S. H., Chang A. The psychological mechanism of brand co – creation engagement [J]. Journal of Interactive Marketing, 2016 (33): 13 – 26.

[200] Huffman C., Kahn B. E. Variety for sale: mass customization or mass confusion? [J]. Journal of Retailing, 1998, 74 (4): 491 – 513.

[201] Hunt H. K. Conceptualization and measurement of consumer satisfaction and dissatisfaction [M]. New York: Marketing Science Institute, 1977.

[202] Jaafar M., Noor S. M., Rasoolimanesh S. M. Perception of young local residents toward sustainable conservation programmes: A case study of the Lenggong World Cultural Heritage Site [J]. Tourism Management, 2015 (48): 154 – 163.

[203] Jang H., Reeve J., Ryan R. M., et al. Can self – determination theory explain what underlies the productive, satisfying learning experiences of collectivistically oriented Korean students? [J]. Journal of Educational Psychology, 2009, 101 (3): 644.

[204] Jiang P., Balasubramanian S. K., Lambert Z. V. Responses to customized products: the consumers' behavioral intentions [J]. Journal of Services Marketing, 2015, 29 (4): 314 – 326.

[205] Jiao J., Ma Q., Tseng M. M. Towards high value – added products and services: mass customization and beyond [J]. Technovation, 2003, 23 (10): 809 – 821.

[206] Jin L., He Y., Song H. Service customization: To upgrade or to downgrade? An investigation of how option framing affects tourists' choice of package – tour services [J]. Tourism Management, 2012, 33 (2): 266 – 275.

[207] Johnston M. M., Finney S. J. Measuring basic needs satisfaction: Evaluating previous research and conducting new psychometric evaluations of the Basic Needs Satisfaction in General Scale [J]. Contemporary Educational Psychology, 2010, 35 (4): 280 – 296.

[208] Jung J. H., Yoo J. J. Customer – to – customer interactions on customer citizenship behavior [J]. Service Business, 2017, 11 (1): 117 – 139.

[209] Jung J. H., Yoo J. J., Arnold T. J. Service Climate as a Moderator of the Effects of Customer – to – Customer Interactions on Customer Support and Service Quality [J]. Journal of Service Research, 2017, 20 (4): 426 – 440.

[210] Kaplan A. M., Schoder D., Haenlein M. Factors influencing the adoption of mass customization: The impact of base category consumption frequency and need satisfaction [J]. Journal of Product Innovation Management, 2007, 24 (2): 101 – 116.

[211] Karpen I. O., Bove L. L., Lukas B. A. Linking Service – Dominant Logic and Strategic Business Practice [J]. Journal of Service Research, 2012, 15 (1): 21 – 38.

[212] Karpen I. O., Bove L. L., Lukas B. A., et al. Service – Dominant Orientation: Measurement and Impact on Performance Outcomes [J]. Journal of Retailing, 2015, 91 (1): 89 – 108.

[213] Kasiri L. A., Cheng K. T. G., Sambasivan M., et al. Integration of standardization and customization: Impact on service quality, customer satisfaction, and loyalty [J]. Journal of Retailing and Consumer Services, 2017 (35): 91 – 97.

[214] Kasser V. G., Ryan R. M. The Relation of Psychological Needs for Autonomy and Relatedness to Vitality, Well – Being, and Mortality in a Nursing Home 1 [J]. Journal of Applied Social Psychology, 1999, 29 (5): 935 – 954.

[215] Kelley S. W., Donnelly J. H., Skinner S. J. Customer Participation in Service Production and Delivery [J]. Journal of Retailing, 1990, 66 (3): 315 – 335.

[216] Kellogg D. L., Youngdahl W. E., Bowen D. E. On the relationship be-

tween customer participation and satisfaction: two frameworks [M]. London: Academic Press, 1997.

[217] Kim I., Mi Jeon S., Sean Hyun S. Chain restaurant patrons' well – being perception and dining intentions: The moderating role of involvement [J]. International Journal of Contemporary Hospitality Management, 2012, 24 (3): 402 – 429.

[218] Kline R. B. Principles and practice of structural equation modeling [M]. New York: Guilford publications, 2015.

[219] Kotha S. Mass customization: Implementing the emerging paradigm for competitive advantage [J]. Strategic Management Journal, 2005, 16 (S1): 21 – 42.

[220] Kumar A., Lee H. – J., Kim Y. – K. Indian consumers' purchase intention toward a United States versus local brand [J]. Journal of Business Research, 2009, 62 (5): 521 – 527.

[221] Laschinger H. K. S., Finegan J. Using empowerment to build trust and respect in the workplace: A strategy for addressing the nursing shortage [J]. Nursing Economics, 2005, 23 (1): 6.

[222] Laurenceau J. – P., Barrett L. F., Pietromonaco P. R. Intimacy as an interpersonal process: The importance of self – disclosure, partner disclosure, and perceived partner responsiveness in interpersonal exchanges [J]. Journal of Personality and Social Psychology, 1998, 74 (5): 1238.

[223] Lee K., Choi J., Li Y. J. Regulatory focus as a predictor of attitudes toward partitioned and combined pricing [J]. Journal of Consumer Psychology, 2014, 24 (3): 355 – 362.

[224] Lengnick – Hall C. A. Customer contributions to quality: A different view of the customer – oriented firm [J]. Academy of Management Review, 1996, 21 (3): 791 – 824.

[225] Li M., Huang S. Understanding Customers' Continuance Intentions Toward In – Lobby Self – Service Technologies [J]. Frontiers in Psychology, 2019 (10): 332.

[226] Lin M. J. J., Huang C. H. The impact of customer participation on NPD performance: The mediating role of inter – organisation relationship [J]. Journal of Business and Industrial Marketing, 2013, 28 (1): 3 – 15.

[227] Lovelock C. H., Young R. F. Look to Consumers to Increase Productivity [J]. Harvard Business Review, 1979, 57 (3): 168 – 178.

[228] Lovelock C. H. Classifying services to gain strategic marketing insights

[J] . The Journal of Marketing, 1983, 47 (3): 9 -20.

[229] Lu B., Fan W., Zhou M. Social presence, trust, and social commerce purchase intention: An empirical research [J] . Computers in Human Behavior, 2016 (56): 225 -237.

[230] Lusch R. F., Vargo S. L., O' Brien M. Competing through service: Insights from service - dominant logic [J] . Journal of Retailing, 2007, 83 (1): 5 -18.

[231] Luyckx K., Vansteenkiste M., Goossens L., et al. Basic need satisfaction and identity formation: Bridging self - determination theory and process - oriented identity research [J] . Journal of Counseling Psychology, 2009, 56 (2): 276.

[232] Lynch Jr M. F., Plant R. W., Ryan R. M. Psychological needs and threat to safety: Implications for staff and patients in a psychiatric hospital for youth [J] . Professional Psychology: Research and Practice, 2005, 36 (4): 415.

[233] Lynch M. F., La Guardia J. G., Ryan R. M. On being yourself in different cultures: Ideal and actual self - concept, autonomy support, and well - being in China, Russia, and the United States [J] . The Journal of Positive Psychology, 2009, 4 (4): 290 -304.

[234] Lyubomirsky S., Sheldon K. M., Schkade D. Pursuing happiness: The architecture of sustainable change [J] . Review of General Psychology, 2005, 9 (2): 111 -131.

[235] Ma Z., Dubé L. Process and outcome interdependency in frontline service encounters [J] . Journal of Marketing, 2011, 75 (3): 83 -98.

[236] MacKenzie S. B., Podsakoff P. M., Podsakoff N. P. Construct measurement and validation procedures in MIS and behavioral research: Integrating new and existing techniques [J] . MIS Quarterly, 2011, 35 (2): 293 -334.

[237] Mano H., Oliver R. L. Assessing the dimensionality and structure of the consumption experience: evaluation, feeling, and satisfaction [J] . Journal of consumer Research, 1993, 20 (3): 451 -466.

[238] Mattila A. S., Enz C. A. The role of emotions in service encounters [J] . Journal of Service Research, 2002, 4 (4): 268 -277.

[239] McBane D. A. Empathy and the salesperson: A multidimensional perspective [J] . Psychology & Marketing, 1995, 12 (4): 349 -370.

[240] McKeen J. D., Guimaraes T., Wetherbe J. C. The relationship between user participation and user satisfaction: an investigation of four contingency factors [J] . MIS Quarterly, 1994, 18 (4): 427 -451.

[241] Meuter M. L., Bitner M. J. Self - service technologies: extending service frameworks and identifying issues for research [C]. American Marketing Association. Conference Proceedings, 1998: 12.

[242] Meyer J. P., Gagne M. Employee engagement from a self - determination theory perspective [J]. Industrial and Organizational Psychology, 2008, 1 (1): 60 - 62.

[243] Migas N., Anastasiadou C., Stirling A. Individualized tourism brochures as a novel approach to mass customization [J]. Journal of Hospitality & Leisure Marketing, 2008, 17 (1 - 2): 237 - 257.

[244] Mills P. K., Chase R. B., Margulies N. Motivating the Client Employee System as a Service Production Strategy [J]. Academy of Management Review, 1983, 8 (2): 301 - 310.

[245] Mills P. K., Morris J. H. Clients as Partial Employees of Service Organizations - Role Development in Client Participation [J]. Academy of Management Review, 1986, 11 (4): 726 - 735.

[246] Mochon D., Norton M. I., Ariely D. Bolstering and restoring feelings of competence via the IKEA effect [J]. International Journal of Research in Marketing, 2012, 29 (4): 363 - 369.

[247] Moller A. C., Ryan R. M., Deci E. L. Self - determination theory and public policy: Improving the quality of consumer decisions without using coercion [J]. Journal of Public Policy & Marketing, 2006, 25 (1): 104 - 116.

[248] Mooi E., Sarstedt M. A concise guide to market research: The process, data, and methods using IBM SPSS statistics [M]. Berlin: Springer, 2011.

[249] Moreau C. P., Herd K. B. To each his own? How comparisons with others influence consumers' evaluations of their self - designed products [J]. Journal of consumer Research, 2010, 36 (5): 806 - 819.

[250] Moreau C. P., Bonney L., Herd K. B. It's the Thought (and the Effort) That Counts: How Customizing for Others Differs from Customizing for Oneself [J]. Journal of Marketing, 2011, 75 (September): 120 - 133.

[251] Morgan D. L., Spanish M. T. Focus groups: A new tool for qualitative research [J]. Qualitative sociology, 1984, 7 (3): 253 - 270.

[252] Morgan R. M., Hunt S. D. The commitment - trust theory of relationship marketing [J]. The Journal of Marketing, 1994: 20 - 38.

[253] Morris J. D., Woo C., Geason J. A., et al. The power of affect: Pre-

dicting intention [J] . Journal of Advertising Research, 2002, 42 (3): 7 - 17.

[254] Mustak M. , Jaakkola E. , Halinen A. Customer Participation and Value Creation: A Systematic Review and Research Implications [J] . Journal of Service Theory & Practice, 2013, 23 (4): 341 - 359.

[255] Mustak M. , Jaakkola E. , Halinen A. , et al. Customer participation management: Developing a comprehensive framework and a research agenda [J] . Journal of Service Management, 2016, 27 (3): 250 - 275.

[256] Nagpal A. , Lei J. , Khare A. To choose or to reject: the effect of decision frame on food customization decisions [J] . Journal of Retailing, 2015, 91 (3): 422 - 435.

[257] Ngo L. V. , O' Cass A. Innovation and business success: The mediating role of customer participation [J] . Journal of Business Research, 2013, 66 (8): 1134 - 1142.

[258] Normann R. , Ramirez R. From value chain to value constellation: Designing interactive strategy [J] . Harvard Business Review, 1993, 71 (4): 65 - 77.

[259] Norton M. I. , Mochon D. , Ariely D. The' IKEA effect': When labor leads to love [J] . Journal of Consumer Psychology, 2011, 2 (2012) 453 - 460.

[260] Nunnally J. Psychometric methods [M] . New York: McGraw - Hill, 1978.

[261] Nunnally J. C. Psychometric theory 3E [M] . New York: Tata McGraw - Hill Education, 1994.

[262] Oliver R. L. Whence consumer loyalty?[J] . Journal of Marketing, 1999, 63 (4): 33 - 44.

[263] Oliver R. L. Satisfaction: A behavioral perspective on the consumer [M] . London: Routledge, 2014.

[264] Oliver R. W. , Rust R. T. , Varki S. Real - time marketing [J] . Marketing Management, 1998, 7 (4): 28.

[265] Ouschan R. , Sweeney J. , Johnson L. Customer empowerment and relationship outcomes in healthcare consultations [J] . European Journal of Marketing, 2006, 40 (9/10): 1068 - 1086.

[266] Parasuraman A. , Zeithaml V. A. , Berry L. L. A conceptual model of service quality and its implications for future research [J] . The Journal of Marketing, 1985, 49 (4): 41 - 50.

[267] Park C. , Lee H. , Jun J. , et al. Two - sided effects of customer partici-

pation: roles of relationships and social – interaction values in social services [J]. Service Business, 2017 (2): 1 –20.

[268] Payne A. F., Storbacka K., Frow P. Managing the co – creation of value [J]. Journal of the academy of Marketing Science, 2008, 36 (1): 83 –96.

[269] Pham M. T., Avnet T. Contingent reliance on the affect heuristic as a function of regulatory focus [J]. Organizational Behavior and Human Decision Processes, 2009, 108 (2): 267 –278.

[270] Pieniak Z., Aertsens J., Verbeke W. Subjective and objective knowledge as determinants of organic vegetables consumption [J]. Food quality and preference, 2010, 21 (6): 581 –588.

[271] Pierce J. L., Kostova T., Dirks K. T. The state of psychological ownership: Integrating and extending a century of research [J]. Review of general psychology, 2003, 7 (1): 84.

[272] Piller F. T., Moeslein K., Stotko C. M. Does mass customization pay? An economic approach to evaluate customer integration [J]. Production planning & control, 2004, 15 (4): 435 –444.

[273] Pine B. J., Victor B., Boynton A. C. Making mass customization work [J]. Harvard Business Review, 1993, 71 (5): 108 –111.

[274] Pine B. J. Mass customization: the new frontier in business competition [M]. Boston: Harvard Business Press, 1993.

[275] Ponte E. B., Carvajal – Trujillo E., Escobar – Rodríguez T. Influence of trust and perceived value on the intention to purchase travel online: Integrating the effects of assurance on trust antecedents [J]. Tourism Management, 2015 (47): 286 –302.

[276] Poria Y., Biran A., Reichel A. Visitors' preferences for interpretation at heritage sites [J]. Journal of Travel Research, 2009, 48 (1): 92 –105.

[277] Prahalad C. K., Ramaswamy V. Co – opting customer competence [J]. Harvard Business Review, 2000, 78 (1): 79 –90.

[278] Prahalad C. K., Ramaswamy V. Co – creation experiences: The next practice in value creation [J]. Journal of Interactive Marketing, 2004a, 18 (3): 5 –14.

[279] Prahalad C. K., Ramaswamy V. The future of competition: Co – creating unique value with customers [J]. Strategy & Leadership, 2004b, 47 (3): 62.

[280] Preacher K. J., Hayes A. F. Asymptotic and resampling strategies for as-

sessing and comparing indirect effects in multiple mediator models [J]. Behavior Research Methods, 2008, 40 (3): 879-891.

[281] Price L. L., Arnould E. J., Tierney P. Going to extremes: Managing service encounters and assessing provider performance [J]. The Journal of Marketing, 1995 (5): 83-97.

[282] Ranjan K. R., Read S. Value co-creation: concept and measurement [J]. Journal of the academy of Marketing Science, 2016, 44 (3): 290-315.

[283] Reis H. T., Sheldon K. M., Gable S. L., et al. Daily Well-Being: The Role of Autonomy, Competence, and Relatedness [J]. Personality and Social Psychology Bulletin, 2000, 26 (4): 419-435.

[284] Rook D. W., Shamdasani P. N., Stewart D. W. Focus Groups: Theory and Practice [M]. London: Sage Publications Inc, 2007.

[285] Rose S., Clark M., Samouel P., et al. Online customer experience in e-retailing: an empirical model of antecedents and outcomes [J]. Journal of Retailing, 2012, 88 (2): 308-322.

[286] Rosenbaum, Amy L. O., Ronald K. Loyalty programs and a sense of community [J]. Journal of Services Marketing, 2005, 19 (4): 222-233.

[287] Rust R. T., Oliver R. W. The real-time service product: Conquering customer time and space [J]. New service development: Creating memorable experiences, 2000 (15): 52-70.

[288] Ryan R. M., Kuhl J., Deci E. L. Nature and autonomy: An organizational view of social and neurobiological aspects of self-regulation in behavior and development [J]. Development and Psychopathology, 1997, 9 (4): 701-728.

[289] Ryan R. M., Deci E. L. Self-determination theory and the facilitation of intrinsic motivation, social development, and well-being [J]. American Psychologist, 2000, 55 (1): 68.

[290] Ryan R. M., La Guardia J. G., Solky-Butzel J., et al. On the interpersonal regulation of emotions: Emotional reliance across gender, relationships, and cultures [J]. Personal relationships, 2005, 12 (1): 145-163.

[291] Ryan R. M., Huta V., Deci E. L. Living well: A self-determination theory perspective on eudaimonia [J]. Journal of Happiness Studies, 2008 (9): 139-170.

[292] Schneider B., Bowen D. E. Winning the service game, Handbook of service science [M]. Berlin: Springer, 2010.

[293] Schreier M., Fuchs C., Dahl D. W. The Innovation Effect of User Design: Exploring Consumers' Innovation Perceptions of Firms Selling Products Designed by Users [J]. Journal of Marketing, 2012, 76 (5): 18 – 32.

[294] Shaffer T. R., Sherrell D. L. Consumer satisfaction with health – care services: The influence of involvement [J]. Psychology & Marketing, 1997, 14 (3): 261 – 285.

[295] Sheldon K. M., Ryan R., Reis H. T. What makes for a good day? Competence and autonomy in the day and in the person [J]. Personality and Social Psychology Bulletin, 1996, 22 (12): 1270 – 1279.

[296] Sheldon K. M., Bettencourt B. A. Psychological need – satisfaction and subjective well – being within social groups [J]. British Journal of Social Psychology, 2002, 41 (1): 25 – 38.

[297] Sheldon K. M., Hilpert J. C. The balanced measure of psychological needs (BMPN) scale: An alternative domain general measure of need satisfaction [J]. Motivation and Emotion, 2012, 36 (4): 439 – 451.

[298] Sheth J. N., Sharma A. The impact of the product to service shift in industrial markets and the evolution of the sales organization [J]. Industrial Marketing Management, 2008, 37 (3): 260 – 269.

[299] Shiv B., Edell Britton J. A., Payne J. W. Does elaboration increase or decrease the effectiveness of negatively versus positively framed messages? [J]. Journal of consumer Research, 2004, 31 (1): 199 – 208.

[300] Simonson I. Determinants of customers' responses to customized offers: Conceptual framework and research propositions [J]. Journal of Marketing, 2005, 69 (1): 32 – 45.

[301] Singh J., Brady M., Arnold T., et al. The Emergent Field of Organizational Frontlines [J]. Journal of Service Research, 2017, 20 (1): 3 – 11.

[302] Sirdeshmukh D., Singh J., Sabol B. Consumer trust, value, and loyalty in relational exchanges [J]. Journal of Marketing, 2002, 66 (1): 15 – 37.

[303] Solomon M. R., Surprenant C., Czepiel J. A., et al. A role theory perspective on dyadic interactions: the service encounter [J]. The Journal of Marketing, 1985 (11): 99 – 111.

[304] Spreitzer G. M. Psychological empowerment in the workplace: Dimensions, measurement, and validation [J]. Academy of Management Journal, 1995, 38 (5): 1442 – 1465.

[305] Stokburger - Sauer N. E., Scholl - Grissemann U., Teichmann K., et al. Value cocreation at its peak: the asymmetric relationship between coproduction and loyalty [J]. Journal of Service Management, 2016, 27 (4): 563 - 590.

[306] Surprenant C. F., Solomon M. R. Predictability and Personalization in the Service Encounter [J]. Journal of Marketing, 1987, 51 (2): 86 - 96.

[307] Sweeney J. C., Danaher T. S., McColl - Kennedy J. R. Customer effort in value cocreation activities: Improving quality of life and behavioral intentions of health care customers [J]. Journal of Service Research, 2015, 18 (3): 318 - 335.

[308] Tannenbaum S. I., Mathieu J. E., Salas E., et al. Meeting trainees' expectations: The influence of training fulfillment on the development of commitment, self - efficacy, and motivation [J]. Journal of Applied Psychology, 1991, 76 (6): 759.

[309] Thirumalai S., Sinha K. K. Customization strategies in electronic retailing: Implications of customer purchase behavior [J]. Decision Sciences, 2009, 40 (1): 5 - 36.

[310] Thirumalai S., Sinha K. K. Customization of the online purchase process in electronic retailing and customer satisfaction: An online field study [J]. Journal of Operations management, 2011, 29 (5): 477 - 487.

[311] Tian K. T., Bearden W. O., Hunter G. L. Consumers' need for uniqueness: Scale development and validation [J]. Journal of consumer Research, 2001, 28 (1): 50 - 66.

[312] Ting H., Fam K. S., Hwa J. C. J., et al. Ethnic food consumption intention at the touring destination: The national and regional perspectives using multi - group analysis [J]. Tourism Management, 2019 (71): 518 - 529.

[313] Treacy M., Wiersema F. Customer intimacy and other value disciplines [J]. Harvard Business Review, 1993, 71 (1): 84 - 93.

[314] Troye S. V., Supphellen M. Consumer participation in coproduction: "I made it myself" effects on consumers' sensory perceptions and evaluations of outcome and input product [J]. Journal of Marketing, 2012, 76 (2): 33 - 46.

[315] Tu Q., Vonderembse M. A., Ragu - Nathan T. The impact of time - based manufacturing practices on mass customization and value to customer [J]. Journal of Operations management, 2001, 19 (2): 201 - 217.

[316] Vansteenkiste M., Lens W., Soenens B., et al. Autonomy and relatedness among Chinese sojourners and applicants: Conflictual or independent predictors of well - being and adjustment? [J]. Motivation and Emotion, 2006, 30(4): 273 - 282.

[317] Vargo S. L., Lusch R. F. Evolving to a new dominant logic for marketing [J]. Journal of Marketing, 2004, 68 (1): 1-17.

[318] Vargo S. L., Lusch R. F. Service-dominant logic: What it is, what it is not, what it might be [M]. New York: M. E. Sharpe, 2006: 43-55.

[319] Vargo S. L., Lusch R. F. Service-dominant logic: continuing the evolution [J]. Journal of the academy of Marketing Science, 2008, 36 (1): 1-10.

[320] Vargo S. L., Lusch R. F. Institutions and axioms: an extension and update of service-dominant logic [J]. Journal of the academy of Marketing Science, 2016, 44 (1): 5-23.

[321] Verma R., Gustafsson A., Gustafsson A., et al. Customer co-creation in service innovation: A matter of communication? [J]. Journal of Service Management, 2012, 23 (3): 311-327.

[322] Wang H.-Y., Wang S.-H. Predicting mobile hotel reservation adoption: Insight from a perceived value standpoint [J]. International Journal of Hospitality Management, 2010, 29 (4): 598-608.

[323] Wang W.-T., Hou Y.-P. Motivations of employees' knowledge sharing behaviors: A self-determination perspective [J]. Information and Organization, 2015, 25 (1): 1-26.

[324] Wang Y., Kandampully J., Jia H. "Tailoring" customization services: Effects of customization mode and consumer regulatory focus [J]. Journal of Service Management, 2013, 24 (1): 82-104.

[325] Wang Y., Ma S., Li D. Customer participation in virtual brand communities: The self-construal perspective [J]. Information & Management, 2015, 52 (5): 577-587.

[326] Watson D., Clark L. A., Tellegen A. Development and validation of brief measures of positive and negative affect: the PANAS scales [J]. Journal of Personality and Social Psychology, 1988, 54 (6): 1063.

[327] Wei M., Shaffer P. A., Young S. K., et al. Adult Attachment, Shame, Depression, and Loneliness: The Mediation Role of Basic Psychological Needs Satisfaction [J]. Journal of Counseling Psychology, 2005, 52 (4): 591-601.

[328] Westbrook R. A. Product/consumption-based affective responses and postpurchase processes [J]. Journal of Marketing Research, 1987, 24 (3): 258-270.

[329] Westbrook R. A., Oliver R. L. The dimensionality of consumption emotion patterns and consumer satisfaction [J]. Journal of consumer Research, 1991, 18

(1): 84 -91.

[330] Williams G. C., Niemiec C. P., Patrick H., et al. The importance of supporting autonomy and perceived competence in facilitating long - term tobacco abstinence [J]. Annals of Behavioral Medicine, 2009, 37 (3): 315 -324.

[331] Wind J., Rangaswamy A. Customerization: The second revolution in mass customization [R]. eBRC working paper, eBRC Penn State University, 2000.

[332] Wind J., Rangaswamy A. Customerization: The next revolution in mass customization [J]. Journal of Interactive Marketing, 2001, 15 (1): 13 -32.

[333] Wu J. - J. Influence of market orientation and strategy on travel industry performance: an empirical study of e - commerce in Taiwan [J]. Tourism Management, 2004, 25 (3): 357 -365.

[334] Xia L., Suri R. Trading effort for money: Consumers' cocreation motivation and the pricing of service options [J]. Journal of Service Research, 2014, 17 (2): 229 -242.

[335] Xie C., Bagozzi R. P., Troye S. V. Trying to prosume: toward a theory of consumers as co - creators of value [J]. Journal of the academy of Marketing Science, 2008, 36 (1): 109 -122.

[336] Yeo V. C. S., Goh S. K., Rezaei S. Consumer experiences, attitude and behavioral intention toward online food delivery (OFD) services [J]. Journal of Retailing & Consumer Services, 2017 (35): 150 -162.

[337] Yi Y., Gong T. The antecedents and consequences of service customer citizenship and badness behavior [J]. Seoul Journal of Business, 2006, 12 (2): 145 -176.

[338] Yi Y., Nataraajan R., Gong T. Customer participation and citizenship behavioral influences on employee performance, satisfaction, commitment, and turnover intention [J]. Journal of Business Research, 2011, 64 (1): 87 -95.

[339] Yi Y., Gong T. Customer value co - creation behavior: Scale development and validation [J]. Journal of Business Research, 2013, 66 (9): 1279 -1284.

[340] Yim C. K., Chan K. W., Lam S. S. K. Do Customers and Employees Enjoy Service Participation? Synergistic Effects of Self - and Other - Efficacy [J]. Journal of Marketing, 2012, 76 (6): 121 -140.

[341] Yoo J., Arnold T. J., Frankwick G. L. Effects of positive customer - to - customer service interaction [J]. Journal of Business Research, 2012, 65 (9): 1313 -1320.

[342] Youngdahl W. E., Kellogg D. L., Nie W., et al. Revisiting customer participation in service encounters: does culture matter? [J]. Journal of Operations management, 2003, 21 (1): 109 - 120.

[343] Zhao X., Lynch J. G., Chen Q. Reconsidering Baron and Kenny: Myths and truths about mediation analysis [J]. Journal of consumer Research, 2010, 37 (2): 197 - 206.

[344] Zheng X., Zhu W., Zhao H., et al. Employee well - being in organizations: Theoretical model, scale development, and cross - cultural validation [J]. Journal of Organizational Behavior, 2015, 36 (5): 621 - 644.

[345] Zhou R., Pham M. T. Promotion and Prevention across Mental Accounts: When Financial Products Dictate Consumers& Investment Goals [J]. Journal of consumer Research, 2004, 31 (1): 125 - 135.

[346] Zikmund W. G., Babin B. J., Carr J. C., et al. Business research methods [M]. New York: Thomson/South - Western, 2003.

[347] Zwick D., Bonsu S. K., Darmody A. Putting Consumers to Work: Co - creationand new marketing govern - mentality [J]. Journal of consumer culture, 2008, 8 (2): 163 - 196.

附录：实验研究问卷

旅行社服务问卷调查

为了优化旅行社的服务体验、为顾客创造更高的服务价值，本问卷针对旅行社服务进行调查和研究。本问卷为匿名问卷，所得数据仅用于学术研究。感谢您的参与！

问卷说明：

本问卷为情景问卷，请您仔细阅读问卷，将自己代入情景中，然后回答相关问题。

今年春节，家人们在吃饭时聊起厦门。大家都觉得厦门是个不错的旅游城市，希望有时间能一起去旅游。最近你刚好有一个假期，家人们的时间也都方便，所以你计划和家人一起去厦门旅游。

今天你来到一家旅行社，准备进去了解一下现在厦门旅游有哪些线路和产品。走进旅行社之后，旅行社的服务人员接待了你。你告诉他这次旅行是计划和家人一起去厦门。这位服务人员向你推荐了定制游，他说现在很多家庭出游会选择定制旅游的方式，定制游的行程方案更加灵活，而且性价比也不错。然后他向你推荐了对厦门这条旅游线路比较熟悉的定制师小王。

落座后，小王问你对这次旅行有没有什么想法和要求。

1. 请您从以下四张图片中任意选择一个：

○ –海上花园，诗意厦门–（跳至第 2 题）

○ –海上花园，诗意厦门–（跳至第 3 题）

○ –海上花园，诗意厦门–（跳至第 4 题）

○ –海上花园，诗意厦门–（跳至第 5 题）

注：第一题为跳转题，四个选项随机排序，将被试随机分配到不同的特定实验情景当中。

考虑到三个实验研究的实验情景篇幅过长，问卷此部分内容省略（2、3、4、5 题）。

三个实验研究使用的特定实验情景见表4-3、表4-4和表4-5。被试在随机分组之后阅读特定实验情景，完成顾客参与定制、授权型互动、发展型互动和关系型互动的实验操控，并回答操控检验问题。

6. 在定制游的服务过程中：

	完全不赞同		一般			完全赞同	
我感觉我可以做我自己	○	○	○	○	○	○	○
我做的事情是我真正想做的	○	○	○	○	○	○	○
我感觉自己被强迫做了我不想做的事情	○	○	○	○	○	○	○

7. 请根据您的真实感受回答以下问题：

	完全不赞同		一般			完全赞同	
我真的很精通我在定制游服务过程中做的事情	○	○	○	○	○	○	○
我很擅长在定制游服务过程中做的事情	○	○	○	○	○	○	○
我感到自己甚至可以完成定制游服务过程当中最困难的任务	○	○	○	○	○	○	○

8. 在定制游的服务过程中：

	完全不赞同		一般			完全赞同	
我感觉自己是定制游团队的一员	○	○	○	○	○	○	○
我可以和服务人员谈论对我来说真正重要的事情	○	○	○	○	○	○	○
我接触到的服务人员是我亲密的朋友	○	○	○	○	○	○	○

9. 在定制游的服务过程中，我感觉：

	完全不赞同		一般			完全赞同	
充满热情	○	○	○	○	○	○	○
兴奋	○	○	○	○	○	○	○
享受	○	○	○	○	○	○	○
有趣	○	○	○	○	○	○	○
快乐	○	○	○	○	○	○	○
高兴	○	○	○	○	○	○	○

10. 请根据您的真实感受回答以下问题：

	非常低		一般			非常高	
我购买该定制游的可能性	○	○	○	○	○	○	○
我会考虑购买该定制游的概率	○	○	○	○	○	○	○
我购买该定制游的意愿	○	○	○	○	○	○	○

11. 您的性别为：

○男　　○女

12. 您的年龄为：

____

13. 您的教育经历为：

○高中及以下　　○大专及本科

○硕士研究生　　○博士研究生

14. 您目前从事的职业：

○全日制学生　　○生产人员　　○销售人员

○市场/公关人员　　○客服人员　　○行政/后勤人员

○管理人员　　○教师　　○顾问/咨询

○专业人士（如会计师、律师、建筑师、医护人员、记者等）

○其他

15. 您的月收入为：

○≤3500 元　　○3500～7000 元

○7000～10000 元　　○≥10000 元

16. 请选择您所在的省份或地区：

○安徽　○北京　○重庆　○福建　○甘肃　○广东

○广西　○贵州　○海南　○河北　○黑龙江　○河南

○香港　○湖北　○湖南　○江苏　○江西　○吉林

○辽宁　○澳门　○内蒙古　○宁夏　○青海　○山东

○上海　○山西　○陕西　○四川　○台湾　○天津

○新疆　○西藏　○云南　○浙江　○海外

17. 您之前是否有过类似的定制游经历：

○是　　○否

18. 请根据您的实际情况回答以下问题：

	非常低		一般			非常高	
我会搜索并购买有特色的商品或服务来塑造自我的独特性	○	○	○	○	○	○	○

感谢您的参与！

致　谢

2015 年秋天，我进入到四川大学商学院学习。至此，我已在川大度过了五年的学习时光。回顾过往，感触良多。在本书的写作即将完成之际，我想借此机会表达内心的谢意。感谢我的父母！在整个成长、求学的过程中，父母为我付出了无法用言语来形容的辛劳，提供了莫大的支持和鼓励。在未来的路上，我会继续努力前行，报答父母的养育之恩！

感谢恩师李蔚教授！李蔚教授和蔼可亲、平易近人，给我的学术研究、事业发展和日常生活方面都提供了无微不至的帮助。无论是研究方向的选择、研究设计和研究内容的确定，还是当我学习中遇到疑惑和困难时，他总是耐心地给予指引。在此，向李蔚老师表达我由衷的尊敬和谢意！老师就是我未来事业发展的目标和榜样！

感谢我的妻子！感谢她在我学习期间的支持和鼓励。多少次她告诉我不要担心家里，在川大安心学习；多少次她鼓励我不要放弃，让我重燃希望和斗志。妻子在家庭中的默默付出为我的学术研究提供了有力的保障。2015 年入学时，孩子刚刚出生。他的到来为我提供了前进的动力，他的笑声和拥抱冲淡了我终日伏案的劳困，每次都让我充满活力地投入学术研究中。

感谢四川大学商学院的邓富民教授、胡知能教授、余伟萍教授、杨永忠教授和方正教授，他们在研究模型和研究设计等方面给我提供了建设性的指导和建议，这些宝贵的意见和建议让本书的内容更加清晰，研究框架和研究设计更加严谨。

感谢武汉大学经济管理学院的涂乙冬老师，他在研究方向的思考、实证研究方法的实施、国际期刊的投稿等多个方面为我提供了耐心的指导和帮助。感谢华中农业大学经济管理学院的涂铭老师在研究框架、实验研究设计等方面对我的指导和帮助。

感谢王虹师兄、贺雅文师姐在我刚刚入学时对我的引导、鼓励和帮助！感谢陈洋、兰天、刘萍和周寿江！与师弟师妹们的每一次的交流和沟通都会让我产生新的感悟、启发和思考。

感谢湖北中青旅、湖北海外旅行社和马蜂窝等多个旅游企业对本书的支持和帮助！感谢李玉树总经理、马超经理和参与数据搜集的19名导游！感谢参与本次实证研究的一线服务人员们和游客们！没有你们，本书的实证研究将难以展开。

感谢四川大学！海纳百川，有容乃大，在川大的学习时光使我终身受益。在未来的工作、科研和生活的道路上，这一难忘的经历将鼓励我继续前行。在这里，向四川大学致以最崇高的敬意！